高职高专系列规划教材

药品市场营销技术

赵 欣 孙兴力 主编 姜 辉 主审

·北京·

内容简介

《药品市场营销技术》全书共分三篇，分别为第一篇药品市场营销基础知识，包括药品概述、药品市场营销环境、药品市场营销渠道三章，掌握药品市场营销的定位和发展；第二篇药品市场营销技术基础训练，包括医药市场调查与定位、药品销售人员素质要求、顾客购买行为与心理分析、药品推销技术四章，训练药品市场营销的基础技能；第三篇药品市场营销技术综合训练，包括医院销售、药店销售、药品促销技术、药品市场营销管理四章，综合提升药品市场营销的销售技能和管理技能。全书的知识结构符合学生学习药品市场营销技术的认知过程，案例分析来自行业企业的真实案例，实训演练来自行业企业内部培训资源，方便学生在"学中做，做中学"，并注重思政与职业素养教育。本书配有电子课件，可从www.cipedu.com.cn 下载参考。

本书适用于高职高专药品质量与安全、药品生产技术、药品经营与管理、药学、生物制药技术等药学相关专业的师生使用，也可作为相关从业者参考用书，医药企业销售人员培训用书。

图书在版编目（CIP）数据

药品市场营销技术/赵欣，孙兴力主编.—北京：
化学工业出版社，2021.1（2023.3重印）
高职高专系列规划教材
ISBN 978-7-122-38055-5

Ⅰ.①药… Ⅱ.①赵…②孙… Ⅲ.①药品-市场营销学-高等职业教育-教材 Ⅳ.①F724.73

中国版本图书馆CIP数据核字（2020）第244595号

责任编辑：迟　蕾　李植峰　　　　　　文字编辑：药欣荣　陈小滔
责任校对：李雨晴　　　　　　　　　　　装帧设计：王晓宇

出版发行：化学工业出版社（北京市东城区青年湖南街13号　邮政编码100011）
印　　刷：北京云浩印刷有限责任公司
装　　订：三河市振勇印装有限公司
787mm×1092mm　1/16　印张16¼　字数392千字　2023年3月北京第1版第2次印刷

购书咨询：010-64518888　　　　　　　售后服务：010-64518899
网　　址：http://www.cip.com.cn
凡购买本书，如有缺损质量问题，本社销售中心负责调换。

定　　价：49.80元　　　　　　　　　　　　　　　　　　　　版权所有　违者必究

《药品市场营销技术》编审人员

主　编：赵　欣　孙兴力
副主编：侯长忠　李　兵　樊博实
编　委：赵　欣　黑龙江旅游职业技术学院
　　　　孙兴力　永州职业技术学院
　　　　侯长忠　黑龙江农业经济职业学院
　　　　李　兵　黑龙江旅游职业技术学院
　　　　樊博实　黑龙江旅游职业技术学院
　　　　路　遥　黑龙江旅游职业技术学院
　　　　田　刚　吉林大药房药业股份有限公司
　　　　汤海洋　葵花药业集团股份有限公司
　　　　胡冬雪　哈尔滨珍宝岛制药有限公司
主　审：姜　辉

前 言

药品市场营销技术是药品质量与安全、药品生产技术、药品经营与管理等药学相关专业一门重要的专业课程。随着我国医药体制改革，医药政府采购逐年增加，原有的药品市场营销理论已经不符合现代药品销售新格局。高职层次药品相关专业学生在药品营销的初级岗位是药店销售店员、OTC销售代表、医院药品销售学术代表，进阶岗位为药店店长、药店终端经理、医院销售总监。因此，本教材依据药品销售企业对高职层次药品相关专业学生的岗位需求，结合药品营销中应掌握的核心知识目标和能力实践来设定编写内容，学生既可以掌握初级岗位的知识、锻炼销售技能，又可以了解市场营销策略和发展战略，为走向高级岗位打下坚实的基础。实践表明，具有良好市场营销素养的专门人才，以工作适应能力、应变能力及创新能力强为其显著特点，活跃在医药领域中。因此，学好药品市场营销技术，对于培养学习者创造性思维和创新能力具有十分重要的作用。

本书第一章、第三章、第八章、第九章由赵欣（黑龙江旅游职业技术学院）编写，第十章、第十一章由孙兴力（永州职业技术学院）编写，第二章、第四章由侯长忠（黑龙江农业经济职业学院）编写，第七章由李兵（黑龙江旅游职业技术学院）编写，第六章由樊博实（黑龙江旅游职业技术学院）编写，第五章由路遥（黑龙江旅游职业技术学院）编写，田刚（吉林大药房药业股份有限公司）、汤海洋（葵花药业集团股份有限公司）、胡冬雪（哈尔滨珍宝岛制药有限公司）参与编写案例分析及实训演练，黑龙江农业经济职业学院食品药品工程系主任姜辉担任主审，共同完成本书的编写工作。在编写过程中得到各编者所在单位的大力支持，也参考了有关专著、其他相关教材等资料，在此一并表示衷心的感谢！本书配有电子课件，可从www.cipedu.com.cn下载参考。

《药品市场营销技术》知识结构符合学生学习药品市场营销技术的认知过程，从药品市场营销技术基础知识、药品市场营销技术基础训练到药品市场营销技术综合训练，案例分析来自行业企业的真实案例，实训演练来自行业企业内部培训资源，课程学习更加接近企业岗前培训和拓展培训。本书注重思政与职业素养教育。本教材可以作为高职药品相关专业药品市场营销技术的学习教材，又可以作为医药企业市场营销人员的培训资料。

由于编者水平所限，书中难免存在疏漏之处，敬请使用本书的师生和读者批评指正。

编者
2020年6月

目 录

第一篇 药品市场营销基础知识

第一章 药品概述

第一节 医药产品分类 ……………………………………………………………… 2
  一、药品的概念 …………………………………………………………………… 2
  二、药品的分类 …………………………………………………………………… 3
  三、药品的特殊性 ………………………………………………………………… 6
  四、药品疗效的保证 ……………………………………………………………… 7
第二节 药品生命周期 ……………………………………………………………… 8
  一、药品生命周期的内涵 ………………………………………………………… 8
  二、药品生命周期各阶段的特点 ………………………………………………… 10
  三、药品生命周期各阶段的营销策略 …………………………………………… 11
第三节 药品品牌 …………………………………………………………………… 13
  一、药品品牌的内涵 ……………………………………………………………… 13
  二、药品品牌设计 ………………………………………………………………… 16
  三、药品品牌策略 ………………………………………………………………… 17
  四、药品品牌管理与建设 ………………………………………………………… 19
第四节 药品包装 …………………………………………………………………… 20
  一、药品包装的概念和作用 ……………………………………………………… 21
  二、药品包装设计 ………………………………………………………………… 22
  三、药品包装的使用策略 ………………………………………………………… 23
第五节 药品价格 …………………………………………………………………… 24
  一、药品价格体系 ………………………………………………………………… 24
  二、药品定价方法 ………………………………………………………………… 26
  三、药品定价策略 ………………………………………………………………… 29
第六节 新药开发 …………………………………………………………………… 32
  一、新药的概念及类型 …………………………………………………………… 33
  二、新药开发的意义 ……………………………………………………………… 33
  三、新药开发的程序 ……………………………………………………………… 34
  四、新药上市策略 ………………………………………………………………… 34
【课后习题】 ………………………………………………………………………… 35
【案例分析】 ………………………………………………………………………… 36

第二章 药品市场营销环境

第一节 药品营销环境基础 ······ 38
一、医药市场营销环境的概念 ······ 38
二、医药市场营销环境的特点 ······ 39
三、医药市场营销环境的分类 ······ 39
四、医药市场营销环境分析的意义 ······ 40

第二节 药品市场宏观环境 ······ 40
一、人口环境 ······ 40
二、经济环境 ······ 42
三、政治和法律环境 ······ 44
四、社会文化环境 ······ 46
五、科技环境 ······ 48
六、自然环境 ······ 49

第三节 药品市场微观环境 ······ 50
一、供应商 ······ 50
二、营销中介 ······ 51
三、顾客 ······ 51
四、竞争者 ······ 52
五、公众 ······ 53

第四节 SWOT分析法 ······ 54
一、SWOT分析法的含义 ······ 54
二、SWOT分析法的主要步骤 ······ 54
三、SWOT分析的注意事项 ······ 56

【课后习题】 ······ 57
【案例分析】 ······ 58

第三章 药品市场营销渠道

第一节 市场营销概述 ······ 60
一、市场营销的含义 ······ 60
二、市场营销的发展 ······ 61

第二节 药品市场营销 ······ 64
一、药品市场营销的含义 ······ 64
二、药品市场营销的发展 ······ 65

第三节 药品分销渠道 ······ 68
一、药品分销渠道的含义 ······ 68
二、药品分销渠道的类型 ······ 69
三、药品分销渠道的设计和选择 ······ 70
四、药品分销渠道的管理 ······ 74

【课后习题】 ……………………………………………………………………………… 77
【案例分析】 ……………………………………………………………………………… 78
【实训演练】 ……………………………………………………………………………… 78

第二篇　药品市场营销技术基础训练

第四章　医药市场调查与定位

第一节　医药市场调查 …………………………………………………………… 82
一、医药市场调查的意义 ………………………………………………………… 82
二、医药市场调查的内容 ………………………………………………………… 83
三、医药市场调查的类型 ………………………………………………………… 84
四、医药市场调查的方法 ………………………………………………………… 85
五、医药市场调查的步骤 ………………………………………………………… 87

第二节　医药市场细分 …………………………………………………………… 91
一、医药市场细分的概念 ………………………………………………………… 91
二、医药市场细分的依据和作用 ………………………………………………… 91
三、医药市场细分的原则 ………………………………………………………… 93
四、医药市场细分的标准 ………………………………………………………… 94
五、医药市场细分的程序和方法 ………………………………………………… 95

第三节　医药目标市场选择 ……………………………………………………… 97
一、医药目标市场的概念 ………………………………………………………… 97
二、评估医药细分市场 …………………………………………………………… 97
三、医药目标市场的选择模式 …………………………………………………… 98
四、医药目标市场营销策略 ……………………………………………………… 99
五、影响目标市场营销策略选择的因素 ………………………………………… 101

第四节　医药市场定位 …………………………………………………………… 102
一、医药市场定位的概念 ………………………………………………………… 102
二、医药市场定位的方向 ………………………………………………………… 103
三、医药市场定位的步骤 ………………………………………………………… 104
四、医药市场定位的策略 ………………………………………………………… 104

【课后习题】 ……………………………………………………………………………… 105
【案例分析】 ……………………………………………………………………………… 106
【实训演练】 ……………………………………………………………………………… 107

第五章　药品销售人员素质要求

第一节　销售人员应具备的素质 ………………………………………………… 110
一、基本素质 ……………………………………………………………………… 110

二、综合素质 ……………………………………………………………………… 111
　　三、心理素质 ……………………………………………………………………… 112
　　四、身体素质 ……………………………………………………………………… 113
　第二节　销售人员应具备的知识 ………………………………………………… 113
　　一、企业知识 ……………………………………………………………………… 113
　　二、医药知识 ……………………………………………………………………… 115
　　三、销售知识 ……………………………………………………………………… 115
　　四、顾客知识 ……………………………………………………………………… 115
　　五、竞争对手知识 ………………………………………………………………… 115
　第三节　销售人员应具备的能力 ………………………………………………… 115
　　一、基本功 ………………………………………………………………………… 115
　　二、良好的表达能力 ……………………………………………………………… 116
　　三、组织策划能力 ………………………………………………………………… 117
　　四、社交能力 ……………………………………………………………………… 117
　　五、观察判断能力 ………………………………………………………………… 118
　　六、市场调研开发能力 …………………………………………………………… 118
　第四节　销售人员的基本礼仪 …………………………………………………… 120
　　一、仪表 …………………………………………………………………………… 120
　　二、仪容 …………………………………………………………………………… 120
　　三、言谈举止 ……………………………………………………………………… 121
　【课后习题】 ………………………………………………………………………… 124
　【案例分析】 ………………………………………………………………………… 124

第六章　顾客购买行为与心理分析

　第一节　医药消费个体行为与心理分析 ………………………………………… 127
　　一、消费者个体购买行为过程 …………………………………………………… 127
　　二、影响购买行为的因素分析 …………………………………………………… 129
　　三、顾客类型与应对策略 ………………………………………………………… 133
　第二节　医药组织购买行为与因素分析 ………………………………………… 134
　　一、医药组织概述 ………………………………………………………………… 134
　　二、医药组织购买决策 …………………………………………………………… 136
　　三、医药组织购买行为 …………………………………………………………… 138
　【课后习题】 ………………………………………………………………………… 140
　【案例分析】 ………………………………………………………………………… 140
　【实训演练】 ………………………………………………………………………… 141

第七章　药品推销技术

　第一节　爱达模式 ………………………………………………………………… 144

  一、爱达模式内涵 ………………………………………………………… 144
  二、爱达模式步骤 ………………………………………………………… 144
 第二节 迪伯达模式 …………………………………………………………… 147
  一、迪伯达模式内涵 ……………………………………………………… 147
  二、迪伯达模式步骤 ……………………………………………………… 147
 第三节 埃德帕模式 …………………………………………………………… 151
  一、埃德帕模式内涵 ……………………………………………………… 151
  二、埃德帕模式步骤 ……………………………………………………… 151
 第四节 费比模式 ……………………………………………………………… 153
  一、费比模式内涵 ………………………………………………………… 153
  二、费比模式步骤 ………………………………………………………… 153
 第五节 顾问式销售模式 ……………………………………………………… 154
  一、顾问式销售模式内涵 ………………………………………………… 154
  二、销售特点 ……………………………………………………………… 155
  三、顾问推销模式的价值 ………………………………………………… 155
【课后习题】 ………………………………………………………………………… 156
【实训演练】 ………………………………………………………………………… 157

第三篇 药品市场营销技术综合训练

第八章 医院销售

 第一节 医院销售概述 ………………………………………………………… 160
  一、医院等级划分 ………………………………………………………… 160
  二、医院目标客户组成 …………………………………………………… 161
  三、药品进入医院销售的途径 …………………………………………… 162
 第二节 售前准备 ……………………………………………………………… 163
  一、信息收集 ……………………………………………………………… 163
  二、制定工作目标 ………………………………………………………… 164
  三、制定拜访计划 ………………………………………………………… 165
  四、拜访预约 ……………………………………………………………… 166
 第三节 拜访客户 ……………………………………………………………… 167
  一、精彩开场白 …………………………………………………………… 167
  二、探询与聆听 …………………………………………………………… 168
  三、产品呈现 ……………………………………………………………… 169
  四、处理顾客异议 ………………………………………………………… 170
  五、促成交易 ……………………………………………………………… 172
 第四节 售后服务 ……………………………………………………………… 173
  一、围绕产品销售的服务 ………………………………………………… 173

二、技术支持与推广 ··· 174
　　三、客户关系的维护 ··· 174
【课后习题】 ··· 176
【案例分析】 ··· 177
【实训演练】 ··· 177

第九章　药店销售

第一节　药店营销概述 ··· 179
　　一、药店的含义与分类 ··· 179
　　二、药店人员构成 ··· 181
第二节　药店终端工作管理 ··· 182
　　一、跑店设计拜访路线 ··· 182
　　二、铺货策略 ··· 182
　　三、药品陈列技巧 ··· 183
　　四、店员培训 ··· 184
第三节　药店店员销售技巧 ··· 185
　　一、顾客购买药品的心理变化 ·· 185
　　二、接待顾客的基本步骤 ·· 186
　　三、店员接待技巧 ··· 188
第四节　药店营销策略 ··· 192
　　一、药店促销策略 ··· 192
　　二、药店展示营销策略 ··· 194
　　三、药学服务营销策略 ··· 196
【课后习题】 ··· 196
【案例分析】 ··· 197

第十章　药品促销技术

第一节　药品广告促销 ··· 199
　　一、药品广告的概念与特点 ·· 199
　　二、药品广告的媒体与选择 ·· 201
　　三、药品广告的设计原则与效果评估 ·· 202
　　四、药品广告的管理 ·· 204
第二节　药品营业推广促销 ··· 205
　　一、药品营业推广的概念与特点 ·· 205
　　二、药品营业推广的目标与方式 ·· 205
　　三、药品营业推广方案的制订与实施 ·· 207
第三节　公共关系策略 ··· 208
　　一、药品企业公共关系的概念与特点 ·· 208

  二、药品企业公共关系的方式与促销功能 …………………………………………… 210
  三、药品公共关系与危机公关策略 ……………………………………………………… 211
  四、药品公关促销方案的策划与实施 …………………………………………………… 213
 第四节 药品电子商务营销 …………………………………………………………………… 215
  一、药品电子商务的概念 ………………………………………………………………… 215
  二、药品电子商务模式 …………………………………………………………………… 216
  三、药品网络营销 ………………………………………………………………………… 218
 【课后习题】 ………………………………………………………………………………… 222
 【案例分析】 ………………………………………………………………………………… 223
 【实训演练】 ………………………………………………………………………………… 224

第十一章 药品市场营销管理

 第一节 药品营销团队建设 …………………………………………………………………… 227
  一、营销团队的概念 ……………………………………………………………………… 227
  二、营销团队建设 ………………………………………………………………………… 228
  三、营销团队的管理 ……………………………………………………………………… 231
 第二节 药品营销财务管理 …………………………………………………………………… 235
  一、财务管理的概念与作用 ……………………………………………………………… 235
  二、药品企业营销财务管理的工作范围 ………………………………………………… 236
  三、药品营销财务分析 …………………………………………………………………… 237
 【课后习题】 ………………………………………………………………………………… 240
 【案例分析】 ………………………………………………………………………………… 241

课后习题参考答案

参考文献

第一篇

药品市场营销基础知识

思政与职业素养

药品是特殊的商品，事关全民健康和国民体质，也关乎国家安全。药品营销人员担有全民健康教育的责任，要有"医者仁心"，同时也要有家国意识，时时将人民健康放在个人和企业利益之上，做人民健康的传播者、国家安全的守护者。

第一章 药品概述

> **导入案例**
>
> 医药行业与人的生命密切相关，只要生命不息，医药行业的发展就永不停止。由于人类在生存发展的过程中不断出现疑难顽症，促使医药业不断进行科学技术研究。因此，医药行业是一个不断向前的朝阳行业，永远没有成熟期，同时也是高技术、高投资、高风险、高收益的行业。
>
> 据测算，医疗保健产品的需求弹性系数为1.37，即生活水平提高1个百分点，医疗消费水平增加1.37个百分点。可见医疗消费水平的增长速度高于居民生活水平的增长速度。医药产品是直接面向消费者的终极产品，通过医院或医药商店转移到消费者手中，马上进入消费领域，因而直接受到居民医疗保健需要的影响，居民生活水准的提高会很快体现在对医药保健品需求的提高上，而且后者的提高大于前者，近两三年来保健品市场的迅速扩大即是一个例子。
>
> 我国是世界上最大的发展中国家，人口总数占全球的20%，人口的自然增长和社会的逐步老龄化，使医药的需求量增大。特别是占80%的农村人口，目前仅享有20%的医疗卫生和药品资源，随着农村经济的发展和农民生活水平的提高，人们的医疗保健意识不断增强，使农村医药市场具有强大的扩张潜力。从人均水平看，我国居民的医药消费水平仍处低位。因此，我国医药市场的增长速度必定高于国际医药市场的增长速度，尤其是随着居民医疗保健知识的丰富和医药商业的发展，市场对非处方药的需求会有很大增长。这是我国医药行业能够持续发展的基本背景。
>
> 案例思考：
> 分析我国医药销售的成长发展空间。

第一节 医药产品分类

一、药品的概念

医药产品是人类生活中不可缺少的消费品，人们通常把"药物"与"药品"两个概念统称为药。其实药物与药品是两个不同的概念，而且药物的内涵要比药品广泛得多。一般认为，具有保健和治疗作用的物质都是药物，但并非都是药品。《本草纲目》虽然收载了上千种药物，但其中的牛肉等就不能当作药品。

根据《中华人民共和国药品管理法》第二条关于药品的定义：药品是指用于预防、治疗、诊断人的疾病，有目的地调节人的生理机能并规定有适应证或者功能主治、用法和用量的物质，包括中药、化学药和生物制品等。

医药企业的一切生产经营活动都是围绕产品进行的，企业通过及时有效地提供消费者所需要的产品来实现其发展目标。药品是指医药企业向市场提供的，能满足人们防病、治病、保健等方面需求的一切物品和劳务的统称，不仅包括有形产品，还包括无形产品，如药品实体、用药咨询、用药指导、药品销售场所，以及医药企业经营的思想、理念，都是药品的范畴，这就是现代市场营销理论中药品的整体概念，包含5层含义（图1-1）。

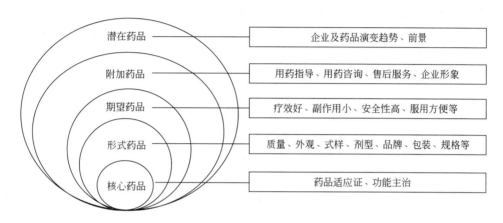

图 1-1 药品的整体概念

二、药品的分类

我国医药产品可谓门类齐全、品种繁多，其技术、生产、销售、消费特点各不相同。对医药产品实行正确的分类，可以简化市场营销的研究工作，帮助医药企业针对自己所生产和经营的产品类别，正确掌握其生产经营上的特征、特点，从而有效地选择销售渠道，确定适宜的价格策略和促销措施，制定最佳的市场营销的组合；同时，有利于提高医药企业经营管理、改善服务水平。

医药产品根据不同的分类标准，可以有许多不同的分法，其主要原因是随着医药科学技术的发展，各类药品之间从理论、配伍、组方、加工技术等相互渗透现象越来越普遍，因而要将药品完全科学划分越来越困难。下面结合医药企业市场营销活动，介绍一些常用的分类方法。

1. 按药品生产方式的不同分类

（1）**天然药物（中药）** 指以自然界中动物、植物和矿物等三大类天然资源加工，在我国又称之为中药、国药，它是我国的国粹，有数千年的研究和使用历史。通常我们把从自然界中采集、未经加工的原药称为中药材；中药材经过加工处理成的片、段、丝、块等称为中药饮片；中药经过加工制成一定的剂型后便称之为中成药。因此，中药在经营形式上就形成了中药材、中药饮片和中成药三大类。

中药按不同的分类方法又可细分为多种。

① 按来源可分为植物药、动物药和矿物药；

② 按药用部位可分为根、根茎类、皮类、叶类、花类、种子果实类、全草类等；

③ 按药物毒性可分为普通中药、毒性中药（如雄黄）和麻醉药品；

④ 按药物功能可分为解表药、清热药、化湿药、祛风湿药、温里药、理气药、止血药、活血化瘀药、化痰止咳平喘药、安神药、平肝息风药、开窍药、补虚药、收涩药、泻下药、涌吐药、消食药、驱虫药、攻毒杀虫止痒药。

(2) 化学合成药物 指以化学理论为指导，依据化学规律研究和生产的化学合成药。化学合成药物具有疗效快、效果明显的特点。但由于人体是一个复杂的系统，而目前的科学水平又缺乏对人体本身结构的分子水平分析研究和对人体各部分相关联的整体综合考察，因此其有"头痛医头，脚痛医脚"的局限性治疗特征，且常伴有不同程度的副作用。

(3) 生物技术药物 生物药物是利用生物体、生物组织或其成分，综合应用生物学、生物化学、微生物学、免疫学、物理化学和药学的原理与方法进行加工、制造而成的一大类预防、诊断、治疗制品。

2. 按药品来源的不同分类

随着科学技术的不断进步与发展，药品的来源除了取自天然产物外，还广泛地应用人工合成方法制造。按照药品来源的不同，一般可分成以下几类。

(1) 动物性药 作为药用的动物全部或部分脏器及其排泄物，如鹿茸、麝香、牛黄等。此外，还有提出纯品应用的，如各种内分泌制剂（如胰岛素、甲状腺等制剂）、血浆制品等。

(2) 植物性药 植物的各部分，皮、花、根、茎、叶、液汁及果实等都可药用，如人参用其根茎，阿片是罂粟果的液汁。中药中以植物药为最多。同时由于现代化学工业的发展，目前还广泛地提取出多种植物药的有效成分，如生物碱（如中药麻黄所含的有效成分麻黄碱，阿片中的吗啡，茶叶中的咖啡因等）、苷（如治疗心脏病的洋地黄毒苷）、皂苷、挥发油、黄酮类化合物等作为药用。

(3) 矿物药 一般是指直接利用矿物或经过加工而成的药物，如硫黄、氧化汞，以及一些无机盐类、酸类、碱类等。

(4) 化学药品 一般是指利用化学方法合成的药品，如磺胺类药、对乙酰氨基酚、乙酰水杨酸等。近年来，随着制药工业的发展，合成药物的种类越来越多，临床应用也日益广泛。

3. 按我国传统习惯分类

(1) 西药 日常生活中人们习惯把国外研制生产的药品称为西药，它包括国外生产的化学药物和生物技术药物。

(2) 中药 人们习惯于把我国使用的传统药物称为中药。其实这种概念不是十分科学，因为只有同时具备以下三种内涵的药物才能被称为中药：一是能用独特的性能来表示，如性味、归经、升降、沉浮等；二是其功效能用中医药学术语来表示，如理气、安神、活血化瘀、通里攻下等；三是能按中医药学理论的配伍规律组成复方，方中药物须按君臣佐使关系构成一个功效整体而施治于人。

需要说明的是，此种分类方式随着医药科学技术的发展越来越不能反映其实际情况，因为我国药学工作者经过艰苦奋斗，做了大量中药的西化工作，使不少中药的化学本质被阐明，它们或是被当作提取西药的原料，或是直接被当成西药使用，这打破了原有的中药、西药泾渭分明的局面。此外，随着我国中药现代化工作的开展，中西结合的药物也不断涌现，用现代科学方法处理、现代医学观点表述其特性的中成药也不断出现。这些药物虽然以中药为主要成分，但因不再用传统的医学观点表述其特性，同时其生理、药理作用的化学本质和体内代谢过程还不完全清楚，所以既不是原来意义上的中药，也不是一般概念上的西药。为此，我国《药品管理法》提出了现代药与传统药的概念。现代药是指19世纪以来由于现代医学的进步而发展起来的化学药品、抗生素、生化药品、放射性药品、血清、疫苗、血液制品等。传统药，指用传统医学观点表述其特性，能被传统医学使用的药物，它包括中药材、中药饮片、传统中成药和民族药（如蒙药、藏药、维药、傣药等）。

4. 按药物作用部位和作用机理分类

可分为作用于中枢神经系统、传入传出神经系统、心血管系统、呼吸系统、消化系统、泌尿系统、生殖系统、血液系统、内分泌系统、免疫系统的药物和抗微生物、抗寄生虫药以及诊断用药等，即通常的药理学分类方法。

5. 按药品的特殊性分类

药品按特殊性一般可分为普通药品和特殊管理的药品（麻醉药品、精神药品、医用毒性药品、放射性药品）。

(1) 特殊药品

① 毒性药品　毒性药品系毒性剧烈、治疗剂量与中毒剂量相近、使用不当会致人中毒或死亡的药品，如阿托品。

② 麻醉药品　麻醉药品是指连续使用后易产生身体依赖性、能成瘾的药品，如吗啡类、哌替啶等。

③ 放射性药品　指用于临床诊断或治疗的放射性核素制剂或者其他标记药物。

④ 精神药品　指直接作用于中枢神经系统，使之兴奋或抑制；连续使用能产生依赖性的药品。依据精神药品使人体产生的依赖性和危害人体健康的程度，分为第一类精神药品和第二类精神药品。

a. 第一类精神药品不能在药店零售，如麦司卡林、赛洛新、司可巴比妥等；第二类精神药品如苯巴比妥、氟硝西泮等。

b. 零售药店应当凭执业医师出具的处方，按规定剂量销售，并将处方保存2年备查，禁止超剂量或者无处方销售第二类精神药品，不得向未成年人销售第二类精神药品。

(2) 普通药品　普通药品是指毒性较小、不良反应较少、安全性较好的药品，如葡萄糖、乙酰水杨酸等。

6. 按我国药品管理制度分类

按我国药品管理制度分类，可分为处方药和非处方药。

(1) 处方药　指必须凭执业医师或执业助理医师处方才能调配，并在医务人员的指导下应用的药物。

(2) 非处方药　指那些只要消费者按照药品标签上列出的规定，如用法、说明与注意事项等，就能安全使用的药物。因此其不需要处方即可出售。在国外，非处方药称为"柜台药（over the counter）"，简称OTC药。

非处方药必须具备的特点：一是非处方药使用时不需要医务专业人员的指导和监督；二是因消费者按药品标签或说明书的指导使用，故说明书文字应通俗易懂；三是非处方药的适应证是指那些能自我做出诊断的疾病，药品起效快速，疗效确切，能较快减轻患者的不适感；四是非处方药能缓解常见疾病的初始症状和防止其恶化，也能减轻已确定的慢性疾病的症状或延缓病情的发展；五是非处方药安全性高，不会引起药物依赖性，毒副反应发生率低，不在体内蓄积，不致诱导耐药性或抗药性；六是非处方药的药效、剂量都具有较好的稳定性。

7. 国家基本药物和《基本医疗保险药品目录》药品

(1) 国家基本药物　《制定国家基本药物工作方案》中指出"国家基本药物系指从我国

目前临床应用的各类药物中经过科学评价而遴选出的在同类药品中具有代表性的药品,其特点是疗效肯定、不良反应小、质量稳定、价格合理、使用方便等。列入基本药物的品种,国家要按需求保证生产和供应,并在此范围内制订公费医疗报销药品目录。"确定国家基本药物,目的在于加强药品生产、使用环节的管理,既保证大众安全、有效、合理地用药,又完善公费医疗制度,减少药品浪费,使国家有限的卫生资源得到有效的利用,达到最佳的社会效益和经济效益。

(2)《基本医疗保险药品目录》药品　指为了保障城镇职工医疗保险用药需要,合理控制药品费用而规定的基本医药保险用药药品。纳入《基本医疗保险药品目录》的药品,是临床必需的、安全有效、价格合理、使用方便、市场能够保证供应的药品,并且具备下列条件之一:《中华人民共和国药典》(现行版)收载的药品,符合国家药品监督管理部门颁发标准的药品,国家药品监督管理部门批准正式进口的药品。

《基本医疗保险药品目录》药品包括西药、中成药、中药饮片。这些药品在《国家基本药物目录》基础上遴选而定,并分为"甲类目录"和"乙类目录"。"甲类目录"药品是临床必需、使用广泛、疗效好、同类药品中价格最低的药品,由国家统一制定,各地不得调整。"乙类目录"药品可供临床选择使用,药价比"甲类目录"药品略高。"乙类目录"药品由国家制定,各省、自治区、直辖市可适当调整(不超过其总数的15%)。

三、药品的特殊性

药品是人们用来防病治病、康复保健、计划生育的特殊商品。说它是特殊商品是因其直接关系着每一个人的身体健康和生命安危,关系到千家万户的幸福与安宁。药品的特殊性主要表现在以下几方面:

1. 药品作用的两重性

药品可以防病治病、康复保健,但多数药品又有不同程度的毒副作用。如管理得当、使用合理,就可治病救人,保护健康,造福人类。反之,管理混乱、使用不当则危害人们的生命安全和身体健康,破坏社会生产力,甚至祸国殃民,产生严重后果。

2. 药品具有很强的专用性

大部分药品只能通过医生的检查、诊断后,并在医生的指导下合理使用,才能达到防病治病和保护健康的目的。若滥用药物就很可能造成中毒或产生药源性疾病。据文献报道,美国现住院患者中约有1/7是由于用药不当而住院的。据世界卫生组织统计,全世界死亡的患者中,有1/3的是死于用药不当。

3. 药品质量的重要性

药品质量关系到患者的安危,因此至关重要。符合质量标准要求,才能保证疗效。不符合标准要求,则意味着疗效得不到保证。所以,进入流通渠道的药品,只允许有合格品,绝对不允许有次品或等外品。

4. 药品储备的限时性

药品是治疗疾病的物质,这就要求药品生产、经销部门及医疗卫生单位对药品要有适当的储备。但因药品有一定的有效期,所以要注意储备的数量。

5. 药品等级的一致性

一般商品往往有等级之分,所谓一等品、二等品、等外品等,甚至残次品亦可让利销售。而药品只有合格与不合格之别,凡不合格的药品绝对不能出厂、销售和使用,否则,就是违法。

6. 药品质量监督管理要求有很强的科学性

药品质量的优劣、真伪,一般消费者难以辨别,必须由专门的技术人员和专门机构,依据法定标准,应用合乎要求的仪器设备、可靠的方法,才能做出鉴定或评价。世界各国均设有专门的药品检验机构。我国还在所有的三级医院和部分二级甲等医院设有药检室,除负责本院制剂的检验外,还负责外购药品质量的检测。必须指出的是,许多药品,特别是新药,还需要通过上市使用一段时间后,经过长期的、大量的调查、统计和分析,进行再评价,才能发现其毒副反应。为此,我国已经在努力逐步完善药品不良反应监测和药品质量信息反馈系统。

四、药品疗效的保证

药品是一种特殊商品,消费市场对药品的需求标准应是疗效好、毒副作用小。与一般日用消费品不同,要求医药企业在生产经营药品时,不仅要在生产过程中严格执行国家有关规定,保证药品质量,而且要在销售过程和消费过程中对消费者负责,指导其科学合理用药,而不能像一般商品那样尽可能地引导消费、扩大销售。消费者使用药品的最终目的是获得身体的康复,所以衡量一种药品是否具有生命力和市场竞争力的标准之一就是其疗效。影响药品疗效的主要因素有药物本身和消费者机体两个方面。

1. 药物方面的因素

(1) 药物的构效关系 指药物化学结构与药效的关系,这是药物作用特异性的物质基础。化学结构相近似的药物一般能产生相似的作用,称拟似药;产生相反作用的,称拮抗药。药物的化学结构完全相同的光学异构体,其作用可能完全不同。

(2) 药物的量效关系 药物的药理效应,一般是随药物剂量的大小而增减,两者之间的规律性变化,称为量效关系。与此相关的指标有最小有效量、治疗量、极量、最小中毒量、致死量等。

(3) 药物与剂型的关系 剂型是药物应用的形式,对发挥药效的影响极大,表现在以下三方面。一是剂型可改变药物作用的性质,例如硫酸镁口服可作泻下药。而25%硫酸镁注射液10mL,用10%葡萄糖注射液稀释成5%的溶液静脉滴注,能抑制大脑中枢神经,有镇静、镇痉作用。二是剂型能调节药物作用速度,不同剂型,药物作用速度不同。如注射剂、吸入气雾剂,属于速效制剂,可用于急救;丸剂、缓释制剂、植入剂等属于慢效或长效制剂。三是剂型的改变可降低或消除药物的毒副作用,如芸香油片剂治疗咳喘病,药效发挥慢,且疗效不佳,但改成气雾剂后则药效发挥快,副作用小;某些剂型有靶向作用,如静脉注射乳剂、静脉注射脂质剂等,是具有微粒结构的制剂,在体内能发挥靶向作用;剂型直接影响药效,如药物的晶型、药物粒子的大小不同,会直接影响药物释放,进而影响药效。

2. 机体方面的因素

患者机体方面的差异与药物效应的关系密切,有时对药物起决定作用,影响因素主要有:

(1) 年龄与性别 年龄的不同对药物的反应有很大差别,老年人生理功能减退,少年儿童生理功能尚不完善,必然会影响药物的吸收、代谢和排泄。性别差异也很明显,如妇女月经期和妊娠期对泻药及强烈刺激性药物敏感,如不注意可引起月经过多或早产、流产的危险。

（2）**个体差异**　个体的差异对药物反应不同，如某些高敏性患者、对某些药物产生依赖性和成瘾性的患者、耐药程度不同的患者等。

（3）**遗传因素**　遗传因素是影响药物疗效的重要因素，有时起决定作用。体内缺乏某种酶或存在异常酶的先天性生化缺陷，或机体免疫功能发生异常，都可能引起有关药物的代谢障碍。

（4）**病理状态**　病理状态能直接影响机体功能和药物作用。如降压药能使高血压患者降低血压，对正常人血压影响不大；有肝肾功能障碍者，某些药物的作用会增强或延长甚至引起中毒。

（5）**精神状态**　患者的精神状态与药物疗效和恢复健康有密切关系。乐观情绪对治疗可产生积极影响，而忧郁悲观则不利于治疗，还可能影响药物的疗效。

第二节　药品生命周期

药品是一种特殊的商品，作为商品同样具有商品的生命周期。产品生命周期是产品的市场寿命，即一种新产品从开始进入市场到被市场淘汰的整个过程。医药企业都希望自己的产品生命周期更长，长时间地在市场销售。阿司匹林已经销售一百多年了，至今还充满活力，没有表现出衰退的迹象。安宫牛黄丸、六味地黄丸、片仔癀、乌鸡白凤丸等几个经典丸剂生命周期更长，已经历数百年。

一、药品生命周期的内涵

医药产品生命周期指医药产品从研究开发、进入市场到最后被市场淘汰所经历的过程。根据医药市场营销特点，医药产品生命周期可划分为研发期、导入期、成长期、成熟期、衰退期等五个阶段。医药产品生命周期大多数呈现"S"形，如图1-2所示。

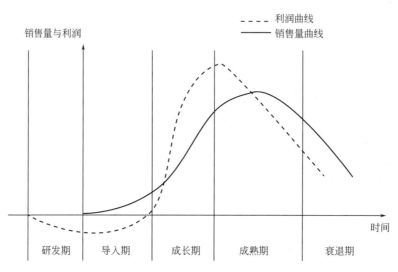

图1-2　医药产品生命周期

在每个阶段，医药产品的销售量和利润都不同，企业采取的营销策略也各异。医药产品是特殊商品，其生命周期与其他产品的生命周期不尽相同。专利药品都有一个相对较长的生命周期，而很多保健药品则较短，开发药品新的用途可以延长产品的生命周期。如维生素

C、阿司匹林、六味地黄丸等药品的生命周期长盛不衰，是因为不断发现其具有新的治疗和保健的用途。

1. 研发期

研发期是指药品研发培育时期，始于对产品的构想、开发、孕育，通常新药品的想法可能来自消费者、研发部门、竞争者、公众、企业员工或药品展览等。该阶段没有销售，只有前期大量资源的投入。

2. 导入期

导入期又称为引入期或介绍期，是指新药正式上市后的最初销售时期。该阶段消费者对新药不了解，知名度低，销售缓慢，加上引入新药的费用较高，企业利润通常偏低，甚至出现亏损；但此时没有或只有很少的竞争者。

3. 成长期

成长期是指药品转入批量生产和快速扩大销售额的时期。该阶段新药试销成功后，消费者对药品已经熟悉，知名度大大提升，销售额和利润都快速增加。同时竞争者也纷纷加入，使类似药品供应量增加，价格随之下降，企业利润增长速度逐步放慢。

4. 成熟期

成熟期是指药品进入大批量生产，市场成长趋势减缓或饱和，利润达到顶峰后趋于平稳或略降的时期。该阶段竞争较为激烈，营销费用增加，药品价格降低，企业利润下降。

5. 衰退期

衰退期是指药品已经老化，销售量明显衰退、利润日益减少的时期。该阶段新产品或替代品出现，消费者转向购买其他药品，原有药品随时间逐渐被取代，竞争者也纷纷退出市场。

当然，在医药市场还有许多药品没有按照标准的生命周期规律来发展，有一些特殊药品的生命周期曲线如图1-3所示。

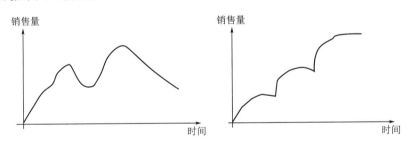

图1-3 特殊药品的生命周期

随着药品市场竞争和科技的进步和发展，多数药品的生命周期将呈现出不断缩短或二次开发的趋势。特别是我国拥有几千年悠久历史的中药将焕发第二次生命，由过去的以多味配方、煎服汤药为主，进入到以中成药为主，多剂型、高技术含量的崭新阶段，呈现出新的发展特点和趋势。

> **课堂讨论**
>
> **第二次生命周期**
>
> 用什么样的方式才能使产品生命周期曲线像图1-3那样呢？第二个"驼峰"是怎

> 样出现的呢？办法其实很简单，主要有以下两种。其一，当产品进入生命周期的衰退期时，公司或行业对该产品采用新的营销组合，从而使销售量再一次大幅度提高，获得更多的利润，延长产品生命周期。比如，国产"环丙沙星注射液"将零售价40元左右降低到15元左右，使其缩小了的市场销量得到较大的提高。其二，开发新市场。当一个产品在某个地区进入衰退期时，企业为了延长该产品的生命周期，采用向未开发地区进军从而达到延长产品生命周期的目的。这种形式是外资企业进入中国市场最常见的手段及欲达到的目的。如治疗高血压的第一代ACE类药"卡托普利"在国外已经走过成熟期，市场在萎缩，利润在减少，此时该公司的决策者决定将这一产品打入中国等未开发市场，从而给了这一产品第二次生命。

药品生命周期是一个假设概念和一条理论曲线，对药品生命周期概念的理解要注意以下几点：

① 药品生命周期实际上是特指药品的市场寿命、经济寿命，而不是指药品的使用寿命、自然寿命，不可将药品的市场寿命与使用寿命混淆。药品使用寿命是指药品的自然使用时间，即药品的具体物质形态的变化。药品使用寿命的变化伴随着药品的物质形态磨损消耗，使用寿命的长短主要受自然因素的影响，与药品本身的性质、性能、使用条件、使用频率、使用时间等因素有关。

② 营销学主要研究药品品种的寿命，而不是某种药品的效期。因为药品类别、药品品种和药品品牌的寿命周期是各不相同的。药品类别的寿命周期最长，有些药品类别受人口、经济等因素的影响，还无法预测其周期变化规律，几乎可以无限期地延续下去；药品品牌的周期变化很不规律，企业可以长期使用下去，也可以经常变化；而药品品种的寿命周期是典型的，它的发展变化过程有一定的规律可循。

③ 药品的市场生命周期是就整个医药行业或整个市场而言，一般不能确切地说明某种药品的生命周期问题，并且医药行业的药品市场生命周期也是一个相对概念。医药行业在不同的国家，其药品的生命周期也是不一致的。有的药品在发达国家已经进入成熟期或衰退期，而在发展中国家则可能刚进入导入期。

总之，药品生命周期由于受各种因素的影响会产生各种变化，但总的形态基本上还是呈正态分布的，并且随着市场的竞争和科技的发展，多数药品的生命周期都在不断地缩短。

二、药品生命周期各阶段的特点

在药品生命周期各阶段，其销售额、单位成本、利润水平、市场竞争者及消费者类型营销目标都呈现出不同的特点，对于医药企业制定营销策略有重要的研究意义。

1. 研发期的特点

此期的特点是高投入、高风险，长周期，有投入、无产出。新药的研发出发点可从满足消费者的需求及市场空缺产品考虑，做到人无我有、人有我优、人优我特、人特我专，不断创新才能把握整个市场的发展趋势。此阶段营销目标是尽快研发成功，投入实际生产。

2. 导入期的特点

此期的特点是新药刚推出市场，除个别领先使用者外，大部分消费者对药品不了解，知名度低导致销售量低，生产量小，单位产品制造费用高，加上营销费用大，使成本高、利润低，甚至出现亏损，因此竞争者较少，多处于观望状态。此阶段营销目标是建立知名度，鼓励消费者试用。

3. 成长期的特点

此期的特点是消费者对新药品已经熟悉，销售量迅速增加。药品已经定型，工艺技术比较成熟，产量扩大，单位成本降低，利润迅速提升，建立起较理想的营销渠道。竞争者看到新药试销成功，有利可图，则相继加入，仿制药品出现，市场竞争加剧。此阶段营销目标是提高市场占有率。

4. 成熟期的特点

此期的特点是药品大批量生产并稳定进入市场销售，购买人数增多，销售量逐渐达到最大，增长速度减缓甚至呈下降趋势。同时药品普及率高、产量大、成本低，利润总额达到最大，市场竞争尤为激烈。到后期，生产能力过剩，价格开始下降，企业的利润也随之减少，有些竞争者因能力不足，无力与强大的竞争者抗衡而逐步退出。此阶段营销目标是保护市场，争取最大利润。

5. 衰退期的特点

此期的特点是医药市场出现了性能、规格改进的新产品替代老产品，消费者兴趣已经转移，销售量迅速下降，生产量减少使得成本上升，利润下降。竞争者由于无利可图或药品滞销而陆续停止生产或退出市场。此阶段营销目标是压缩开支，回收资金，更新产品。

三、药品生命周期各阶段的营销策略

1. 导入期的营销策路

在药品导入期，由于消费者对药品十分陌生，医药企业必须通过各种促销手段把药品引入市场，力争提高药品的市场知名度。为了告诉医生和患者他们所不知道的新产品，引导他们使用该产品，并快速建立销售通路进入医院及药店，新产品的引入需要高水平的促销努力。营销界常常采用先推出或创造一个概念，然后利用专家的影响、学术的支持、媒体的广告、业务代表的推广，让消费者接受这一概念，从而接受与其相配套的产品。如"多潘立酮"推出了"胃动力"概念，建立与药品的必然联系，在医生和患者接受了这一概念的同时也接受了这一药品。在导入期，医药企业的重点主要集中在促销和价格方面。该阶段市场营销策略的重点是要突出一个"快"字和"准"字。"快"即尽量缩短导入期的时间以最快的速度使药品进入成长期；"准"就是看准市场机会，正确选择新药投入市场的时机，确定适宜的药品价格。导入期可供选择的策略如下：

（1）快速掠取策略（高价高促销策略） 在这一阶段多采用快速掠取策略，医药企业以高价格和高促销费用推出新药。

① 这种策略的形式：采取高价格的同时，配合大量的宣传推销活动，广泛宣传新药的优点，把新药推入市场。

② 目的在于先声夺人，抢先占领市场，并希望在竞争还没有大量出现之前就能收回成本，尽可能获得利润。

（2）缓慢掠取策略（高价低促销策略） 医药企业以高价格和低促销费用相结合推出新药。

① 该策略的特点：在采用高价格的同时，只用很少的促销努力，从而获取尽可能多的赢利。

② 高价格的目的在于能够及时收回投资，获取利润；低促销的方法可以减少销售成本。

（3）快速渗透策略（低价高促销策略） 以高促销费用和低价格的组合向市场推出新药。

① 该策略的方法：在采用低价格的同时做出巨大的促销努力。

② 其特点是可以使药品迅速进入市场，有效地限制竞争对手的出现，为医药企业带来巨大的市场占有率。该策略的适应性很广泛。

（4）缓慢渗透策略（低价低促销策略） 以低价格和低促销费用推出新药。即在新药进入市场时采取低价格，低价格本身就具有促销作用，有助于市场快速接受药品；低促销又能使医药企业减少费用开支，降低成本，以弥补低价格造成的低利润或者亏损。

2. 成长期的营销策略

成长期是药品生命周期中的关键时期，医生和患者都已接受公司推出的概念与产品，同时，仿制品也登场进入竞争的角色。医药企业的任务是使药品迅速得到普及，扩大市场占有率，尽可能地维持市场成长，并保持销售增长的好势头。医药企业的营销重点应放在保持并且扩大自己的市场份额，加强自己的竞争地位，加速销售额的上升方面。这一阶段适用的具体策略有以下几种：

（1）药品策略 改进药品剂型，完善药品性能；不断增加药品的新特色，在商标、剂型规格等方面做出改进，改良包装和服务，增加药品新的用途，争创优质名牌药品。如产品的包装与剂型的改进，比如"双黄连口服液"由100mL大瓶装改为10mL每支的小包装。

（2）价格策略 充分利用价格手段，虽然在成长期市场需求量较大，但在适当时医药企业可以保持原价或适当调整价格，以保持药品的声誉和吸引更多的消费者。对于高价药品，可降低价格，以增加竞争力。当然，降价可能暂时减少企业的利润，但是随着市场份额的扩大，长期利润还可望增加；此阶段不可轻易抬价，否则容易引起消费者的波动。

（3）渠道策略 进一步开展市场细分，创造新的用户。如"尼莫地平注射液"由原来的原发性蛛网膜下腔出血的细分市场到外伤性蛛网膜下腔出血这一细分市场。积极开拓新的市场领域，努力疏通并增设新的销售机构和销售网点，加强向市场渗透的能力，以利于扩大药品的销售面。

（4）促销策略 改变医药企业的促销重点。如在广告宣传上，从介绍药品的疗效转向树立企业和产品的形象，突出药品特色，争创名牌，以利于进一步提高企业在社会上的声誉；由导入期的以建立和提高药品知名度为中心转变为以说服消费者接受和购买该药品为中心，同时加强售后服务，强化消费者的购买信心。如公关目标从产品的知名度、概念的推广建立转移到说服医生开处方及患者主动买药，该阶段是医药企业销售的黄金时期，市场策略的重点应该突出一个"好"字。即在扩大生产能力的同时，进一步改善和提高药品适应证，防止因药品粗制滥造失去顾客，设法使药品的销售和利润进一步增长，扩大市场占有率，掌握市场竞争的主动权，获取最大的经济效益。切勿因药品畅销而急功近利，要加强品牌宣传，力争树立药品声誉和医药企业信誉。

3. 成熟期的营销策略

产品的销售成长率达到某一点后将放慢步伐，进入相对成熟的阶段。它分为成长中的成熟、稳定中的成熟、衰退中的成熟三个阶段。由于销售增长的减缓，使整个行业中的生产能力过剩，从而使竞争加剧。成熟期是医药企业获取利润的黄金阶段，随着销售量的增多，投入相对会减少，市场竞争十分激烈，医药企业应系统地考虑市场、药品及营销组合以调整策略，采取措施确保市场占有率和努力延长药品的成熟期。

(1) 市场调整策略 又称市场多元化策略，即通过努力开发新市场，寻求新用户，来保持和扩大自己的药品市场份额。

① 通过努力寻找市场中未被开发的部分，开发药品的新用途，寻求新的细分市场。例如，使非使用者转变为使用者，不断地说服医生和患者使用该产品。

② 通过宣传推广，刺激现有顾客，促使顾客更频繁地使用或每一次使用更多的量，以增加现有顾客的药品购买量，如外用药。

③ 通过市场细分，努力打入新的市场区域，进入新的细分市场。例如地理、人口、用途的细分，采取差异性策略和防御性策略相结合，从广度和深度上开拓新市场。

④ 重新为药品定位，寻求新的买主，赢得竞争者的顾客。

(2) 药品调整策略 又称为"药品再推出"，是以药品自身的调整来满足消费者的不同需要，吸引有不同需求的消费者，从而提高销售量。药品整体概念的任何一个层次的调整都可视为药品再推出产品。生命周期曲线的关键在于产品调整策略，可以通过改进该产品的特征，使其能吸引新用户或增加现行用户的使用量，从而改善销售。这相当于将一个产品稍作改动后再次推出。

① 剂型调整，即增加药品的功能性效果，目的注重于增加产品本身的功能特性，比如安全性、有效性、缓释性、控释性及口感等，常用"更强""更大""更好"等术语进行广告宣传。例如国外"青霉素"从需要做皮试到不需要做皮试，安全性更高。

② 特点调整，目的注重于增加产品的新特点，扩大产品的新适应证或新用途、新理论等，从而使这一成熟的老产品又以新的面孔推向市场，注入了新的活力。

③ 剂量及包装调整，即增加药品美感上的需求，如规格大小、重量、材料质量、添加剂以及附属品等。目的注重于使每个厂家可以获得一个独特的市场个性，以获得忠诚度，改进后增加疗效或使用方便。

第三节 药品品牌

案例

斯达舒为修正药业著名品牌，以"斯达舒胶囊"产品为主，也包括"斯达舒分散片"和"斯达舒微丸"。1998年斯达舒上市，第一粒中西药结合的胃药诞生；1999年8月，斯达舒获省政府授予的吉林名牌产品证书；2005年6月，国家工商总局（现国家市场监督管理总局）授予"斯达舒"为"中国胃药驰名商标"。2009年，新剂型斯达舒分散片上市销售，治疗胃痛、胃酸、胃胀，更快、更舒服。至今，斯达舒连续畅销16年，一直保持着质量"0"投诉的记录。

一、药品品牌的内涵

1. 品牌的概念

美国市场营销协会（AMA）对品牌的定义为："品牌是一种名称、术语、标记、符号或设计，或是它们的组合运用，其目的是借以辨认某个销售者或某群销售者的产品及服务，并使之与竞争对手的产品或服务区别开来。其中，这些创造品牌的名称、术语、标记、符号或设计，或它们的组合称为品牌元素。"

世界著名营销学大师菲利普·科特勒在其著作中描述："品牌就是一个名字、称谓、符号或设计，或是上述的总和，其目的是使自己的产品或服务有别于竞争者。"

上述品牌的定义包含的内容：①品牌是一种名称、术语、标记、符号或设计，或是它们的组合运用；②品牌能够把不同生产者或经销商的产品或服务区别开来，便于消费者识别和购买；③品牌是一种质量、信誉的承诺和保证；④品牌是一种特殊资产，能给拥有者带来利益和价值，其价值的源泉来自消费者心目中形成的关于其企业或产品的印象。

2. 品牌的整体含义

品牌实质是企业对消费者关于产品或服务的特征和利益的承诺，其整体含义有以下六个方面：

(1) 品牌属性 品牌能让人们联想到某种属性，即该品牌的产品区别于其他品牌产品的最本质特征，主要包括产品的质量、性能、价格等基本内涵。例如，"佛慈"品牌让人们联想到浓缩丸中成药。

(2) 品牌利益 消费者购买医药产品时购买的不是属性而是利益，属性需要转化为功能性或情感性的利益，才能被消费者接受，医药产品带给消费者的核心利益是疗效和安全。

(3) 品牌价值 品牌的价值是组织或个人通过长期积累在消费者心目中形成的信赖和利益的表现，例如，有400多年历史的"陈李济"品牌体现了创始人"同心济世"企业经营理念，在消费者心目中形成的信赖给企业带来了丰厚价值。

(4) 品牌文化 品牌的底蕴是文化，是物质形态与文化形态的有机结合，例如，"同仁堂"品牌蕴含着历史悠久的"国药国粹"中医药文化内涵。

(5) 品牌个性 品牌必须反映一定的个性，不同的品牌具有不同的个性，例如，"华北制药"品牌会使人们想到抗生素。

(6) 品牌用户 品牌暗示着购买或使用医药产品的消费者类型，例如，"太太口服液"让人联想到一个已婚年轻女性的形象。

以上品牌内涵的六个方面并不是并列平行的关系。品牌最核心的含义是价值、文化和个性，它们是品牌的基础，体现不同品牌间的本质差异。医药企业设计品牌应以价值为核心，建立品牌文化，塑造品牌个性，体现品牌特色。

3. 品牌的组成

品牌一般是由品牌名称、品牌标志、商标三部分组成：

(1) 品牌名称 品牌名称是品牌中可以用语言称呼的部分，如"三九""江中"等。

(2) 品牌标志 品牌标志是品牌中可以用视觉识别的部分，通常表现为某种符号、图案、色彩、设计，例如，仲景宛西制药股份有限公司的"仲景"牌六味地黄丸标签上的张仲景头像；四川太极集团的急支糖浆标签上的"太极"图案。

(3) 商标 商标是一种法定的标志，表示拥有者对品牌拥有的专有权，并从法律上禁止他人使用，根据我国法律规定，人用药品必须使用注册商标，否则不得在市场上销售，注册商标一般用"R"或"注"表示，非注册商标则不受法律保护。品牌和商标是两个相近的概念，两者既有联系，又有一定的区别。

4. 品牌的作用

在现代市场营销中，品牌的作用日益突出。结合医药产品特点，品牌的作用主要表现在以下几个方面：

（1）品牌代表产品的质量　品牌能够体现医药产品的质量和特色，有利于企业对医药产品进行营销管理，也便于购买者识别。知名品牌会赢得消费者的信任，牢固地定位于消费者心目中。一提到某品牌，消费者就能联想到这一品牌产品的质量和特色，例如，一提阿胶产品，人们马上就想到"东阿阿胶"品牌的阿胶。

（2）品牌有利于企业市场营销　品牌是医药企业开拓市场的利器，品牌一旦形成一定的知名度和美誉度后，就会形成消费者品牌忠诚，医药企业就可利用品牌优势扩大市场销售。品牌也有自己独特的风格，有利于医药企业进行市场细分和市场定位，更好地满足消费者需求的个性差异。

（3）品牌有利于监督企业的产品质量　品牌的建立需要企业日积月累的努力，生产者不能不关心品牌的声誉。医药企业为了巩固品牌已有的市场地位，必须加强生产经营管理。打造品牌质量是医药企业对产品质量进行自我监督的一种重要手段。

（4）品牌有利于企业抵御竞争者　品牌是医药企业保持竞争优势的一种手段，品牌忠诚是竞争者通过模仿难以达到的，为其他企业进入构筑了壁垒。品牌还可以通过注册得到法律保护，防止他人模仿或抄袭，而使医药企业的正当权益得到维护，当产品市场趋向成熟，市场份额相对稳定时，品牌忠诚是抵御同行竞争者进攻的最有力的武器。

（5）品牌有利于企业推广新产品　品牌是医药企业和消费者沟通的最有效的载体之一，是企业巨大的无形资产，医药企业如在原有品牌的产品线中增加新产品，则比较容易被消费者接受。所以，医药企业可以利用品牌的无形资产，不断开发并成功推出新产品，扩大经营规模，提升企业的竞争力。

（6）品牌有利于企业积累无形资产　睿富全球排行榜资讯集团与北京名牌资产评估有限公司在爱尔兰第十一届欧洲论坛上，发布了2019（第25届）中国品牌价值100强研究报告，医药品牌入选的共有9家，其中哈药集团有限公司的"哈药"品牌价值223.91亿人民币，北京同仁堂股份有限公司的"同仁堂"价值214.78亿人民币，云南白药集团股份有限公司的"云南白药"价值213.68亿人民币。上榜的医药企业品牌还有三九医药股份有限公司的"999"，天津天士力制药股份有限公司的"天士力"，葵花药业集团股份有限公司的"葵花"，华润双鹤药业股份有限公司的"双鹤"，山东东阿阿胶股份有限公司的"东阿"和华北制药集团有限责任公司的"华北"。

英国知名品牌评估机构 Brand Finance 公布《2017年全球最具价值品牌500强榜单》，其中制药企业有4家：罗氏、辉瑞、拜耳、诺华；医疗保健产品企业有3家：强生、美敦力、费森尤斯；进入百强的企业有4家，分别是GE（2017年品牌价值为353.18亿美元）、CVS（232.86亿美元）、沃尔格林（159.69亿美元）、联合健康（133.79亿美元）。

与一般有形资产相比，品牌所蕴含的财产价值具有不确定性。因为品牌的财产价值主要不是指创立、使用和维持一个品牌所支出的成本，而是指品牌所具有的收益能力。品牌的收益能力取决于品牌所标示的产品各项指标的市场领先度、国际化倾向程度、品牌收益的稳定性等。

案例讨论

白加黑——治疗感冒，黑白分明

"白加黑"是个了不起的创意。它看似简单，只是把感冒药分成白片和黑片，并把

> 感冒药中的镇静剂"扑尔敏"放在黑片中,其他什么也没做;实则不简单,它不仅在品牌的外观上与竞争品牌形成很大的差别,更重要的是它与消费者的生活形态相符合,达到了引发联想的强烈传播效果。在广告公司的协助下,"白加黑"确定了干脆简练的广告口号"治疗感冒,黑白分明",所有的广告传播的核心信息是"白天服白片,不瞌睡;晚上服黑片,睡得香",产品名称和广告信息都在清晰地传达产品概念。

二、药品品牌设计

一个品牌从消费者角度来看,要使消费者能接受品牌的信息,将品牌根植于消费者心中,就必须进行精心的设计和打造。品牌的设计和打造可以从名称、标志、标语口号、象征符号、主题音乐、卡通形象、包装七大识别要素着手,每一要素都各具特征和功能。这些要素各有所长,各自具备其独特功能。把品牌各要素加以整合、规划、综合设计,才有可能产生 1+1>2 的效果,促进品牌传播和打造。

1. 药品品牌名称的设计

药品的品牌名称是药品品牌构成中可以用文字表达的并能用语言进行传播交流的部分,是品牌传播中最重要的因素之一。好的品牌名称可以迅速、准确地表达出药品品牌的中心内涵和关键联想,让消费者对品牌产生深刻的印象、经久难忘,从而使企业产品家喻户晓、妇孺皆知。

(1) 地域法 将企业产品品牌与地名联系起来,有助于借助地域积淀,使消费者从对地域的信任与认同进而产生对产品的信任与认同。比如哈药集团,利用哈尔滨这一地名为企业品牌,将具有特色的地域名称与企业产品联系起来。

(2) 人名法 将名人、明星或企业首创人的名字作为产品品牌,充分利用人名含有的价值,促进消费者认同产品。如广东的"陈李济"牌,就是利用产品的创始人李升佐、陈体全的名字来命名。

(3) 企业名称法 将企业名称作为产品品牌来命名,如华润双鹤药业利用企业名称法来进行产品品牌命名,有利于形成产品品牌、企业品牌相互促进,达到有效提升企业形象的目的。

(4) 数字法 用数字来为品牌命名,借用人们对数字的联想效应,促进品牌的特色,使消费者增强对品牌差异化的识别效果。如"三九药业"的品牌含义就是"999",健康长久、事业恒久、友谊长久等。

(5) 目标客户法 将品牌与目标客户联系起来,进而使目标客户产生认同感。比如"太太口服液"是太太药业生产的针对女性的口服液,此品牌使消费者一看到该品牌,就知道这是专为女性设计的产品。

(6) 功效法 用产品功效为品牌命名,使消费者能够通过品牌对产品功效产生认同,比如"泻立停"等品牌。

(7) 形象法 运用动物、植物和自然景观来为品牌命名,如"葵花牌""胃康灵""金鸡片",借助动物、植物的形象,可以使人产生联想与亲切的感受,提升认知速度。

(8) 中外法 运用中文和字母或两者结合来为品牌命名,使消费者对产品增加"洋气"的感受,进而促进产品销售。

2. 药品品牌标志的设计

（1）**文字型标志设计** 文字型标志是以文字表现的标志，包括中文文字商标和外文文字商标。文字型标志有视觉效果，一般都可以用声音表达出来。随着经济全球化和企业经营的国际化，众多文字型标志在国际市场上同时使用两种或两种以上的文字，以适应当地市场。

（2）**图案型标志设计** 图案型标志是以图形表现的标志，它不能用声音表达，只能凭视觉来辨认，但图形标志具有更强的视觉冲击力。采取图案型标志的处理手法多半有暗喻、借喻、直接陈述、联想等用意。图案型标志可以采用天文、地理、名胜、人物、动物、植物、抽象图案等形式来显示，例如葵花药业股份有限公司采用葵花图案代表品牌标志（图1-4）。

图1-4 图案型标志

（3）**图文结合型标志设计** 图文结合型标志是指把文字与图形结合在一起来表现的标志设计，两者互为补充说明。图文结合型标志在现代品牌标志中有较好的表现力与识别力，也是最常见、最常用的。

三、药品品牌策略

医药品牌策略是医药市场营销决策的重要组成部分。在市场营销活动中，医药企业要根据市场实际情况、医药产品的特点和企业自身的资源状况等因素，制订相应的品牌策略。

1. 品牌化策略

品牌化策略指医药企业是否对自己的产品使用品牌营销的策略。品牌化策略包括无品牌策略和使用品牌策略。

（1）**无品牌策略** 无品牌策略即医药企业对自己的产品不使用品牌。这种情况在医药企业很少见，因为我国法律规定药品必须使用注册商标，也就是说药品必须使用品牌，目前只有部分未经加工的中药材原料采取无品牌策略。无品牌营销可以节省宣传费用，降低成本，以低廉的价格吸引低收入的消费者。另外，某些出口的医药产品采用无品牌策略，采用中性包装形式，其目的是为了适应国外市场的特殊情况，避免某些外国政府限制等。例如，我国东北产的部分人参以无品牌包装出口到韩国，韩国再把从中国进口的人参加工成附加值很高的参产品，以数倍的价格在国际市场上销售。

（2）**使用品牌策略** 使用品牌策略即医药企业对自己的产品使用品牌，并精心塑造企业和产品品牌形象。随着市场经济的发展和全球化浪潮的冲击，使用品牌策略是大势所趋，创造一个品牌需要付出高昂的成本和不懈的努力。使用品牌策略的优点在于：有利于医药企业细分市场和市场营销定位，便于实施差异化营销；有利于保护医药产品特色，防止他人假冒；有利于建立稳定的顾客群，培育品牌忠诚的消费者，使企业的销售保持稳定和增长。因此，优秀的医药企业不仅要向消费者提供好产品，更要培育知名品牌。使用品牌策略的主要弊端是增加产品营销费用。

2. 品牌归属策略

品牌归属策略就是品牌归谁所有和由谁管理的决策。品牌归属策略包括制造商品牌策略、经销商品牌策略、混合品牌策略。品牌归属策略本质上是生产企业与经销商之间实力的较量，制药企业在进行品牌归属决策时，要结合企业和市场的具体情况，充分考虑生产企业与经销商的实力对比，客观科学地做出正确决策。

(1) 制造商品牌策略 也称生产者品牌，即医药生产企业使用自己的品牌。目前，我国绝大多数的医药生产企业的产品都是使用生产企业品牌，这种品牌策略更有利于树立企业的品牌形象，体现企业的经营特色与优势。

(2) 中间商品牌策略 也称经销商品牌，即中间商向医药生产企业大量购进医药产品或加工订货，产品使用中间商的品牌。这种品牌策略有利于中小型制药企业的产品销售，也有利于医药连锁企业打造自己的经营品牌，增加对供货商产品质量和产品价格的控制力。例如，国内大型药品连锁企业海王星辰连锁药店有限公司在药品零售领域要求药品生产商贴牌生产药品，产品使用海王集团自有的商标，这些贴牌生产的药品的质量由海王集团严格把关，控制进入渠道，并且只能在海王星辰连锁药店有限公司内销售。

(3) 混合品牌策略 也称制造商和经销商共存品牌策略，即医药生产企业将自己的一部分产品使用企业自己的品牌，另一部分产品使用中间商的品牌。混合品牌策略既保持本企业品牌特色，又通过使用中间商品牌扩大了产品销路，一般多见于中小型医药生产企业。

3. 品牌统分策略

品牌统分策略就是医药企业对所生产的不同品种、规格的产品使用一个统一品牌，还是分别使用不同品牌做出决策。品牌统分策略包括个别品牌策略、统一品牌策略、分类品牌策略和个别品牌加企业名称策略四种。

(1) 个别品牌策略 即企业对每一种产品使用不同的品牌。个别品牌策略在医药行业很少使用，多见于日化行业。例如，宝洁公司生产的每一种产品，都有自己的品牌，如洗涤剂有"象牙雪""碧浪""汰渍"等品牌，分别表现出不同的质量和特色。这种策略的优点是不会因为个别产品的失败或信誉下降，而影响企业的声誉和其他产品的销售。此外，这种策略也有利于企业对各个产品品牌进行市场定位，从而占领不同的细分市场。这种策略的缺点是品牌运营和维护费用较高，企业投入分散，不利于企业打造整体品牌，而且对企业管理品牌的能力要求较高。

(2) 统一品牌策略 即企业生产的所有产品共同使用一个品牌。使用统一品牌策略的企业必须具备两个条件：一是已有品牌具有一定的市场基础和品牌美誉度；二是所有产品具有相同或相近的质量水平和产品特色，如果差别较大，容易混淆品牌形象。医药行业多采取统一品牌策略，例如三九集团所生产的各种药品都统一采用"999"的品牌。统一品牌策略的优点是有利于企业推出新产品，节省品牌的广告费。这种品牌策略的缺点是使用统一品牌的任何一种产品质量发生问题，都会使整个企业的信誉受到不利影响。因此，使用统一品牌策略的企业必须对所有产品的质量严格控制。

(3) 分类品牌策略 即企业所生产的各大类产品分别使用不同品牌，例如，兰州佛慈制药股份有限公司生产的产品，用于国际市场销售的采用"岷山"品牌，用于国内市场销售的采用"佛慈"或"宝炉"品牌。分类品牌策略的优点在于企业可根据产品大类或市场类别进行差异化营销管理。

(4) 个别品牌加企业名称策略 即在每一种个别品牌前冠以企业名称。个别品牌加企业名称策略的优点是可利用企业的声誉推出新产品，从而节省促销费用；又可以使每种产品、每个品牌保持自己的特点和相对独立性，使产品更富个性化。例如，江中药业股份有限公司的产品品牌有"江中草珊瑚含片""江中健胃消食片""江中痔康片"等。

4. 品牌延伸策略

品牌延伸策略就是企业利用已具有市场影响力的成功品牌来推出新产品或改良产品，随着市场经济的深入发展,品牌延伸策略广泛运用。品牌延伸策略的优点是知名品牌能使新产品容易被市场接受,有益于降低新产品的市场导入费用;另外,如果品牌延伸获得成功,还可进一步扩大核心品牌的影响和企业声誉。品牌延伸策略也有明显的缺点和风险:一是如果将著名品牌延伸使用到与其品类、形象、特征不相吻合、不相接近的产品领域,则可能有损原品牌形象;二是如果原产品与品牌扩展产品之间在资源、技术、市场等方面不存在关联性或不具有互补性,则推出的新产品可能难以被消费者接受;三是如果将高品质形象的品牌扩展使用到低档次产品上,也会损害品牌价值,甚至会使消费者反感。如果品牌延伸滥用,就产生了"品牌稀释"效应,所以,医药企业运用品牌延伸策略,要遵循关联性和系统性的原则,从经营战略的高度上来考虑,进行可行性论证,设计和实施系统化的品牌延伸方案。

5. 品牌再定位策略

品牌再定位策略就是企业全部或局部调整或改变品牌在市场上的最初定位。品牌再定位的原因很多,也许品牌在市场上的最初定位是适宜的,但到后来客户的喜好和需求发生了变化,需要重新定位;也许是品牌在市场上的最初定位就不合适,需要重新定位等。品牌的重新定位一般需要与产品改进相结合,才能实现再定位的预期目标。

6. 品牌特许策略

品牌特许策略就是通过特许协议,品牌拥有者允许其他机构使用自己的品牌,并收取一定的特许费用。特许接受方承担所有的产品生产、市场销售和广告促销责任。运用此策略可以使品牌拥有企业获得额外的收入、降低企业成本等。品牌特许策略一般多见于医药连锁经营企业。

综上所述,品牌策略是现代医药企业市场营销的一项重要内容,品牌策略的选择和运用取决于医药企业的资源整合能力、产品状况、竞争对手情况、目标市场的特点等因素。企业要统筹资源,综合平衡,系统决策,优选最佳品牌策略方案。

四、药品品牌管理与建设

一个优秀的医药品牌不仅需要努力建设和培育,而且需要精心管理和维护,不断增加品牌对消费者的吸引力和感召力,使品牌资产给企业带来持续的附加利益。

1. 品牌战略定位差异化

在产品高度同质化的医药市场环境下,医药企业要选择差异化的品牌定位策略,通过一系列有价值的创新和创造,与竞争者的品牌定位形成显著的、系统的、动态的差异,获得差异化的品牌竞争优势。医药企业实施差异化的品牌定位,就有可能重建市场和产业边界,开启巨大的潜在用途、用户、价格、渠道等方面的创新,建立与众不同的品牌定位,差异化的品牌必须具有独特的利益点。例如,全国生产六味地黄丸的企业有800多家,其中有北京同仁堂和兰州佛慈这样的名牌企业,但河南宛西制药厂生产的"仲景"牌六味地黄丸,以其独有的中药材生产质量管理规范基地的原料来区分同类产品,形成自身独特的产品品牌差异,创造出了"药材好,药才好"的利益诉求点,实现了年销售4亿元的业绩。

2. 品牌运营管理系统化

品牌运营是涉及企业研发、生产、营销、财务、供应、物流等各方面工作的一项系统工程。因此,医药企业要整合企业内外资源,使之转化为企业的品牌优势。在具体运营过程中,要抓好两个"整合":一是整合企业外部资源,要引入现代物流管理理念和技术,以发展供应链管理为模式,建立与上、下游企业紧密的合作关系,把医药产品生产、流通和市终端结合在一起，形成利益共同体，从而提高企业的市场控制能力和品牌形象；二是企业内部资源整合，医药企业要根据医药物流特点和货物供应规范（good supplying practice，GSP）要求进行整体方案设计，从原辅料的购进、储存到成品的生产、运输、销售的各环节进行业务流程的整合与再造，提高产品质量，降低产品成本，夯实品牌所依赖的物质基础。

3. 品牌核心产品集中化

品牌的载体是产品，医药品牌的价值和给企业带来的附加值最终必须通过医药产品的销售来实现，所以医药企业要对产品实施集中化的品类管理，坚持"有所为，有所不为"的方针，集中优势，将企业的人力、物力、财力聚焦在有市场优势的大品种上。对企业的核心大品种进行产品改良和市场改良，采用有效的营销组合策略，提高产品的质量层次和市场占有率，形成核心产品的市场优势，从而形成产品品牌优势。

4. 品牌终端维护精细化

医药营销终端指医药产品从生产者向最终消费者转移过程中经过的最后一个环节，是联系医药生产经营者和最终消费者的纽带，是医药品牌维护的关键环节，医药企业要实现营销终端管理精细化，对目标市场进行精细化开发与管理。要根据医药产品特点，有针对性地开展对医院、药店等终端的促销活动。对处方药，要重点针对医院终端，通过举办高水平的学术会议和开展人员推广、医药专业报刊广告宣传等促销活动，提升服务水平，与医生有效沟通，满足医生深层次的需求，充分发挥医生在品牌传播和维护方面的核心作用；对非处方药，要重点针对药店终端，开展以营业推广为主的销售促进活动，通过对店员的培训、宣传和联谊等活动，与店员建立合作关系，发挥店员对品牌传播和维护的关键作用，企业也可利用大众媒体进行广告宣传，直接面向消费者传播品牌，提高品牌对消费者的影响力。

5. 品牌管理团队专业化

长期以来，由于受计划经济思想的影响，医药企业重视技术和管理人才队伍建设，忽视品牌营销队伍建设。在新形势下，医药企业要转变观念，从战略的高度看待品牌管理人才队伍建设的重要性和必要性，要通过引进品牌专业管理人才和对现有营销人员进行专业知识培训等途径，建立一支既有医药专业知识背景，又有品牌营销实践技巧；既有敬业精神，又有品牌管理能力的专业化品牌管理与维护团队。同时，企业要充分利用社会营销人才资源，以聘请高级品牌管理顾问等方式，建立品牌管理与维护的高层次参谋智囊团队。

第四节 药品包装

案例

康美药业小包装成就大市场

康美药业小包装饮片的推出，给中药饮片的生产、流通、调配、使用过程带来了革命性变化。

自古以来，中医发药都是采取"手抓称量"的方式。康美药业则向这一民间用药传统发出挑战，推行中药饮片"小包装"，各种各样的中药材被按照3克、5克、10克和15克等多种规格进行袋装。这样一来，中医开药，直接计量单位从"克"变成"包"；抓药时不再是"人人腰间一杆秤"，并且避免了手抓带来的二次污染。

"小包装"带来的另一重要意义是质量和剂量的稳定。因为中医讲究"辨证施治"，对不同的人要采取不同的用药方法，这就要求用药"剂量要准"。

康美的"小小创新"，正在掀起一场轰轰烈烈的行业变革。当下，国家层面正在努力促进中药饮片"小包装"的推广。康美药业因冲破行业瓶颈而迎来了企业自身的"爆发式增长"，仅2009年的销售收入达17.27亿元，是推广"小包装"之前的3倍。

一、药品包装的概念和作用

1. 药品包装的概念

包装是指药品外面的容器或包装物。包装是药品的重要组成部分，也是非价格竞争中的一个重要手段。药品的包装分为内包装、中包装和外包装3部分。内包装是盛装药品的直接容器，如胶囊壳等；中包装用来保护内包装，还可以用来陈列商品和进行促销；外包装为运输包装，应根据药品的特性选用不易破损的包装，以保证药品在运输、储藏、使用过程中的质量完好。

由于医药产品是特殊商品，因此国家对医药产品包装也有更为严格的特殊要求。《药品管理法》规定："药品包装应当适合药品质量的要求，方便储存运输和医疗使用。发运中药材应当有包装。在每件包装上，应当注明品名、产地、日期、供应单位，并附有质量合格的标志""药品包装应当按照规定印有或者贴有标签并附有说明书。"

2. 药品包装的功能

（1）保护药品和环境　保护药品是药品包装最基本的功能，包装首先要确保药品的使用价值完好。良好的包装使药品从生产到消费转移过程中的运输、储存、销售等环节，即在空间转移和时间转移过程中避免受损。因药品的特殊性，如果包装损坏可能导致环境污染，所以良好的包装对环境保护也起着重要作用。

（2）指导医药产品的合理使用　药品包装上都附有文字说明，具体介绍产品性能和注意事项，可以起到便于使用和指导消费的作用。随着包装材料与包装技术的发展，药品包装呈现多样化，如剂量化包装，方便患者使用，亦适合于药房发售药品；如旅行保健药盒，内装风油精、去痛片、黄连素等常用药；如冠心病急救药盒，内装硝酸甘油片、速效救心丸、麝香保心丸等；包装容器采用拉环式、嵌钮式易开罐、拉链式包装盒、喷射式包装容器等，方便医疗使用。

（3）方便药品流通和消费　有效、合理的包装对药品在物流环节的运输和储存非常重要，而科学、简便的药品包装也方便了消费者的使用。比如儿童药品"美林"采用了保险盖按压安全瓶这一包装形式。

（4）促进销售和指导消费　美观大方和具有吸引力的包装本身就是药品的一个宣传广告，能够传递药品的信息和激发消费者的购买欲望。

（5）增加药品的附加值　包装是药品的一个组成部分，优良精美的包装有利于提高药品的市场竞争力，提升药品的档次，也使企业获得更多的利润。一般而言，高档的名贵药材会采用较为高档的包装。

二、药品包装设计

医药产品包装设计是一项技术性很强的工作,既要符合在一定的条件下保持产品质量的要求,又要美观、经济、实用。具体要求如下:

1. 特色鲜明

医药产品包装必须能准确地传递产品信息,造型美观大方,图案生动形象,尽量避免雷同。图案形状要有差异化,体现产品特色,使人赏心悦目。

2. 与产品质量价格水平相匹配

医药产品包装要与其价值相符,如一些贵重药品(人参、鹿茸等)的包装要烘托出其高贵特征,一些百年老店生产的药品的包装应与众不同。

3. 与医药产品的性质相符合

药品的剂型有多种形式,其性质千差万别,有的可以常温保存、有的需要低温保存、有的需要避光、有的需要防潮,因此在包装上应采取相应的措施,以保证药品质量。特殊管理的药品及危险品,包装上应有国家规定的标识。

4. 方便使用

医药产品包装的性状、结构、大小等应为运输、储存、携带和使用提供方便,如非处方药品的包装要便于使用、携带和储存。

5. 美观大方

医药产品包装设计应美观大方,形象生动,能够增加消费者的信任,并指导消费者使用。医药产品的性能和使用方法需要用文字表达,应有针对性的说明,如药品的适应证、功能主治、用法用量、禁忌证、注意事项、不良反应等。

6. 尊重消费者的宗教信仰与风俗习惯

医药产品包装所采用的色彩、图案要符合目标消费者的心理要求,尊重其宗教信仰、风俗习惯。不同地区的消费者对同一图案和色彩的含义有不同的理解,甚至是完全相反。如白色,日本人视之为喜庆色,而中国人视之为丧葬色;埃及人喜欢绿色,忌用蓝色;而法国人最讨厌墨绿色,最偏爱蓝色。

7. 符合有关法律规定

我国《药品管理法》及其相关法律、法规对医药产品的包装作了具体规定。直接接触药品的包装材料和容器,应当符合药用要求,符合保障人体健康、安全的标准,对不合格的直接接触药品的包装材料和容器,由药品监督管理部门责令停止使用。药品包装应当按照规定印有或者贴有标签并附有说明书。标签或者说明书应当注明药品的通用名称、成分、规格、上市许可持有人及其地址、生产企业及其地址、批准文号、产品批号、生产日期、有效期、适应证或者功能主治、用法、用量、禁忌、不良反应和注意事项。标签、说明书中的文字应当清晰,生产日期、有效期等事项应当显著标注,容易辨识。麻醉药品、精神药品、医疗用毒性药品、放射性药品、外用药品和非处方药的标签、说明书,应当印有规定的标志。

三、药品包装的使用策略

1. 配套包装策略

配套包装策略也称为组合包装策略,指将有关联的药品配套组合在同一包装物内。如常用急救箱,该包装能给消费者提供方便和扩大销量,也有利于新产品的推广销售。

2. 类似包装策略

类似包装策略指一个企业所生产经营的药品在包装外形、图案、颜色上使用相同或类似形式,以便于消费者识别,也有利于企业减少包装设计成本。

3. 再用包装策略

再用包装策略也称作双重用途包装策略,原包装药品用完之后包装物可以循环再用或用作他用。除了环保之外,还可以通过重复使用起到广告宣传作用。

4. 改变包装策略

包装随着市场消费者的需求变化而改变,是企业对原有包装加以改进以改变药品原有形象的一种包装策略。可以使消费者产生新鲜感,刺激消费欲望,也可以用于防伪。

5. 习惯使用量包装策略

习惯使用量包装策略指根据消费者不同的使用习惯来设计不同量的包装。如降血脂药"立普妥"分别有10mg包装和20mg包装。

6. 附赠品包装策略

在包装上附赠实物或抽奖券,在方便消费者的同时,吸引和刺激消费者购买。如冲剂药品附赠杯子。

7. 绿色包装策略

绿色包装策略指企业使用不对人体和环境造成污染的药品包装,体现环保理念。如采用再循环纸印制使用说明等。

8. 性别包装策略

根据药品不同性别使用者设计不同的包装。一般而言,男性用药药品包装多采用阳光、刚正、质朴等风格,而女性用药药品包装多采用温馨、优雅等风格。

9. 透明包装策略

透明包装策略指采用透明材料包装的药品,可以让消费者一目了然,便于识别和购买。

10. 等级包装策略

等级包装策略就是按照医药产品的档次来决定产品的包装,即高档医药产品采用精美的包装,以突出其优质优价的形象;低档医药产品则采用简单包装,以突出其经济实惠的形象;或者按照消费者购买目的不同对同一医药产品采用不同的包装。等级包装策略一般在贵重的中药材、保健品等产品中较多采用,治疗性药品包装很少使用。

11. 礼品式包装策略

礼品式包装策略指包装华丽,富有色彩,其目的在于提升产品档次和增添礼品气氛,满足人们交往、礼仪之需要,借物寓情,以情达意。如兰州佛慈制药股份有限公司推出的六味地黄丸礼品包装,满足了礼品市场需求,很受消费者欢迎。礼品式包装策略在滋补药品、营养品、保健品包装中较多采用,治疗性药品包装较少使用。

第五节 药品价格

> **案例**
> **平价药店掀起价格冲击波**
> 作为××省第一家平价药房承诺：16 大类 5000 多种药品售价比国家核定零售价平均低 45%。药店开业五天，每天客流量超过 1 万人，最高日销售额达 10 万元。药店经媒体报道一夜成名。约 1 个月 200 多名供货商在医院、药店等联手施压下，突然从药店集体撤货，有的还自己掏钱买走自己的药品。一位供货商说："我如果不来撤货，其他药店就会威胁我，不销售我的药。"与此同时，恶意的投诉举报致使工商等执法部门对药店频繁检查，据说有人质疑药店有不规范经营行为。药店的经营受到重挫。其间威胁电话更是不断：要么调价，要么关门。对于此类"平价药店"的出现，业界褒贬不一，各执一词。它的出现打破了原有的市场平衡，被同行视为是一种"抢钱"行为，因此受到了同行业者的质疑与排挤。

一、药品价格体系

1. 药品价格

药品价格是药品价值的货币体现，也是消费者决定是否购买药品的重要因素之一。因此，如何通过制定合理的价格来吸引顾客，成为药品企业的工作重点。越来越多的药品企业开始通过制定合理的价格来实现自己的营销战略，价格制定是否成功，也成为公司销售能否成功的关键因素。制定药品价格，首先应该确定定价策略，进而在符合国家的相关法令、法规的前提下，根据药品成本，利用适当的定价方法制定合适的价格。

药品定价机制，是指在药品的定价过程中，药品价格各构成要素之间相互联系和作用的关系及其功能。一般来讲，药品定价机制包括市场定价、政府指导价和政府定价三种。市场定价是指由药品企业自主制定，通过市场竞争形成的价格。政府指导价是指依照《价格法》规定，由政府价格主管部门或者其他有关部门，按照定价权限和范围规定基准价及其浮动幅度，指导药品企业制定的药品价格。政府定价是指依照《价格法》规定，由政府价格主管部门或者其他有关部门，按照定价权限和范围制定的药品价格。

长期以来，我国本着根据政府宏观调控与市场调节相结合的原则，在药品价格的制定方面一直实行的是政府定价和市场定价相结合的机制。价格制定，主要是市场定价和政府定价两种形式。其中，大部分新药上市企业需要根据市场状况向药品监管部门申报或备案。只有少部分药品的价格属于国家政府定价与企业自主定价范围之内。

(1) 国家发改委定价范围

① 列入国家发改委定价目录的麻醉药品、一类精神药品，及按国家指令性计划生产供应，由国家统一收购的避孕药具、计划免疫药品，实行政府定价形式，定价内容为出厂（口岸）价格。

② 列入《国家基本医疗保险用药目录》中的处方药，生产经营具有垄断性的药品，包

括专利药品、一类和二类新药，实行政府指导价形式，定价内容为零售价格。具体定价形式为最高零售价格，即经营者可以向下浮动价格，幅度不限，上浮幅度为零。

（2）省（自治区、直辖市）定价范围

① 列入各省、自治区、直辖市价格主管部门定价目录的药品价格形式为政府指导价，定价内容为零售价格。具体定价形式为最高零售价格。

② 麻醉药品、一类精神药品的批发价格、零售价格，由各省、自治区、直辖市价格主管部门按照规定办法制定公布。

③ 医院制剂、《国家基本医疗保险用药目录》所列民族药和中药饮片，由各省、自治区、直辖市价格主管部门根据本地情况确定具体定价权限、形式和内容。

课堂阅读

政府定价原则

政府定价要综合考虑国家宏观调控政策、产业政策和医药卫生政策，并遵循以下原则。

1. 使生产经营者能够弥补合理生产成本并获得合理利润。
2. 反映市场供求。
3. 体现药品质量和疗效的差异。
4. 保持药品合理比价。
5. 鼓励新药研制开发。

政府定价原则上按社会平均成本制定。对市场供大于求的药品，按能满足社会需要量的社会先进成本定价。

---

2. 药品价格的构成要素

药品价格具体包括生产成本、流通费用、企业利润及政府税金等内容。

（1）生产成本 药品的生产成本是决定药品价格的重要因素，是药品定价的基础，因此了解药品的生产成本对于药品定价具有重要意义。成本是一个综合的概念，按照支出项目及其特征的不同，它可以分为以下几种类型，这些不同类型的成本，构成商品定价的不同基础。

① 固定成本 即支付在各种固定生产要素上的费用，如厂房、机器设备、管理费用、利息等。这些费用在一定时期内与一定的生产能力范围内不随产量的变化而变化。

② 变动成本 即支付在各种变动生产要素上的费用，如购买各种原材料、电力、工人工资等。这种成本随着产量的变化而变化。

③ 总成本 即固定成本与变动成本之和。当产量为零时，总成本等于固定成本。

④ 边际成本 指在现有产品数量的基础上，每增加一个或减少一个单位产量造成的总成本的变动量。

⑤ 机会成本 指企业经营某一项经营活动而放弃另一项经营活动的机会，而经营另一项经营活动所应取得的收益即为该项经营活动的成本。研究机会成本的目的在于正确选择企业的经营活动，以使有限的资源得到最佳的利用，区分成本的不同种类，可使企业在定价决策时有所侧重。

（2）流通费用 主要由两部分构成。一是生产企业的药品销售费用，如生产企业的药品推销广告费用等，这只是流通费用的一小部分，它往往成为生产企业药品总成本的一部分。二是发生在流通环节的费用，包括在采购、运输、储存、销售等环节支出的费用，这就是经营企业的药品流通费用。

（3）企业利润 是生产经营者出售药品所得到的收入减去生产和经营这种药品所支出的成本及税金的余额。企业利润也是药品价格构成的要素之一。

（4）政府税金 税金是国家财政的一个重要来源，生产经营者必须按税法义务缴纳税金。它具有无偿性、强制性的特点。它是药品价格构成的要素之一。

二、药品定价方法

医药企业自主定价需选择正确的定价方法，只有选择恰当的定价方法才能使药品价格合理并有竞争力。常用的定价方法有成本导向定价法、竞争导向定价法、需求导向定价法。

1. 成本导向定价法

成本导向定价法是以企业产品成本作为基础的定价方法。主要可以分为四种类型：成本加成定价法、目标收益定价法、盈亏平衡定价法、变动成本定价法。

（1）成本加成定价法 指在药品单位成本的基础上，加上预期利润作为产品的销售价格。利润在价格所占比例就是人们俗称的"几成"，因此这种方法就称为成本加成定价法。

计算公式：

$$药品价格 = 平均单位成本 \div (1 - 毛利润率)$$

或

$$药品价格 = (总成本 + 目标利润) \div 预期销量$$

课堂练习

算 一 算

某制药厂生产×××感冒药：固定成本为120万元，单位变动成本为5元/盒，毛利润率为20%，预计目标期内销售可达40万盒。

1. 请计算药品价格（不含税）。
2. 如果因种种原因，按计算价格最后销售30万盒，实际实现的毛利润率是多少？

成本加成定价法是一种最传统的定价方法，属生产导向型定价法。优点是计算简便，可以保证企业获得合理利润。医药零售企业大都使用这一方法定价，政府定价也常采用此种方法。缺点是只考虑了产品本身的成本和预期利润，忽视了市场需求和竞争等因素对价格的影响。

（2）目标收益定价法 又称投资收益率定价法，是依据药品成本定价的另一种方法。是根据企业的投资总额、预期销量和投资回收期等因素来确定价格。企业在投资决策时都有一个预期的投资回收期，以确保投资按期收回并赚取利润。采用这一方法定价时，企业首先确定组织的投资回报率目标，然后计算出价格。许多上市医药公司采用这种定价方法。

计算公式：

$$价格 = 单位成本 + (期望投资回报率 \times 项目总投资) \div 销售数量$$

> **课堂练习**
>
> 算 一 算
>
> 某制药企业生产×××颗粒剂：项目总投资10000万元，单位成本30元，期望投资回报率15%，预计目标期内销售300万盒。请计算该药品价格。

与成本加成定价法类似，目标收益定价法也属生产导向型定价法，从保证生产者的利益出发，较少考虑到市场竞争和需求的实际情况，因此不易成功。但在科学预测价格、销量、成本和利润的基础上，下列几种情况适合采用这种定价方法：一是市场占有率高，且需求比较稳定；二是供不应求且价格弹性小的产品；三是垄断性药品。

（3）盈亏平衡定价法 盈亏平衡定价法又称保本定价法，是指使企业的销售收入与同期发生的费用额相等、不盈不亏的定价方法。

计算公式：

药品价格＝单位变动成本＋固定成本÷预期销量

> **课堂练习**
>
> 算 一 算
>
> 某药品固定成本为100万元，单位变动成本为3元，预计目标期内销售可达25万支，请计算该药品保本价格。

（4）变动成本定价法 也称为边际贡献定价法，即在定价时只计算变动成本，而不计算固定成本。这种定价方法适用于市场商品供过于求，竞争激烈的市场环境。

计算公式：

药品价格＝单位变动成本＋单位产品边际贡献

当边际贡献等于固定成本时，就能保本；当边际贡献大于固定成本时，会有利润。单位变动成本是定价底线，一般情况下，一旦价格跌破这个底线，则该药品的生产经营活动就应该停止。

> **课堂练习**
>
> 算 一 算
>
> 某药固定成本为120万元，单位变动成本为6元/盒，预计目标期内销售可达30万盒，同类产品价格多在8元左右。
>
> 1. 请问如果定价8.5元，以该价格销售是否可以保本？
> 2. 如果只能以此价格销售，企业要不要生产销售此药品？

成本加成定价法、目标收益定价法和盈亏平衡定价法都需要有较强的市场需求预测能力，否则就会由于销量达不到预期而完不成定价目标。准确的预测才能保证定价目标实现。

2. 竞争导向定价法

（1）随行就市定价法 也叫"现行水准定价法"或"通行价格定价法"，是指产品价格与本行业同类产品价格水平基本保持一致的定价方法。可以和主要竞争者同价，也可以稍高于或稍低于竞争者的价格。这种定价方法主要适用于以下几种情况。随行就市定价法既可避免挑起价格竞争，不会破坏现有的医药行业均衡，减少市场风险，获得适度利润，而且易为消费者接受。

① 价格弹性较小、质量差别不大的产品，如大宗生产的广谱抗菌药物。在这种情况下，单个企业提高价格就会失去顾客；而降低价格，极易挑起价格战，行业利润下降。

② 生产规模比较小的制药企业，一般不依据自己的生产成本或需求来定价，较稳妥的定价方法是跟随市场主导企业的价格变动。

③ 在成本不易计算或是竞争状况不明时，随行就市定价不失为一种行之有效的方法，因为存在即合理，平均价格水平在医药行业企业和消费者看来，常被认为是"合理价格"。

④ 在寡头垄断竞争条件下也比较常见。

课堂讨论
1. 六味地黄丸生产厂家众多，它们都是如何定价的？并请分析原因。
2. 多潘立酮最早是由西安杨森投放中国市场，是胃药吗丁啉的主要成分，后来还有许多小企业也生产同类药品，它们如何定价比较合理？

(2) 主动竞争定价法 与随行就市定价法不同，主动竞争定价法不是追随竞争者的价格，而是根据企业的实际情况及与竞争对手的产品差异状况来确定价格。定价分为高于竞争者价格、低于竞争者价格两种情况。如果定价高于竞争者价格，企业可以获得相对高的利润回报，但要求企业的药品在性能、质量、品牌等方面有自己的特色和优势，得到消费者"物有所值"的认可。如果定价低于竞争者的价格，有利于促进销售，扩大市场占有率，但是，可能会招来同行报复，挑起价格战，因此定低价要求企业有成本优势，且市场对价格敏感。另外低价可能会给消费者质量不佳的认知，损害品牌形象。

(3) 投标定价法 即在投标交易中，投标方根据招标方的规定和要求进行报价的方法。近几年药品生产经营企业常采取这种方法参加集中招标采购，多数为密封投标。在保证质量的前提下，主要以价格优势取胜。所以报价应低于竞争对手的报价，但还要考虑实现企业目标利润，最佳报价应是使预期利润达到最高水平的价格。除此以外，在其他行业还会用到拍卖定价法等。

3. 需求导向定价法

需求导向定价法又称顾客导向定价法，指按照顾客对产品的认知和需求程度，即以顾客对产品价值的理解为依据制定价格，而不是根据企业的生产成本定价。定价的出发点是顾客需求。主要有两种方法：反向定价法和需求差异定价法。

(1) 反向定价法 又称为可销价格倒推法，是指企业依据产品的市场需求状况，进行价格预测和产品试销、市场评估，制定出消费者能够接受的最终销售价格，然后考虑成本和利润，再逆向推算出批发价和出厂价。采用这种方法的重点是要正确预测市场可销零售价格水平。这种方法制定出的价格易为消费者所接受，且具有促进技术进步、降低成本、提高竞争能力等优点。

(2) 需求差异定价法 因多种原因造成不同的消费者可能对同一产品的价值理解不同，企业据此而分别制定不同价格进行销售，我们把这种定价方法叫需求差异定价法。这种价格上的差异与成本和质量无关。

① 渠道差异　同一种药品的价格在不同的渠道有明显差异，如大医院一般高于社区医院，也高于零售药店。造成这种结果的原因一般是不同渠道成本有差异。

② 市场差异　经济发达地区与欠发达地区收入差距大，消费能力有区别，因此有些企业对药品定价时，有地区差异。

③ 时间差异　同一产品可能在不同的时间、季节需求强度不一样，如防暑药品夏季热销，感冒药品冬季需求强劲。企业一般会根据需求变化，制定有利于完成营销目标的价格，如在销售淡季对来采购的买主给予折扣优待，鼓励购买者提早进货或淡季采购，以减轻企业仓储压力。使企业的生产和销售不受季节变化的影响，保持相对稳定。企业还可按时间顺序设定价格梯度，作为促销手段。

④ 消费者差异　根据消费者年龄、性别、职业、收入等特征的差异，在购买产品时给予不同的销售价格，促销中常用。

三、药品定价策略

药品定价策略，是指药品经营决策者在研究企业内、外部环境后，依据企业的定价目标以及相应的定价方法，所采取的定价方针和价格方式，来指导企业正确制定药品价格，实现企业经营目标。

药品定价策略的关键在于如何让药品价格定得既能让购买决策者接受，又能让企业获得稳定的收益，创造双赢的局面。下面介绍几种常用的药品定价策略以及药品价格的调整策略。

1. 新药定价策略

新药刚推出时，销量一般比较小，因此新产品的定价非常关键，它是产品能否快速进入市场并取得成功的关键因素。一般来说，新药的价格必须能让市场接受，并能给企业带来一定的利润，以弥补新产品投入、研发的费用，利于企业健康发展。新药定价策略主要有三种：

(1) 撇脂定价策略　撇脂的原意是指煮牛奶时，先把浮在表面的奶脂撇取出来。撇脂定价策略又称高价掠取策略，是一种新药常用的定价策略，即在新药上市之初，价格尽量定得高一些，以便在短期内获得高额利润，收回投资，以后再根据产品生命周期的变化分阶段降价。

采用这种定价策略的新药必须具备一定的独特性，短期内市场无有效的替代品、购买者对价格不太敏感、需求价格弹性较小等。高价厚利可以使企业有实力进行全面的产品推广，让购买者尽快了解新药，形成品牌效应。但是高价会将部分购买者排斥在外，不利于新药开拓市场、扩大销量，同时厚利也会吸引更多的竞争者加入，争夺同一块蛋糕。

(2) 低价渗透策略　又称薄利多销策略，是指新药上市之初，把价格定在相对较低的水平上，保本或者微利，以"价廉物美"形象吸引更多的购买者，迅速抢占市场，取得在市场上的主动权，以期将来获取更大的利益。

应用这种定价策略必须满足三个条件：一是市场必须对价格高度敏感，以使低价格能促进市场的增长；二是生产和销售成本必须随销售量的增加而减少；三是低价能帮助排除竞争，使潜在竞争者望而却步。但是定价过低，即使有市场也没有足够的利润，企业的投资回收期限过长，导致企业缺乏可持续发展的动力和后劲。

> **课堂讨论**
>
> 　　某公司决定投产与曲美成分一样的新药，而此时，曲美已经成为减肥市场的领头品牌，形成了一定的品牌影响力。如果价格定在与曲美差不多，肯定会卖不动，只有与曲美拉开更大的价格距离，才能对消费者产生吸引力。最终他们将产品零售价格定在每盒50元，比曲美价格便宜235元。由于价格策略正确，该产品上市后，取得了极大的成功，一季度该产品就销出了30万盒。
> 　　请分析哪家公司的定价符合"低价策略"？

　　(3) 中间价格策略　　又称为满意价格策略、反向价格策略，是指企业将产品价格定在高价和低价之间，兼顾生产者和消费者利益，使两者都能满意的价格策略。这一策略的目的是在长期稳定的增长中，获取平均利润。因此这一策略为广大企业所重视。

　　一般来说，药品类别不同，其定价策略也会有差异性。对于医院用处方药，由于购买决策者主要为医生，倾向于采用撇脂定价策略，便于有一定的费用空间来进行产品推广，提升销量。相对于处方药而言，OTC 产品是直接面向消费者的，定价不宜过高，过高价格不顺应当前的消费收入水平，使需求减少，加上竞争对手的替代效应，很可能导致市场份额的丧失。但也不能过低，过低的价格企业没有利润，缺乏可持续发展的动力和后劲。

> **课堂练习**
>
> 　　某企业将推出用于抢救脑梗死患者的注射用新药，假如你是企业经营的决策人员，将采用哪种新药定价策略？为什么？

2. 心理定价策略

　　心理定价策略主要应用于药品零售环节，是根据消费心理学原理，针对不同类型消费者在购买过程中的心理状态，来制定药品价格的一种策略。下面介绍三种常用的药品心理定价策略。

　　(1) 尾数定价策略　　又称零头定价策略，即针对消费者求实、求廉心理，定价时在整数价格的基础上稍微降低一点变成零头价格。如某一药品零售价格定为9.98元，消费者感觉价格不满10元，处于10元以下档次，给人便宜感，使消费者产生购买欲望。这种定价法一般适用于价格需求弹性较强的普通药品零售价格的制定。

　　(2) 声望定价策略　　即针对消费者"价高质必优""一分价一分货"的心理，对在消费者心目中已形成一定品牌效应的药品制定较高价格的一种定价策略。这种定价法迎合了消费者按质论价和显示炫耀的心理，由于声望和信用高，用户也愿意支付较高的价格购买。一般适用于著名制药企业的名特优药品价格的制定。

> **课堂讨论**
>
> 　　　　　下列定价运用了哪种心理定价策略？
> 　　某药厂准备上市的新药，按照成本零售价不超过10元，但经市场调查后发现消费者能接受的心理价位在200元，于是定价188元，销售良好。

(3) 最小单位定价策略　同样的价格采用不同的标价单位,对消费者的心理会产生不同的影响。一般来说,用较小的单位标价,会给人以便宜的感觉。

> **案例分析**
>
> 　　用于门诊呼吸道感染的某注射用水针剂,包装规格为6支/盒,原来采用每盒48元定价,消费者普遍反映价格偏贵,不方便使用,后来企业改变包装规格,采用1支/盒,定价12元后,反而更容易被消费者接受。
> 　　分析:该案例销售成功是利用了消费者对该类药品的价格心理策略。

3. 折扣、折让策略

药品是特殊的商品,国家规定药品不允许直接面对消费者进行折价和有奖销售。药品的折扣和让价主要针对药品商业批发企业和零售企业,是促进他们更多地销售本企业药品常采用的激励方法。常见的折扣、折让形式主要有以下几种:

(1) 数量折扣　数量折扣是对经销药品达到一定数量的商业单位给予一定的折扣优惠。在实际操作过程中可分为累计数量折扣和非累计数量折扣两种。生产企业对长期业务往来的客户常采用累计数量折扣,一般在年初会与相应的药品经销单位签订年销售总量协议,对完成年销售量的企业,年底给予一次性返回。对零散商业客户常采用非累计数量折扣,以鼓励客户大量购买,促进销售。

(2) 现金折扣　现金折扣是药品生产企业为减少经营风险,加快资金周转,对以现金或在规定期限前付款的药品商业企业给予的一种折扣。它一般体现在销售合同中,如一般药品的正常回款期限为三个月,现款可给予3%现金折扣;1个月回款给予2%现金折扣;2个月回款给予1%现金折扣等。

(3) 交易折扣　交易折扣是过去一段时间内,药品生产企业常用的给予在营销过程中各类中间商的不同折扣,它通常指在实际工作中沿用的理论药品批发价(即零售价格除以1.15)概念基础上的折扣,通过交易折扣可计算出中间商享用的实际购进价格。医疗和零售单位将折扣收入作为药品进销差价收入,应与药品批零差价收入合并计算。

(4) 推广折让　又称促销让价,是指在新药导入期,为了鼓励药品中间商帮助企业开拓产品市场而给予的价格优惠。

> **案例分析**
>
> 　　某企业年初与某大型医药物流公司签订了年销售回款1000万元,年终返点3%的销售总协议,由于市场变化,到12月份时,只完成了800万元,但是3%的返点对于物流公司非常可观。你知道3%的返点属于哪种数量折扣吗?假如你是该公司经理,会怎么做?

4. 药品价格调整策略

由于所面临的内、外环境都处于不断变化之中,因此企业往往需要在掌握上述定价策略的基础上,根据市场变化进行价格调整。通常有以下三种价格调整策略及其应用条件。

(1) 降价策略

① 生产能力过剩:生产企业需要解决生产能力过剩的问题,但通过加强药品促销或改

进产品等手段仍不能提升销售业绩。但是首先降价的企业可能会面临一场价格战。

② 市场竞争份额趋于下降：在当前激烈的医药市场竞争中，国产药品受到进口合资企业药品的大规模冲击，为了保持市场占有率，企业可采取降价策略。

③ 扩大市场份额：企业期望通过发动降价扩大市场份额，降低成本。

④ 处于经济衰退期：此时愿意购买高价产品的顾客减少，企业不得不降价。

（2）提价策略

① 成本增加：成本的增加挤压了利润空间，也导致了企业的提价。企业的提价幅度通常要比成本增加得多。

② 供不应求：当市场供不应求时，企业可通过提价来调节市场供需。企业为了避免直接提价带来的不必要的麻烦，通常也可以采用其他一些方法来弥补高额成本或满足大量需求。如改变药品包装但价格不变，原来每盒20片，现改为12片；使用低廉的包装材料或促销更大包装的产品以降低包装成本等。

（3）应对竞争者调价策略 在市场竞争中，企业应对竞争者的调价，必须全面了解竞争者价格调整的目的和可能持续的时间并及时采取相应的措施。比如市场领先者受低价竞争者的进攻时，可选择采用维持原价格，通过提高药品质量，加强产品推广力度，树立药品企业品牌形象来增强市场竞争力。也可以跟着同时调低价格，以保持企业的市场份额；或推出廉价产品线来反击等策略。

第六节　新药开发

案例分析

麝香保心丸产品创新营销策略

　　上海和黄药业有限公司基于经典古方创新研制了治疗冠心病的麝香保心丸，并利用现代科学技术对其进行深入系统地研究，揭示了产品的科技内涵，扩大了临床应用。其主要创新点在于创新研制了复方中药"麝香保心丸"，本方源于经典古方"苏合香丸"，按照君臣佐使的组方原理和芳香温通治则，根据药理、药效及临床试验创新组方，并采用独特的微粒丸制剂工艺研制而成，为芳香温通类治疗冠心病、心绞痛的代表药物，其组方配比及工艺被定为国家秘密技术；首次建立了基于整合化学物质组学的整体系统生物学及网络生物学研究体系，用于麝香保心丸的现代研究，揭示了其治疗冠心病、心绞痛的药效物质基础和作用机制，阐释了复方配伍规律；首次证实了麝香保心丸长期用药具有改善血管内皮功能、良好的临床耐受性与安全性及可减少各类心血管事件发生，为麝香保心丸长期用药提供了临床证据。围绕麝香保心丸的创新研究，发表论文104篇，其中SCI收录14篇，论文被他引678次；出版专著6部；作为芳香温通的代表药物被列入全国高等学校教材。麝香保心丸在中药微粒丸制剂产业规模中位列全国第一，2011年销售额超过6亿元，上市后累计销售收入超30亿元。作为国家基本药物、国家医保甲类品种，已在全国8034家医院安全应用，累计惠及冠心病患者1亿人次，成为全国知名的中药大品种，对推动我国中医药现代化做出积极贡献。

　　问题：请结合本案例理解新药开发策略与方法。

一、新药的概念及类型

《药品管理法实施条例》规定:"新药,是指未曾在中国境内上市销售的药品。"药品研究开发是具有探索性、创新性、应用性的复杂的科学系统工程,主要类型如下:

1. 研究和开发新原料药

研究和开发新原料药即新化学实体(new chemical entities, NCEs)、新分子实体(new molecular entities, NMEs)或新活性实体(new active substances, NASs),其来源有化学合成新药、天然药物的单一有效成分、采用重组等生物技术制得的生物技术药品。以上新药被人们称为创新药,是世界制药公司药物研究开发的重点。

2. 把已知化合物研究开发成药物

主要是从已知化合物中筛选具有药理活性的化合物,进行临床前研究和临床研究,并经注册成为药品。

3. 对已上市药物进行结构改造

即 me-too 化合物,又称模仿性新药研究。

4. 延伸性药物研究开发

是已上市药物的进一步研究开发,主要指对已上市药物新的用途、新的剂型、新的用法和用量的研究开发。

5. 研究开发新的复方制剂

主要指研究开发两种及两种以上的原料药组成的复方制剂。

6. 研究开发新的中药

主要包括新发现的药材及其制剂、中药材人工制成品、新的药用部位、新的有效部位、新的中药及天然药物复方制剂等。

7. 新工艺、新材料(原辅料)的研究开发

主要指药物新工艺、新材料的研究开发,其主要目的是提高药品质量(提高药品的有效性、安全性、稳定性)并降低药品成本。

二、新药开发的意义

1. 适应市场变化的需要

为了及时地适应和满足临床需要,更好地为人民健康服务,任何医药企业的营销活动都是为了满足消费者的需求,而消费者需求的满足永远都是相对的。如果不开发新药,医药企业就会被淘汰,就可能失去市场。所以消费者的需求从绝对意义上推动着医药企业不断地向市场推出新药。

2. 医药企业生存和发展的需要

任何一种产品在经过市场销售的鼎盛期之后,就会逐步走向衰退。当产品走向老化时,企业必须推出新药来取而代之。否则,企业就会随着其产品的衰退一道走向衰亡。开发新药,就如同给医药企业注入新的活力,使医药企业焕发青春。

3. 增强医药企业市场竞争力的需要

不管一个企业的市场地位多么牢固,如果不注意开发新药,肯定会被淘汰。在目前的市场上,企业之间的竞争不仅表现在价格、促销手段等方面,而且还大量地表现在产品设计、包装、功效、不良反应大小等方面。目前医生与消费者评价药品的标准,也不仅仅从价格方

面着手,而且更注意药品本身的质量、功效、安全性等方面,只有感到满意时,医生或患者才乐于使用。

4. 开发国内、国际市场的需要

我国许多医药企业,由于投入研发新药的资金较少,没有自己的医药品牌,因此在国际上缺乏竞争能力,这不利于发展医药出口贸易。为了有更多的医药产品打入国际市场,就需要加快医药新产品的开发工作,以便生产出更多的符合国内和国际市场需求的产品,参与国际市场的竞争。

> **案例分析**
>
> 　　缓释制剂是指用药后能在长时间内持续放药以达到长效作用的制剂,其药物释放主要是一级速率过程。缓释制剂药物一般适用于半衰期较短的药物,比如抗心律失常药、抗心绞痛药、降压药、抗组胺药、支气管扩张药、解热镇痛药、抗精神失常药等。缓释制剂的研发,从一定程度上提高了患者服药的便利性和依从性,从而提高了药品的治疗效果。这些药物的成功研发,也有赖于制药企业在医药科技上不断追求创新和卓越,以此为消费者更好地服务。
>
> 　　分析:生产、研发和营销是制药企业经营中的三大重头工作,作为制药企业只有将新药研发工作做好,带动生产和研发,做到研发一代、生产一代、营销一代、储备一代,才能更好地发展,走向卓越。

三、新药开发的程序

构思→筛选→形成概念→综合分析→研制→试销→投入。

新药品的构思主要来源于顾客、科技人员与情报、竞争者、营销人员。

汇总各方面的构思后,企业根据自己的目标和资源状况进行评估筛选。剔除不具发展前途的构思,对好的构思进一步开发。

进一步将设想药品设计成一个完整的药品概念,即对该药品的目标市场、产品特点、用途、价格、包装等都有具体的描述。

包括目标分析、成本效益分析、数量分析和采用者分析。

将可行性研究的抽象概念交给研究设计部门,将其转化为具体药品的阶段。

将试制成功的药品小批量投放市场销售,这是对药品进行最有效、最可信赖的检验。

新药品经过试销,从反馈的信息资料证明药品的成功性,企业可以决定批量生产、将试制药品正式投入市场。

四、新药上市策略

1. 投放时机的选择

新药上市要选择最佳时机,最好是应季投放,可在新药一上市就引起消费者的注意,争取最大销售量。还要考虑竞争对手的产品策略和可能采取的措施,以便抓住先机,争取在竞争中占据主动。也要考虑药品的特点,在上市之前或上市的同时,做好医师推介工作。

2. 投放地点的选择

新药上市的地点选择,要结合企业实力和市场条件等因素确定。市场条件包括消费者的购买欲望、市场容量和购买力等。就企业实力而言,中、小型企业或者实力较弱的企业适合采取局部突破的办法,即先选好一个局部市场推出新产品,迅速占领市场,站稳脚跟后再向其他地区扩展。实力雄厚并且已经拥有强大的国际、国内市场营销网络的大企业,可以直接将新产品同时推向全国市场,甚至国际市场。

需要说明的是,新药研究开发的周期长、投入大,等到新药上市,企业对于该新药的专利期已经过去好几年,剩下的专利期已经变得非常有限。为了充分利用专利期内的垄断地位,企业通常应尽快将新产品推向全国乃至国际市场。

3. 投放目标的选择

企业在推出新药的时候,应以最佳的潜在消费群体为目标市场。企业的所有市场营销活动都应当以目标市场中的潜在消费群体为对象。

4. 导入策略的选择

企业要在新药投放市场之前,尽可能制定完善的营销推广计划,给营销组合中的各要素合理分配预算,并根据主次轻重,有计划、有步骤地安排各种营销活动。

课后习题

一、单项选择

1. 市场调整策略又称市场多元化策略,即通过努力开发新市场,寻求新用户,来保持和扩大自己的药品市场份额,这个策略适合( )药品策略。
   A. 研发期　　B. 导入期　　C. 成长期　　D. 成熟期　　E. 衰退期
2. 冲剂药品附赠杯子,属于( )。
   A. 类似包装策略　　　　　B. 赠品包装策略
   C. 等级包装策略　　　　　D. 绿色包装策略
3. 列入《国家基本医疗保险用药目录》中的处方药,生产经营具有垄断性的药品,包括专利药品、一类和二类新药,实行( )。
   A. 政府指导价　　B. 市场定价　　C. 政府定价　　D. 加成定价

二、多项选择

1. 药品整体概念包括五层含义,分别是( )。
   A. 核心药品　　B. 形式药品　　C. 期望药品　　D. 附加药品　　E. 潜在药品
2. 患者机体方面的差异与药物效应的关系密切,有时对药物起决定作用,影响因素主要有( )。
   A. 年龄与性别　　B. 个体差异　　C. 遗传因素　　D. 病理状态　　E. 精神状态
3. 医药产品生命周期可划分为( )五个阶段。
   A. 研发期　　B. 导入期　　C. 成长期　　D. 成熟期　　E. 衰退期
4. 研发期的特点是( )。
   A. 高投入　　B. 高风险　　C. 长周期　　D. 有投入　　E. 无产出
5. 使用品牌策略的优点是( )。
   A. 有利于医药企业细分市场和市场营销定位,便于实施差异化营销

B. 有利于保护医药产品特色，防止他人假冒

C. 有利于建立稳定的顾客群，培育品牌忠诚的消费者，使企业的销售保持稳定和增长

D. 增加产品营销费用

E. 节省宣传费用，降低成本

6. 出现（   ）情况，企业可采用降价策略。

A. 生产能力过剩　　　　　　B. 市场竞争份额趋于下降

C. 为扩大市场份额　　　　　D. 处于经济衰退期

E. 成本增加

三、简答题

1. 简述药品品牌的管理与建设？
2. 简述新药开发的意义。

案例分析

仲景六味地黄丸的市场生命周期策略

仲景宛西制药股份有限公司是目前国内最大的六味地黄丸生产企业，在"局部试点、再推全国"的市场思路指导下，该企业首先选择了临近河南的西安作为突破口。他们将西安市场划分为四大区域，对近500家终端药店进行筛选和分类管理，为各级别的终端制定了不同的政策，分三阶段、三方面建设起仲景六味地黄丸西安市场的营销网络。

第一阶段：市场导入期。主要工作是架设OTC市场骨架网。以平价药房为主的超市化药店，在2002年底介入西安市场并引发了药品低价效应，与此同时，西安本地的平价药店如怡康医药连锁等也纷纷出现。公司集中力量主攻大型零售平价药店，很快扭转了销售总量迟迟不能增长的局面。

第二阶段：市场增长期。这个阶段要把老字号店的维护和进入作为重点工作主抓，尤其是一些中老年人，非常认同这种从爷爷辈就开的药店，突出的消费心理是因为相信店铺而来买药，而不是因为相信药而来买药。对于六味地黄丸这种低价值的传统中药产品，这些店铺的店员推荐取向尤为重要。因此，营销部门用将近一周时间专门对这类特殊终端开展理货工作。

第三阶段：市场快速成长期。中小终端也不能放弃，仲景六味地黄丸的低价定位决定了其通路策略必须宽短化。大超市的消费者是主动有意识购买，而中小终端消费者的购买随意性较大。进入第三阶段后，为弥补小药店零散销售的流失必须加强小药店的建设。

随着仲景六味地黄丸市场销量的持续增长，各种品牌的六味地黄丸纷纷进入西安市场，在仲景六味地黄丸进入后的两个月内已经达到了17家，竞争的激烈程度可想而知。理性的做法是根据本药品的品质和价格确立属于自己的消费群体。

市场的持续发展导致另一个突出问题出现，典型现象就是在一些大型平价药店、超市化药店中，仲景六味地黄丸的销售进入平台期，销量无法继续增长。原因就是企业在消费主体的开发方面存在问题。为此，公司针对占50%消费主体的消费者开展了一个以增强信任和了解为目的，请消费者代表到仲景六味地黄丸的生产厂和八百里伏牛山药材基地参观的大型活动。此次活动，消费者亲身感受了仲景六味地黄丸正宗、地道、疗效好的三大特点，加强

了消费者的口碑宣传效应。市场的反映也从第二批消费者的介入开始呈现销量大幅度增加的局面。

分析：

1. 影响仲景六味地黄丸市场生命周期的因素有哪些？
2. 本企业采取了哪些营销策略？取得了什么效果？

第二章

药品市场营销环境

> **导入案例**
>
> 一纸通知引起市场剧烈变革
>
> 2000年11月16日,中国国家药品监督管理局(NMP)发布了《关于暂停使用和销售含苯丙醇胺的药品制剂的通知》,并且是以文件的形式发至中国各大媒体。事情起源于美国一项表明苯丙醇胺(PPA)有增加患"出血性中风"危险的研究。美国食品药品监督管理局(FDA)发出公共健康公告,要求美国生产厂商主动停止销售含PPA的产品。
>
> 在15种被中国国家药品监督管理局要求暂停使用和销售的含PPA的药品里,中美天津史克制药有限公司生产的"康泰克"和"康得"两种产品就名列其中。"康泰克"是该公司的拳头产品之一,年销售额在6亿人民币左右,占据国内感冒药市场的半壁江山。中国NMPA通告的发布正值11月感冒高发期,暂停使用和销售"康泰克"对该公司可以说是严重的打击。同时,竞争者三九制药、海王药业根据市场的变化纷纷改变营销战略,强调不含PPA的成分,一些中药品牌产品也趁机大做宣传,中国感冒药市场从"一家独大"重回"战国时代"。
>
> 而面对这一形势变化,中美天津史克制药有限公司迅速启动危机管理工作系统,成立危机处理小组,在第一时间开通热线电话,记录并回答记者来电,管理信息进出渠道;适时进行新闻发布,迅速主动阐述事实真相;全面监控国内的各类媒体、网站及公司竞争对手的消息,对每一敏感问题准备准确的答案,确定统一的对外信息发布渠道、发言口径及发言人。由于公司针对市场环境的变化反应迅速、应对得当,重新赢得了顾客的信任。PPA禁令的292天后,"康泰克"的替代品——"新康泰克"(用盐酸伪麻黄碱代替了PPA,确保了药品的安全性)获准国家药品监督管理局通过,开始上市,大规模"收复失地"。
>
> 案例思考:中国国家药品监督管理局的通知引起了感冒药市场的哪些变化? 对企业造成了什么影响?

第一节 药品营销环境基础

一、医药市场营销环境的概念

美国营销学专家菲利普·科特勒对市场营销环境的定义是:市场营销环境就是影响企业

的市场和营销活动的不可控制的参与者和影响力。所以，医药市场营销环境就是指在营销活动之外，对医药营销活动产生影响和冲击的不可控制的各种因素和社会力量的总和。它是影响医药企业生存和发展的各种内、外部条件。它既受到企业内部条件的约束，又受到企业外部条件的制约。市场营销环境是一个多变、复杂的因素，企业营销活动成败的关键就在于能否适应不断变化着的市场营销环境。任何企业的营销活动都是在不断发展、变化的特定环境下进行的，环境对企业的营销活动有着深刻的影响，企业只有充分研究环境、认识环境，才能制定正确的营销策略，实现营销目标。

二、医药市场营销环境的特点

1. 客观性

市场营销环境作为一种客观存在，是不以企业的意志为转移的，有着自己的运行规律和发展趋势，对营销环境变化的主观臆断必然会导致营销决策的盲目与失误。营销管理者的任务在于适当安排营销组合，使之与客观存在的外部环境相适应。

2. 差异性

营销环境的差异主要因为企业所处的地理环境、生产经营的性质、政府管理制度等方面存在差异，不仅表现在不同企业受不同环境的影响，而且同样一种环境对不同企业的影响也不尽相同。

3. 动态性

外界环境随着时间的推移经常处于变化之中。例如，外界环境利益主体的行为变化和人均收入的提高均会引起购买行为的变化，影响企业营销活动的内容；外部环境各种因素结合方式的不同也会影响和制约企业营销活动的内容和形式。

4. 关联性

构成营销环境的各种因素和力量是相互联系、相互依赖的。如经济因素不能脱离政治因素而单独存在；同样，政治因素也要通过经济因素来体现。

三、医药市场营销环境的分类

企业市场营销环境的内容既广泛又复杂。不同的因素对营销活动各个方面的影响和制约也不尽相同。根据医药企业的营销活动受制于营销环境的紧密程度来划分，医药市场营销环境可分为微观环境和宏观环境。

1. 医药市场营销微观环境

所谓的微观环境是指与医药组织关系密切，直接影响企业为目标市场服务顾客的各种因素。它一般包括两个方面：

（1）组织内部因素　如自身综合实力、其他部门与营销部门的关系、营销部门在组织中的地位等。

（2）组织外部因素　主要包括供应者、竞争者、营销中介、顾客与公众。

微观环境因素对企业的营销活动有着直接的影响，所以又称直接营销环境。

2. 医药市场营销宏观环境

所谓医药市场营销宏观环境是指企业无法直接控制的因素，是通过影响微观环境来影响企业营销能力和效率的一系列巨大的社会力量，主要包括人口环境、经济环境、自然环境、科学技术环境、政治法律环境和社会文化环境。

医药市场营销宏观环境通过影响微观环境来影响企业，所以又称间接营销环境。
宏观环境和微观环境并不是并列关系，而是主从关系，微观环境受制于宏观环境。

四、医药市场营销环境分析的意义

企业经营成败的关键在于能否对市场信息变化及时掌握，能否适应不断变化的市场营销环境，并做出快速反应。如医药市场竞争加剧，市场因素不稳定性，医药企业就必须对市场营销环境做出正确的分析和判断。

1. 医药市场营销环境分析能发现企业的市场营销机会，避免潜在的威胁

无论企业是处在经济高速发展的时期，还是处在经济萎缩的时期，都会不断产生新的机会，同时也会产生新的威胁。任何企业都必须在一定的市场环境下生存和发展，可能争取到极佳的机会，也可能面临这样或那样的困难，这是每个企业都不能回避的事实。但机会不会长期存在，也不会主动地、经常地光顾企业，许多机会都是稍纵即逝的。经营有方的企业都应从企业内外来考察自己的业务，要通过建立市场的预警系统来测报可能的机会与威胁，坚持不懈地监视变化的环境，发现并抓住市场机会，避免市场威胁，并依据新情况不断调整自己的营销目标和营销策略，使企业资源与环境实现最好的结合。

2. 医药市场营销环境分析是医药企业营销活动的基础

任何企业的市场营销活动都是在环境综合作用力约束下的产物，各种环境因素都会直接或间接地影响企业的营销活动，左右企业取得经济效益和社会效益的能力。市场营销的一切活动都是在市场营销环境下进行的，企业在任何情况下都不可能脱离环境开展营销活动，只能遵循环境的变化规律，认真调查和分析各种潜在的和可见的医药市场营销环境。把握市场机会的前提，源于对市场环境变化的正确分析和判断。

3. 医药市场营销环境分析有利于制定企业的营销战略和策略

医药企业制定发展战略和策略，要建立在对营销环境科学调查研究的基础上。只有通过对医药市场营销环境的分析，认识和掌握医药市场营销环境的特征和发展变化趋势，在科学正确地分析、了解了市场营销环境以后，才能为市场营销活动提供决策依据。

第二节　药品市场宏观环境

宏观环境是间接影响企业市场营销活动的因素，包括人口环境、经济环境、政治和法律环境、科技环境、社会文化环境、自然环境等。

一、人口环境

市场是由想购买商品同时又具有购买力的人构成的，人口是构成市场的第一要素，医药企业必须重视对人口环境的分析和研究。分析人口环境，一是分析人口规模及增长率，人口多，市场规模就大，增长率高，发展潜力就大。

课堂讨论

2018年黑龙江省人口出生率为5.98‰，死亡率为6.67‰，人口自然增长率为—0.69‰。年末常住总人口为3773.1万人，比上年减少15.6万人；其中城镇人口2267.6万人，乡村人口1505.5万人。

分析：黑龙江的人口形势，对市场有什么影响？

分析人口环境,二是分析人口结构,分析人口结构又称分析人口构成,是指将人口以不同的标准划分而得到的一种结果。根据人口的不同特征,可划分为三大类人口结构:自然结构、社会结构与地域结构。人口结构对市场营销的影响如表 2-1。

表 2-1 人口结构对市场营销的影响

要素	内容	影响	案例和思考
自然结构	自然结构是依人口的生理属性来划分的,主要有性别构成与年龄构成 人口年龄结构指一定时期、一定地区各年龄组人口在全体人口中的比重,又称人口年龄构成。通常用百分比表示 人口性别结构是指在一定时期内(通常为一年内),一个国家或地区的人口构成中,新出生的男性或女性各在其总人口中的比例。通常用"性别比"来衡量。用来反映该地区或国家人口的性别结构是否合理或协调	处于不同年龄阶段的消费者的收入水平、消费需要、兴趣爱好和消费模式有很大区别 人口性别结构的差异意味着他们在购买偏好、购买习惯上会有明显的不同,反映到市场上就会出现男性用品市场和女性用品市场。女性往往在日常生活用品、服饰、家具等方面是权威,有决策权;而男性对家电、交通工具等商品较感兴趣,甄选意识较强	不同的年龄阶段对商品的需求有什么不同? 男女性别在消费习惯上有哪些差异?
社会结构	社会结构是依人口的社会经济属性来划分的,包括人口的婚姻状况结构、家庭类型结构、阶级或阶层结构、民族结构、宗教信仰结构、在业与不在业结构、行业结构、职业结构、文化教育程度结构等 家庭结构是指各种规模和类型的家庭在家庭总体中所占的比重。人口家庭结构可分两种:一是人口家庭类型结构,一般把家庭分为核心家庭、缺陷家庭、直系家庭、联合家庭和其他形式的家庭;二是人口家庭规模结构,它是根据家庭人口数目的多少来划分的,不同人口数目的家庭在家庭总数中的比重,即为人口家庭规模结构 社会阶层是由具有相同或类似社会地位的社会成员组成的相对持久的群体。社会阶层是一种普遍存在的社会现象。同一社会集团成员之间的态度、行为、模式和价值观等方面具有相似性,不同集团成员存在差异性 民族结构是指各个民族的构成比例。我国是个多民族国家,除了汉族以外,还有 50 多个少数民族	家庭是购买、消费的基本单位。家庭的数量直接影响到某些商品的销售数量,家庭的规模直接影响到商品的形式。随着人类文明的进步,家庭类型发生着巨大变化,由丈夫、妻子和孩子(有时包括祖父母)构成的"传统家庭"仍然保持主流的同时,"非传统家庭"比例逐步增加,包括独身家庭、单亲家庭、"丁克"家庭、空巢、同居等。家庭规模呈现缩小的趋势 相同的社会阶层具有相似的消费行为,而不同社会阶层的消费者在消费习惯上有很大的差异,社会阶层提供了一种合适的细分依据或细分基础 民族不同,生活习性、文化传统也不同,各个民族的市场存在着很大的差异。要尊重民族习惯,开发适合民族特性的产品	什么是"家庭生命周期"? 你认为不同的家庭生命周期阶段对消费有什么影响? 从社会阶层角度分析:主治相同、功能相近的药品为什么会有不同的价格? 你了解哪些不同的民族习俗?与药品营销有哪些联系?
地域结构	地域结构指人口的地理分布状况,包括人口的行政、自然与经济区域分布、城乡分布等。人口分布是自然、社会、经济和政治等多种因素作用的结果	人口地理分布对企业营销活动的影响表现在两个方面:一是直接影响着各个地区市场需求量的大小,如人口密度;二是影响着购买对象和需求结构,如城乡结构	如何理解城市化提高,医药市场规模将进一步扩大?

二、经济环境

经济环境是企业营销活动的外部社会经济条件，它会直接或间接影响市场的规模、市场的吸引力及企业的营销活动。市场规模的大小，不仅取决于人口数量，而且更主要的是取决于有效的购买力。而购买力又受到经济发展阶段、收入、消费结构、储蓄和信贷水平的制约（图2-1）。企业营销活动必然受到社会购买力的影响和制约，企业应该密切注意由于社会购买力的增减变化所带来的机会和威胁。其中，收入、消费结构、储蓄和信贷水平是直接影响营销活动的环境因素，经济发展阶段是间接影响营销活动的环境因素。

1. 经济发展阶段

企业的营销活动受目标市场所处的经济发展阶段的影响。美国经济学家罗斯托提出了较典型的经济发展阶段的划分法——"经济起飞理论"。罗斯托认为，世界各国的经济发展要经历六个阶段：传统社会阶段、经济起飞前准备阶段、经济起飞阶段、趋向成熟阶段、高度消费阶段和追求生活质量阶段。处于前三个阶段的国家是发展中国家，而处于后三个阶段的国家是发达国家。

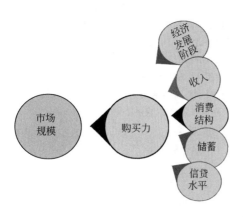

图2-1 市场规模的影响因素

（1）一个国家所处的经济发展阶段不同，其营销活动也有所不同 以消费品为例，经济发展阶段较低的国家侧重于产品的功能和实用性，推广活动受到文化程度水平低和传播媒体少的限制，价格竞争占优势；经济发展阶段较高的国家，则比较强调产品的款式、性能及特色，进行大规模的促销活动，非价格竞争占优势。

（2）一个国家所采取的营销策略也会随着经济发展阶段的不同而有所改变 在营销渠道方面，随着经济发展阶段的上升（表2-2），分销渠道更加复杂且广泛，制造商、批发商与零售商的职能逐渐独立，商店的规模逐渐扩大。

表2-2 经济发展阶段及其特征

阶段	传统社会阶段	经济起飞前准备阶段	经济起飞阶段	趋向成熟阶段	高度消费阶段	追求生活质量阶段
阶段特征	农业是主导产业 家族和氏族关系起主要作用	投资率提高，超过人口增长率水平 农业和开采业得到足够发展	积累提高在国民收入比例10%以上 制造业成为主导部门 制度改革推动经济起飞	现代技术广泛运用 有效使用各类资源 农业人口减至20%~40%	耐用消费品产业成为主导产业 高度发达的工业化社会形成	服务业成为主导产业 政府致力于解决环境问题

2. 收入水平

市场规模不仅取决于人口数量，还取决于购买力。而购买力的大小又受制于收入水平，即人均GDP（国内生产总值）、个人可支配收入、个人可自由支配收入和家庭收入。

（1）GDP GDP是指按市场价格计算的一个国家（或地区）所有常住单位在一定时期内生产活动的最终成果，是核算体系中一个重要的综合性统计指标，也是我国新国民经济核算体系中的核心指标，它反映了一国（或地区）的经济实力和市场规模。GDP是衡量一个国家经济实力与购买力的重要指标。从 GDP 增长幅度，可以了解一个国家的经济发展状况和速度。

（2）人均 GDP 人均 GDP 指一个国家或地区在一定时期内，按人口平均所生产的全部货物和服务的价值。一个国家的 GDP 总额反映了该国的市场总容量、总规模，人均 GDP 则从总体上影响和决定了消费结构与消费水平。人均 GDP 进入 1 万美元后，产业结构以现代服务业为主导，结构升级以科技引领为主导，产业布局呈现新型产业分工格局，城市空间结构从"单中心"向"多中心"转变，社会民生注重提高居民生活质量和福利水平，生态环境建设崇尚人与自然和谐。

（3）个人总收入 指所有个人从多种来源中获得的全部货币收入，包括工资、奖金、津贴、利息、股息、红利、租金等。反映了该国个人的实际购买力水平，预示了未来消费者对于商品、服务等需求的变化。个人收入指标是预测个人的消费能力，未来消费者的购买动向及评估经济情况好坏的一个有效指标。

（4）个人可支配收入 指个人总收入中扣除各种个人税及非税性负担后的余额，即个人纳税后收入。它作为个人可以用于消费支出或储蓄的部分，是影响消费者的购买力和支出的决定性因素。

（5）个人可自由支配收入 是指个人可支配收入中减去生活必需开支后的余额。这部分收入可作自由支配，是消费需求变化中最活跃的因素，需求弹性大。因此，它是影响高档耐用消费品、奢侈品、休闲旅游等商品销售的主要因素。

（6）家庭收入 家庭全部成员的总收入。家庭是社会的基本构成单位，很多产品是以家庭为单位购买的，如住房、家电等，家庭收入的高低会影响这些产品的市场需求。

3. 消费结构

消费结构是指各类消费支出在总费用支出中所占的比重。消费结构的变动受多种因素影响，如社会生产力发展水平、社会经济制度、产业结构、消费者的收入水平、消费品价格与消费决策（引导）、人口的社会结构和自然结构所决定的需求结构、消费者心理和消费行为、自然环境等。

德国统计学家恩斯特·恩格尔提出了关于家庭收入变化与各方面支出变化的比例关系的规律，即恩格尔定律。通常把食品支出与家庭收入之比称为恩格尔系数。恩格尔系数的高低表明生活水平的高低。恩格尔定律表明：家庭收入越少，在食品上的支出占收入的比重就越大；反之，则越小。随着家庭收入的增加，用于食品的支出占收入的比重下降，用于医疗保健、教育、娱乐、交通等方面的支出比重越来越大。

$$恩格尔系数(\%)=\frac{食品支出总额}{家庭消费支出总额}\times100\%$$

4. 储蓄和信贷水平

著名经济学家凯恩斯认为存在这样一条心理规律：随着收入的增加，消费会相应增加，但是收入比消费增加得多，而收入中没有用于消费的部分，被用来储蓄。

（1）储蓄 储蓄包括银行存款、购买债券和手持现金三种形式。储蓄取决于消费者收入水平，又是消费的剩余部分，受到消费的制约。收入增加，储蓄就会增加，消费支出增加，储蓄就会减少。储蓄还受通货膨胀、商品供给状况和对未来消费及当前消费的偏好程度的影响。当处于通货膨胀状态时，商品价格的增速一般高于百姓储蓄于银行的低利率的资产增速，消费者储蓄的愿望就会降低。市场供求关系紧张，消费者买不到所需的商品或者现有商品不符合消费者的购买偏好，消费者就会把用于消费的支出储蓄起来。

消费者购买力受储蓄的直接影响。当收入一定时，储蓄越多，现实的消费量就越小，而潜在的消费量就越大；反之，储蓄越少，现实的消费量就越大，而潜在的消费量就越小。

（2）**消费者信贷**　就是消费者凭信用先取得商品使用权，然后按期归还货款以购买商品。消费者信贷的形式主要有短期赊销、分期付款、信用卡贷款三种形式。

① 短期赊销　如消费者在某家零售商店购买商品，这家商店规定不需要立即付清货款，有一定的赊销期限，如果顾客在期限内付清货款，不付利息；如果超过期限，要计利息。

② 分期付款　如消费者在某商店购买电冰箱、昂贵家具等耐用消费品时，通常签订一个分期付款合同，先支付一部分货款，其余货款按计划逐月加利息分期偿还。如果顾客连续几个月不按合同付款，商店有权将原售货物收回。

③ 信用卡贷款　是指银行根据信用卡持卡人的资信状况给予一定的额度，持卡人可以利用信用卡进行刷卡消费。

消费者信贷允许人们购买超过自己现实购买实力的商品，创造了更多的需求。随着我国经济的发展，消费者信贷对消费的影响力越来越大。

三、政治和法律环境

政治和法律环境是影响企业营销活动的重要的宏观环境，是指在特定的社会中影响和限制各个组织和个人的法律、政府机构。政治和法律相互联系，共同对企业的市场营销活动产生影响。

1. 政治环境

（1）**政治、经济体制**

① 政治体制是指政权的组织形式，即统治阶级采取什么样的方式来组织自己的政权机关。政治体制是政治制度的体现。不同政治制度的国家，其经济、文化、外贸等政策也不同。

② 经济体制指在一定区域内（通常为一个国家）制定并执行经济决策的各种机制的总和。通常指国家经济组织的形式，它规定了国家与企业、企业与企业、企业与各经济部门之间的关系，并通过一定的管理手段和方法来调控或影响社会经济流动的范围、内容和方式等。

（2）**政府的方针政策**　政府的方针是指对某一方面的原则、大体规划。政府的政策则更为具体，是对某一具体事务的实施规定。开展营销活动需要分析、掌握诸如产业政策、人口政策、能源政策、价格政策、财政金融政策等各项方针政策带给企业的机遇和威胁。

（3）**政治局势**　政治局势是一国或地区的政治稳定程度，而政局稳定是企业营销活动必须考虑的关键因素。政局稳定主要体现在两个方面：一个是政治冲突，另一个是政策的稳定性。

① 政治冲突包括社会不稳定（骚乱、示威游行、罢工）、政局动荡（政变、政府更迭频繁）、战争、暴力阴谋（政治暗杀、绑架、恐怖活动）等国内外重大事件和突发性事件。政治冲突不仅有可能直接影响企业的经营活动，而且还会影响该国政府政策的稳定性。

② 政策的稳定性是指政府政策的相对长期性、连续性和可预见性。政体的变更或政府的更迭会改变前政府许下的承诺，直接影响政府政策的稳定性。

（4）**国际关系**　国家之间在政治、经济、文化、军事等的关系直接影响着一国政府实行限制或开放的程度。

课程思政

国家治理体系和治理能力现代化

党的十九届四中全会是一次具有里程碑意义的重要会议,全会审议通过的《中共中央关于坚持和完善中国特色社会主义制度、推进国家治理体系和治理能力现代化若干重大问题的决定》(简称《决定》),这是党的历史上第一次用一次中央全会专门研究国家制度和国家治理体系问题并作出《决定》。中国特色社会主义制度是党和人民在长期实践探索中形成的科学制度体系,我国治理一切工作和活动都依照中国特色社会主义制度展开,我国国家治理体系和治理能力是中国特色社会主义制度及其执行能力的集中体现。

我国国家制度和国家治理体系具有多方面的显著优势,十九届四中全会列举十三条:

坚持党的集中统一领导,坚持党的科学理论,保持政治稳定,确保国家始终沿着社会主义方向前进的显著优势;

坚持人民当家作主,发展人民民主,密切联系群众,紧紧依靠人民推动国家发展的显著优势;

坚持全面依法治国,建设社会主义法治国家,切实保障社会公平正义和人民权利的显著优势;

坚持全国一盘棋,调动各方面积极性,集中力量办大事的显著优势;

坚持各民族一律平等,铸牢中华民族共同体意识,实现共同团结奋斗、共同繁荣发展的显著优势;

坚持公有制为主体、多种所有制经济共同发展和按劳分配为主体、多种分配方式并存,把社会主义制度和市场经济有机结合起来,不断解放和发展社会生产力的显著优势;

坚持共同的理想信念、价值理念、道德观念,弘扬中华优秀传统文化、革命文化、社会主义先进文化,促进全体人民在思想上精神上紧紧团结在一起的显著优势;

坚持以人民为中心的发展思想,不断保障和改善民生、增进人民福祉,走共同富裕道路的显著优势;

坚持改革创新、与时俱进,善于自我完善、自我发展,使社会充满生机活力的显著优势;

坚持德才兼备、选贤任能,聚天下英才而用之,培养造就更多更优秀人才的显著优势;

坚持党指挥枪,确保人民军队绝对忠诚于党和人民,有力保障国家主权、安全、发展利益的显著优势;

坚持"一国两制",保持香港、澳门长期繁荣稳定,促进祖国和平统一的显著优势;

坚持独立自主和对外开放相统一,积极参与全球治理,为构建人类命运共同体不断作出贡献的显著优势。

讨论:你能用实际的案例,证明我们国家的制度优势吗?

2. 法律环境

法律环境是指国家或地方政府所颁布的各项法规、法令和条例等。它是评判企业营销活动的准则,企业只有依法进行各种营销活动,才能受到国家法律的有效保护。对于从事国际营销活动的企业,不仅要遵守本国的法律制度,还要了解和遵守市场国的法律制度。

一个国家的法律体现了该国政府的政策倾向,政府的策略往往是通过法律来实施的。因此,每一项新的法令、法规的颁布或调整,都会影响企业的营销活动。

一国政府对营销活动实行法律干预,主要考虑到以下三方面:

① 对企业的限制,其目的在于指导、监督企业行为,保护企业间的公平竞争。

② 对消费者的保护,维护消费者的利益,制止企业非法牟利。

③ 对社会利益的维护,避免"外部不竞争"(反垄断)。

企业作为经济社会中的"法人",处于各式各样法律、法规和条例构成的一整套完备的法规体系中,并受法律的制约和保障。营销人员要明确了解、把握法律环境对营销活动的影响,根据法律环境来制定营销活动的战略,维护企业的正当利益。医药营销企业主要的法律法规制度如表2-3。

表2-3 医药营销企业主要的法律法规制度

共同法	专属法
中华人民共和国消费者权益保护法	中华人民共和国药品管理法
中华人民共和国工商管理法	中华人民共和国药品管理法实施条例
中华人民共和国专利法	药品注册管理办法
中华人民共和国反不正当竞争法	药品进口管理办法
中华人民共和国商标法	中华人民共和国药典
中华人民共和国产品质量法	中华人民共和国食品安全法
……	……

四、社会文化环境

社会文化环境是指在一种社会形态下已形成的信念、价值观念、宗教信仰、道德规范、审美观念以及世代相传的风俗习惯等被社会所公认的各种行为规范。

任何企业都处于一定的社会文化环境中,企业营销活动必然受到所在社会文化环境的影响和制约。在企业面临的诸方面环境中,社会文化环境是较为特殊的:它不像其他环境因素那样显而易见和易于理解,却又无时不在地深刻影响着企业的营销活动。无数事例说明,无视社会文化环境的企业营销活动必然会趋于被动或归于失败。为此,企业应了解和分析社会文化环境,针对不同的文化环境制定不同的营销策略,组织不同的营销活动。

文化环境所蕴含的因素主要有教育水平、宗教信仰、风俗习惯、审美观念、价值观念、消费习俗等。

1. 教育水平

教育水平的高低受社会生产力、经济状况的影响,同时也反映生产力发展程度和经济状况的改变,影响着人们的文化素质、消费结构、消费偏好和审美观,进而影响到消费者对商品功能、款式、包装和服务要求的差异性。通常文化教育水平高的国家或地区的消费者对商品的要求不单单是使用价值,更注重品位、个性等附加功能。因此企业营销开展的市场开发、产品定价和促销等活动都要考虑到消费者所受教育程度的高低,采取不同的策略。

> **思考**
> 理疗仪名称五花八门,例如经络、数码、光子、纳米。请谈谈如何针对消费者的不同受教育程度进行销售推广?

2. 宗教信仰

宗教是构成社会文化的重要因素,宗教对人们消费需求和购买行为的影响很大。不同的宗教有自己独特的对节日礼仪、商品使用的要求和禁忌。某些宗教组织甚至在教徒购买决策中有决定性的影响。企业可以把影响大的宗教组织作为自己的重要公共关系对象,在营销活动中也要注意到不同的宗教信仰,以避免由于矛盾和冲突给企业营销活动带来的损失。企业的营销人员需要了解目标市场中各种宗教的节日、仪式和禁忌,努力获得宗教组织的支持,以便利用有利的营销机会,创造或扩大市场。

> **思考**
> 圣诞节(Christmas)又称耶诞节,译名为"基督弥撒",它源自古罗马人迎接新年的农神节,与基督教本无关系。在基督教盛行罗马帝国后,教廷随波逐流地将这种民俗节日纳入基督教体系,同时以庆祝耶稣的降生。请同学们讨论圣诞节如何做医药商品推广?

3. 风俗习惯

风俗习惯是人们在长期的生活中形成的习惯性的行为模式和行为规范,是人们世代沿袭下来的社会文化的一部分,在饮食、婚丧、服饰、节日、居住、人际关系、商业等方面都表现出独特的心理特征、生活习惯和消费习惯。虽然风俗习惯具有高度的持续性和强烈的区域性,但随着频繁的文化交流,某些风俗习惯会发生改变。营销人员不仅要研究不同的风俗习惯,还要研究不同的风俗习惯之间的相融程度,以更好地适应千变万化的市场。

> **思考**
> 来自全国各地的同学们,你能说一说你们家乡特有的风俗习惯吗?它们对消费有什么影响?

4. 审美观念

审美观念是人们对美丑、雅俗、好坏、善恶的评判,包括对艺术、音乐、颜色、形状等的鉴赏力。通常随着国家、民族、地域、宗教、社会阶层、教育等的差异,在审美观念上也存在着不同。人们的审美观念受传统文化的影响,同时也反映一个时代、一个社会变迁的美学追求。文化形成后并非一成不变,会随着时间的推移而发生变化。它的变动既可以创造新市场,也可以毁掉千辛万苦建立起来的市场。研究文化环境要用发展的眼光,以适应变化着的文化环境和变化着的市场。

> **思考**
>
> 审美观念既受传统文化的影响，也随时代而改变。从施瓦辛格、高仓健这样的硬汉，到"韩流""小鲜肉"，再到现在对"娘炮"的一片反对，这些审美观的变化，也会对营销产生影响，你认为呢？

5. 价值观念

价值观念是人们对社会生活中各种事物的评判标准。价值观念随人们所处的社会文化环境不同而不同，从而深刻地影响着人们的购买偏好。人们在价值观念上的差异主要表现在对时间、风险和金钱的态度。营销人员应针对不同的价值观念采取不同的营销策略，以迎合不同价值观念影响下的人们的购买偏好。

> **思考**
>
> 中医学和西医学存在着显著差异，从认识论到治疗观，贯穿在医学的方方面面。二者不仅仅是治疗方法或诊断疾病上存在差异，更是在思维模式和文化内涵上存在着根本差异，谈谈你的观点和认识。

五、科技环境

科学技术是社会向前发展的根本推动力，是一种"创造性的毁灭力量"，它不仅使社会的经济发展程度和社会文化发生深刻变化，而且还影响到企业的生产和营销行为。

营销人员应善于运用职业的敏感性来预测科技的发展趋势，密切注意科技环境变化对营销的影响。

1. 科学技术的发展直接影响企业的经济活动

在现代，生产力水平的提高主要依靠设备的技术开发（包括原有设备的革新、改装以及设计、研制效率更高的现代化设备），创造新的生产工艺、新的生产流程。技术开发也扩大和提高了劳动对象的利用广度和深度，不断创造新的原材料和能源。这些不可避免地影响到企业的管理程序和市场营销活动。科学技术既为市场营销提供了科学理论和方法，又为市场营销提供了物质手段。

2. 科学技术的发展和应用影响企业的营销决策

科学技术的发展，使得每天都有新品种、新款式、新功能、新材料的商品在市场上推出。因此，科学技术进步所产生的效果，往往借助消费者和市场环境的变化而间接影响企业市场营销活动的组织。科学技术的发展，新的营销手段不断出现。如大数据的应用，在定价策略上，企业除了传统的定价方式以外，还可以通过信息系统来更准确地定价或修正价格。电子商务的发展，企业在渠道策略上，科技进步促使更多行业和企业的分销环节发生改变，纷纷自建网络营销渠道或进驻第三方电商平台来缩短分销渠道；新媒体的出现，企业在广告形式上有了新的选择。

3. 科学技术的进步，将会使人们的生活方式、消费模式和消费需求结构发生深刻的变化

它本身创造出新的东西，同时又淘汰旧的东西。一种新技术的应用，必然导致新的产业

部门和新的市场出现，使消费对象的品种不断增加，范围不断扩大，消费结构发生变化。例如，目前糖尿病的治疗还是停留在降糖药和注射胰岛素两方面，治疗还是以控制病情恶化为主，在糖尿病的治愈方向上进展缓慢。2018年全球著名医疗行业巨头Phys旗下的MedicalXpress网站公布：基因编辑技术获得成功，生成了人类T细胞，这些细胞可能代替胰岛素，有望让糖尿病患者得到治愈。

4. 科学技术的进步，产品生命周期进一步缩短，市场供求的不确定性突出

科学技术的发展日新月异，新的技术、新的发明层出不穷，产品从发明创新进入市场，到被更新的产品淘汰退出市场的周期不断缩短。产品生命周期的缩短，一方面加速了新产品上市的竞争，使很多企业被迫增加技术开发投入；另一方面，企业的产品营销周期也必须大大缩短，在成本核算、价格制订和营销策略上要顺应这种短周期的特点。

5. 科学技术的发明和应用，可以造就一些新的行业、新的市场，同时又使一些旧的行业与市场走向衰落

科学技术的发展，一些新原料、新工艺、新材料不断涌现，必然会产生新的行业，对旧有行业造成冲击。转基因技术用于构造转基因植物和转基因动物，已逐渐进入产业阶段，用转基因绵羊生产蛋白酶抑制剂ATT，用于治疗肺气肿和囊性纤维变性，已进入Ⅱ、Ⅲ期临床。大量的研究成果表明转基因动、植物将成为未来制药工业的另一个重要发展领域。

六、自然环境

自然资源是指自然界天然存在、未经人类加工的资源，如土地、水、生物、能量和矿物等。

1. 自然资源的特点

（1）**数量的有限性**　资源的数量，与人类社会不断增长的需求相矛盾，故必须强调资源的合理开发利用与保护。

（2）**分布的不平衡性**　存在数量或质量上的显著地域差异；某些可再生资源的分布具有明显的地域分布规律，不可再生的矿产资源分布具有地质规律。

（3）**资源间的联系性**　每个地区的自然资源要素彼此有生态上的联系，形成一个整体，故必须强调综合研究与综合开发利用。

（4）**利用的发展性**　人类对自然资源的利用范围和利用途径将进一步拓展或对自然资源的利用率不断提高。

2. 自然资源的分类

（1）**可再生资源**　这类资源可反复利用，如气候资源（太阳辐射、风）、水资源、地热资源（地热与温泉）、水力、海潮。

（2）**可更新资源**　这类资源可生长，其更新速度受自身繁殖能力和自然环境条件的制约，如生物资源，为能生长繁殖的有生命的有机体，其更新速度取决于自身繁殖能力和外界环境条件，应有计划、有限制地加以开发利用。

（3）**不可再生资源**　包括地质资源和半地质资源。前者如矿产资源中的金属矿、非金属矿、核燃料、化石燃料等，其成矿周期往往以数百万年计；后者如土壤资源，其形成周期虽较矿产资源短，但与消费速度相比，也是十分缓慢的。对这类自然资源，应尽可能综合利用，注意节约，避免浪费和破坏。这类资源形成周期漫长或不可再生。

自然资源对市场营销的影响主要有三点。首先，自然环境污染恶劣，会对那些造成环境污染的企业和行业造成威胁，这不得不让他们采取措施控制污染，这样的调整又为那些研究降低环境污染的新兴行业提供了新的市场机会。其次，自然资源的短缺。如生态环境恶化、资源保护不力、规划不系统、长期过度采挖、不科学采收方式及植物自身生物特性造成了部分资源濒临灭绝，犀角、虎骨、鹿茸已被禁用，熊胆、麝香、蛤蚧正走向濒危，这就需要寻找新的替代品，从而为某些企业创造了新的市场。还有政府对自然资源的干预，政府为了社会利益与长远利益，往往与企业的经营战略和经营效益相矛盾。

第三节　药品市场微观环境

微观营销环境是指与企业紧密相连、直接影响企业营销能力和效率的各种力量和因素的总和，主要包括供应商、营销中介、消费者、竞争者、社会公众、企业内部环境等（图2-2）。微观环境因素对企业的营销活动有着直接的影响，所以又称直接营销环境。

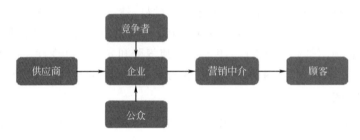

图 2-2　微观营销环境

一、供应商

供应商是指对企业进行生产所需而提供特定的原材料、辅助材料、设备、能源、劳务、资金等资源的供货单位。这些资源的变化直接影响到企业产品的产量、质量以及利润，从而影响企业营销计划和营销目标的完成。供应商对企业营销的影响作用如下。

1. 供应的及时性和稳定性

① 原材料、零部件、能源及机器设备等货源的保证供应，是企业营销活动顺利进行的前提。如制药企业不仅需要原料来进行加工，还需要设备、能源作为生产手段与要素，任何一个环节在供应上出现了问题，都会导致企业的生产活动无法正常开展。

② 企业为了在时间上和连续性上保证得到货源的供应，就必须和供应商保持良好的关系，必须及时了解和掌握供应商的情况，分析其状况和变化。

2. 供应的货物价格变化

① 供应的货物价格变动会直接影响企业产品的成本。如果供应商提高原材料价格，必然会带来企业产品的成本上升，生产企业如提高产品价格，会影响市场销路；可以使价格不变，但会减少企业的利润。

② 企业必须密切关注和分析供应商的货物价格变动趋势。

3. 供货的质量保证

① 供应商能否供应质量有保证的生产资料直接影响到企业产品的质量，进一步会影响到销售量、利润及企业信誉。例如劣质葡萄难以生产优质葡萄酒，劣质建筑材料难以保证建筑物的百年大计。

② 企业必须了解供应商的产品，分析其产品的质量标准，从而来保证自己产品的质量，赢得消费者，赢得市场。

二、营销中介

营销中介，是指协助企业促销、销售和分配产品给最终购买者的企业总称，包括中间商、物资分销机构、营销服务机构、金融机构。这些营销中介所提供的服务，使产品顺利地送到最终购买者手中。营销中介对企业营销活动的影响显而易见，在社会分工越来越细的商品社会，这些中介机构的作用也越来越大。因此，企业必须与营销中介保持良好的合作关系。营销中介的种类如下。

1. 中间商

中间商是指把产品从生产商流向消费者的中间环节或渠道，它主要包括批发商和零售商两大类。中间商对企业营销具有极其重要的影响，它能帮助企业寻找目标顾客，为产品打开销路，为顾客创造地点效用、时间效用和持有效用。一般企业都需要与中间商合作，来完成企业营销目标。企业需要选择适合自己营销的合格中间商，必须与中间商建立良好的合作关系，必须了解和分析其经营活动，并采取一些激励性措施来推动其业务活动的开展。

2. 物资分销机构

物资分销机构是指帮助企业进行保管、储存、运输的物流机构，包括仓储公司、运输公司等。物资分销机构主要任务是协助企业将产品实体运往销售目的地，完成产品空间位置的移动。到达目的地之后，还有一段待售时间，还要协助保管和储存。这些物流机构是否安全、便利、经济直接影响企业营销效果。在企业营销活动中，必须了解和研究物资分销机构及其业务变化动态。

3. 营销服务机构

营销服务机构是指企业营销中提供专业服务的机构，包括广告公司、广告媒介经营公司、市场调研公司、营销咨询公司、财务公司等等。这些机构对企业的营销活动会产生直接的影响，它们的主要任务是协助企业确立市场定位，进行市场推广，提供活动方便。一些大企业或公司往往有自己的广告和市场调研部门，但大多数企业则以合同方式委托这些专业公司来办理有关事务。企业需要关注、分析这些服务机构，选择最能为本企业提供有效服务的机构。

4. 金融机构

金融机构是指企业营销活动中进行资金融通的机构，包括银行、信托公司、保险公司等。金融机构的主要功能是为企业营销活动提供融资及保险服务。在现代社会中，任何企业都要通过金融机构开展经营业务往来。金融机构业务活动的变化还会影响企业的营销活动，比如银行贷款利率上升，会使企业成本增加；信贷资金来源受到限制，会使企业经营陷入困境。

三、顾客

顾客也称目标市场，是指使用进入消费领域的最终产品或劳务的消费者和生产者，也是企业营销活动的最终目标市场。顾客对企业营销的影响程度远远超过其他的环境因素。顾客是市场的主体，任何企业的产品和服务，只有得到了顾客的认可，才能赢得这个市场，现代营销强调把满足顾客需要作为企业营销管理的核心。

顾客组成的市场一般可以分为消费者市场、生产者市场、中间商市场、政府市场和国际市场等五种市场。每个顾客市场都有自己的特点，其规模和需求也在不断发生变化。所以，企业要对目标市场进行细致的分析，了解掌握顾客的变化趋势，以不同产品（劳务）满足不同顾客的需求。

(1) **消费者市场** 指为满足个人或家庭消费需求购买产品或服务的个人和家庭。
(2) **生产者市场** 指为生产其他产品或服务，以赚取利润而购买产品或服务的组织。
(3) **中间商市场** 指购买产品或服务以转售，从中营利的组织。
(4) **政府市场** 指购买产品或服务，以提供公共服务或把这些产品及服务转让给其他需要的人的政府机构。
(5) **国际市场** 指国外购买产品或服务的个人及组织，包括外国消费者、生产商、中间商及政府。

四、竞争者

企业参与市场竞争，不仅要了解谁是自己的顾客，而且还要弄清谁是自己的竞争对手。从表面上看，识别竞争者是一项非常简单的工作，但是，由于需求的复杂性、层次性、易变性及技术的快速发展和演进，产业的发展使得市场竞争中的企业面临复杂的竞争形势。一个企业可能会被新出现的竞争对手打败，或者由于新技术的出现和需求的变化而被淘汰。企业必须密切关注竞争环境的变化，了解自己的竞争地位及彼此的优劣势，只有知己知彼，方能百战不殆。按不同标准，竞争者可分为以下几种类型。

1. 从行业的角度

(1) **现有厂商** 指本行业内现有的与企业生产同样产品的其他厂家，这些厂家是企业的直接竞争者。
(2) **潜在加入者** 当某一行业前景乐观、有利可图时，会引来新的竞争企业，使该行业增加新的生产力，并要求重新瓜分市场份额和主要资源。某些多元化经营的大型企业还经常利用其资源优势从一个行业侵入另一个行业。新企业的加入，将可能导致产品价格下降，利润减少。
(3) **替代品厂商** 与某一产品具有相同功能、能满足同一需求的不同性质的其他产品，属于替代品。随着科学技术的发展，替代品将越来越多，某一行业的所有企业都将面临与生产替代品的其他行业的企业进行竞争。

2. 从市场方面

(1) **品牌竞争者** 企业把同一行业中以相似的价格向相同的顾客提供类似产品或服务的其他企业称为品牌竞争者。品牌竞争者之间的产品相互替代性较高，因而竞争非常激烈，各企业均以培养顾客品牌忠诚度作为争夺顾客的重要手段。如养胃冲剂中，温胃舒、养胃舒、三九胃泰等品牌之间的关系。
(2) **需要竞争者** 提供不同种类的产品，但满足和实现消费者同种需要的企业称为需要竞争者。
(3) **消费竞争者** 提供不同产品，满足消费者的不同愿望，但目标消费者相同的企业称为消费竞争者。如很多消费者收入水平提高后，可以把钱用于旅游，也可用于购买汽车，或购置房产，因而这些企业间存在相互争夺消费者购买力的竞争关系，消费支出结构的变化，对企业的竞争有很大影响。

3. 从企业所处的竞争地位

(1) **市场领导者** 指在某一行业的产品市场上占有最大市场份额的企业。一般来说，大多数行业都存在一家或几家市场领导者，他们处于全行业的领先地位，其一举一动都直接影响到同行业其他厂家的市场份额，其营销战略成为其他企业挑战、仿效或回避的对象。市场领导者通常在产品开发、价格变动、分销渠道、促销力量等方面处于主导地位。市场领导者的地位是在竞争中形成的，但不是固定不变的。

(2) 市场挑战者 指在行业中处于次要地位（第二、三甚至更低地位）但又具备向市场领导者发动全面或局部攻击的企业。市场挑战者往往试图通过主动竞争扩大市场份额，提高市场地位。

(3) 市场追随者 指在行业中居于次要地位，并安于次要地位，在战略上追随市场领导者的企业。在现实市场中存在大量的追随者。市场追随者的最主要特点是跟随。在技术方面，它不做新技术的开拓者和率先使用者，而是做学习者和改进者。在营销方面，不做市场培育的开路者，而是搭便车，以减少风险和降低成本。市场追随者通过观察、学习、借鉴、模仿市场领导者的行为，不断提高自身技能，不断发展壮大。

(4) 市场补缺者 多是行业中相对较弱小的一些中、小企业，它们专注于市场上被大企业忽略的某些细小部分，在这些小市场上通过专业化经营来获取最大限度的收益，在大企业的夹缝中求得生存和发展，对满足顾客需求起到拾遗补阙、填补空白的作用。市场补阙者通过生产和提供某种具有特色的产品和服务，赢得发展的空间，甚至可能发展成为"小市场中的巨人"。

五、公众

公众是企业营销活动中与企业营销活动发生关系的各种群体的总称。公众对企业的态度，会对其营销活动产生巨大的影响，它既可能有助于企业树立良好的形象，也可能妨碍企业的形象。所以企业必须处理好与主要公众的关系，争取公众的支持和偏爱，为自己营造和谐、宽松的社会环境。

(1) 金融公众 指那些关心和影响医药企业取得资金能力的集团。主要包括银行、投资公司、证券公司、股东等，他们对企业的融资能力有重要的影响。

(2) 媒介公众 指那些联系医药和外界的大众媒介。主要包括报纸、杂志、电台、电视台等传播媒介，他们掌握传媒工具，有着广泛的社会联系，能直接影响社会舆论对企业的认识和评价。

(3) 政府公众 负责监控医药企业的生产、经营活动的政府机构及医药企业的主管部门。如药品监督管理部门、工商税务部门、卫生部门等，他们所制定的方针、政策对企业营销活动或是限制，或是机遇。

(4) 社团公众 主要指与医药企业营销活动有关的非政府机构。如消费者组织、环境保护组织，以及其他群众团体。企业营销活动涉及社会各方面的利益，来自这些社团公众的意见、建议，往往对企业营销决策有着十分重要的影响作用。

(5) 社区公众 主要指企业所在地附近的居民和社区团体。社区是企业的邻里，企业保持与社区的良好关系，为社区的发展做一定的贡献，会受到社区居民的好评，他们的口碑能帮助企业在社会上树立形象。

(6) 内部公众 指企业内部的管理人员及一般员工，企业的营销活动离不开内部公众的支持。应该处理好与广大员工的关系，调动他们开展市场营销活动的积极性和创造性。

(7) 一般公众 指能深刻地影响消费者对医药企业及其产品的看法的团体和个人。如产品代言人、明星、慈善团体等，一般公众对企业形象影响较大。

第四节 SWOT 分析法

市场营销环境是复杂的、多样的、不断变化的，要想准确把握市场营销环境对医药企业营销的影响，就要有科学的分析方法，常用的分析方法就是著名的 SWOT 分析法。

一、SWOT 分析法的含义

所谓 SWOT 分析，即基于内外部竞争环境和竞争条件下的态势分析，就是将与研究对象密切相关的各种主要内部优势、劣势及外部的机会和威胁等，通过调查列举出来，并依照矩阵形式排列，然后用系统分析的思想，把各种因素相互匹配起来加以分析，从中得出一系列相应的结论，而结论通常带有一定的决策性。

(1) 内部条件
① S（strengths，优势）：企业自身的优势。
② W（weaknesses，劣势）：企业自身的劣势。

(2) 外部环境
① O（opportunities，机会）：企业面临的市场机会。
② T（threats，威胁）：企业面临的外部威胁。

二、SWOT 分析法的主要步骤

1. 分析环境中的主要变量

(1) **优势与劣势分析（SW）** 竞争优势是指一个企业超越其竞争对手的能力，或者指公司所特有的能提高公司竞争力的东西。竞争劣势是指一个企业与其竞争对手相比，做得不好或没有做到的东西，从而使自己与竞争对手相比处于劣势。

由于企业是一个整体，并且由于竞争优势来源的广泛性，所以，在做优劣势分析时必须从整个价值链的每个环节上，将企业与竞争对手做详细的对比。如产品是否新颖，制造工艺是否复杂，销售渠道是否畅通，以及价格是否具有竞争性等。如果一个企业在某一方面或几个方面的优势正是该行业企业应具备的关键成功要素，那么，该企业的综合竞争优势也许就强一些。需要指出的是，衡量一个企业及其产品是否具有竞争优势，只能站在现有潜在用户的角度上，而不是站在企业的角度上。SW 分析主要从以下几个领域进行分析。

① 产品　产品质量、安全性、稳定性、可靠性、美观性、适用性、耐久性、经济性等。
② 成本　同样等级产品的生产成本、销售成本、服务成本等和销售价格（产品赢利能力）。
③ 生产　生产总量、生产能力、综合效率、人均产量、人均附加值、交付按量准时。
④ 技术　新产品设计开发能力、开发周期、专利技术、专有技术、技术创新能力等。
⑤ 人才　经验丰富的优秀管理人才、技术人才、优秀的管理、技术团队，年轻、富有激情。
⑥ 设备　先进高效率的生产线，现代化高精度的生产设备、检验设备。
⑦ 物料　优秀的供应商团队，一流的供应链，高质量、低价格物料的稳定供应。
⑧ 方法　先进的管理方法、管理体系，畅通的信息（比其他对手更能优先获得信息）。

⑨ 测量　先进的测量仪器，科学的测量方法，完整的品质控制体系。

⑩ 销售　强大的销售网络，优秀的销售团队，丰富的销售经验和技巧，灵活的市场变化应对能力，优秀的品牌形象、品牌价值及市场认可度，良好的客户关系，忠诚的消费者。

⑪ 服务　完善的售后服务体系，优质的服务，满意的客户群。

(2) 机会与威胁分析 (OT)　环境机会就是对公司行为富有吸引力的领域，在这一领域中，该公司将拥有竞争优势。环境机会是影响公司战略的重大因素，公司经营者应当确认并充分把握每一个机会，评价每一个机会给企业带来的成长和利润空间。

环境威胁指的是环境中一种不利的发展趋势所形成的挑战，如果不采取果断的战略行为，这种不利趋势将导致公司的竞争地位受到削弱。对企业目前或未来造成威胁的因素，企业经营者应逐一识别，并予以规避或采取相应的对策，降低企业经营的风险。从政策、经济、社会环境、技术、竞争对手等几个方面，分析企业的外部机会与威胁。

① 政策和法律　政府稳定性、劳动法、贸易法、税收政策等、经济刺激方案、行业性法规等。

② 经济　经济周期、GNP（国民生产总值）趋势、利率/汇率、货币供给、通货膨胀、失业率、可支配收入、经济环境、成本。

③ 社会环境　市场需求增长、生活方式的变化、教育水平、消费方式/水平、区域特性、竞争对手陷入困境。

④ 技术　重大技术突破、技术壁垒、新技术的发明和进展、技术传播的速度、代替技术的出现。

⑤ 竞争对手　竞争对手的数量、规模、技术实力、管理水平等。

从整体上看，SWOT可以分为两部分：第一部分为SW，主要用来分析内部条件；第二部分为OT，主要用来分析外部条件。利用这种方法可以从中找出对自己有利的、值得发扬的因素，以及对自己不利的、要避开的东西，发现存在的问题，找出解决办法，并明确以后的发展方向。根据这个分析，可以将问题按轻重缓急分类，明确哪些是急需解决的问题，哪些是可以稍微拖后一点儿的事情，哪些属于战略目标上的障碍，哪些属于战术上的问题，并将这些研究对象列举出来，依照矩阵形式排列，然后用系统分析的方法，把各种因素相互匹配起来加以分析，从中得出一系列相应的结论，而结论通常带有一定的决策性，有利于领导者和管理者做出较正确的决策和规划。

2. 构造 SWOT 矩阵

① 将分析出来的内容按轻重缓急及影响程度做出优先排序，那些对公司发展有直接的、重要的、大量的、迫切的、久远的影响因素优先排列出来，而将那些间接的、次要的、少许的、不急的、短暂的影响因素排列在后面。排序的方法是先把分析得出的内部的优势和劣势、外部的机会和威胁填到SWOT分析表（表2-4）的相应单元，按优先顺序评价标准计分，算出总分，排出顺序。

② 把识别出的所有优势分成两组，分的时候应以下面的原则为基础：看看它们是与行业中潜在的机会有关，还是与潜在的威胁有关。用同样的方法把所有劣势分成两组。一组与机会有关，另一组与威胁有关。如有的内容同属两组，则同时列入。

③ 建构一个表格（表2-5），横坐标是内部的优势和劣势，纵坐标是外部的机会和威胁。

④ 把公司的优势和劣势与机会或威胁配对，分别放在每个格子中。

⑤ 形成 SO、WO、ST、WT 战略。

表 2-4　SWOT 分析表

区分	内容	优先顺序					区分	内容	优先顺序				
		重要度	紧急度	影响度	总分数	排序			重要度	紧急度	影响度	总分数	排序
S							W						
O							T						

注：1. 重要度：非常重要，5分；很重要，4分；重要，3分；不重要，2分；很不重要，1。
2. 紧急度：非常紧急，5分；很紧急，4分；紧急，3分；不紧急，2分；很不紧急，1。
3. 影响度：影响非常大，5分；影响很大，4分；影响大，3分；影响不大，2分；影响很小，1。
4. 根据3项的评价合计分数总和作出优先排序。

表 2-5　SWOT 矩阵表

外部环境	内部条件	
	优势(S)	劣势(W)
机会(O)	与企业外部机会有关的优势 与企业内部优势有关的机会 企业的 SO 战略：依靠内部优势，抓住外部机会	与企业外部机会有关的劣势 与企业内部劣势有关的机会 企业的 WO 战略：利用外部机会，克服内部劣势
威胁(T)	与企业外部威胁有关的优势 与企业内部优势有关的威胁 企业的 ST 战略：利用内部优势，抵制外部威胁	与企业外部威胁有关的劣势 与企业内部劣势有关的威胁 企业的 WT 战略：减少内部劣势，回避外部威胁

3. 形成 SWOT 分析报告

SWOT 分析法不是仅仅列出四项清单，而且要通过评价企业的优势、劣势、机会、威胁，对 SO、WO、ST、WT 进行选择，并得出结论，即在企业现有的内部条件和外部环境下，选择最合适的策略，最终形成分析报告。SWOT 分析报告结构如下：

（1）标题
（2）正文
① 前言，主要是背景介绍或者说明分析目的。
② 介绍企业自身的发展状况。
③ 明确企业内外部环境的变化及发展。
④ 运用 SWOT 分析法进行分析。
（3）结论　确定企业的发展战略和营销策略。

三、SWOT 分析的注意事项

SWOT 分析范围很广，如果缺乏事实和数据，分析就会变得很笼统，制定的战略就会缺乏依据，成为没有价值的战略方案，它带有时代的局限性：

① 进行 SWOT 分析的时候，必须对公司的优势与劣势有客观的认识。

② 进行 SWOT 分析的时候，必须区分公司的现状与前景。
③ 进行 SWOT 分析的时候，必须考虑全面。
④ 进行 SWOT 分析的时候，必须与竞争对手进行比较，比如优于或是劣于你的竞争对手。
⑤ 保持 SWOT 分析法的简洁化，避免复杂化与过度分析。
⑥ SWOT 分析法因人而异。

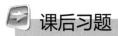

课后习题

一、单项选择

1. 宏观环境和微观环境的关系是（　　）。
   A. 宏观环境受制于微观环境　　B. 微观环境受制于宏观环境
   C. 二者是并列关系　　D. 二者没有关系
2. 不属于宏观环境的因素是（　　）。
   A. 人口环境　　B. 经济环境　　C. 竞争　　D. 技术环境
3. 影响消费需求变化的最活跃的因素是（　　）。
   A. 个人可支配收入　　B. 可任意支配收入
   C. 个人收入　　D. 人均国内生产总值
4. 恩格尔定律表明：家庭收入越少，在（　　）上的支出占收入的比重就越大。
   A. 食品　　B. 衣服　　C. 住房　　D. 旅行
5. 企业营销活动中与企业营销活动发生关系的各种群体的总称是指（　　）。
   A. 团体　　B. 组织　　C. 顾客　　D. 公众
6. 企业把同一行业中以相似的价格向相同的顾客提供类似产品或服务的其他企业称为（　　）。
   A. 品牌竞争者　　B. 同类竞争者　　C. 需要竞争者　　D. 消费竞争者

二、多项选择

1. 根据人口的不同特征，可划分为三大类人口构成，即（　　）。
   A. 自然构成　　B. 性别构成　　C. 地域构成　　D. 社会构成
2. 文化环境所蕴含的因素主要有（　　）。
   A. 教育水平　　B. 风俗习惯　　C. 宗教信仰　　D. 审美观念
3. 企业的营销环境中，属于经济环境的有（　　）。
   A. 经济发展阶段　　B. 地区与行业的经济发展
   C. 购买力水平　　D. 环境保护法律
4. 科学技术的迅速发展和应用对营销组合策略的产品策略的影响表现在（　　）等方面。
   A. 新产品开发的时间在缩短　　B. 产品价格升高
   C. 产品更新换代加快　　D. 生命周期缩短
5. 自然资源的分类有（　　）。
   A. 可再生资源　　B. 可利用资源　　C. 可更新资源　　D. 不可再生资源

三、简答题

1. 什么是医药市场营销环境？

2. 医药市场营销环境有哪些特点？
3. 分析医药市场营销环境的意义是什么。
4. 什么是SWOT分析法？

案例分析

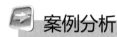

"两票制"对医药公司的影响

2017年1月9日，国家卫生健康委员会印发《关于在公立医疗机构药品采购中推行"两票制"的实施意见（试行）》，宣告全国"两票制"的开始。

截至2018年1月，全国31个省份均发布了药品"两票制"的实施方案，超过一半的省份已开始执行。经过一年的时间，"两票制"实施后影响最大的医药流通领域正在发生变化。这是一场围绕价格展开的价值链重组，也是一场借着政策改革的利益大博弈。"两票制"将促使药品的流通扁平化，药品的流通路径及中间价格将变得透明可追溯。国家的目标是将目前流通环节的13,000多家企业减少至3,000家左右，国药控股、华润医药、上药控股作为行业全国性三大商业集团公司，以及如浙江英特、南京医药等区域性商业公司成为这场政策改革的最大受益者，整个流通行业将会高度集中，这也会带来潜在的垄断风险。

1. 政策规定

"两票制"是指药品生产企业到流通企业开一次发票，流通企业到医疗机构开一次发票。药品生产企业或科工贸一体化的集团型企业设立的仅销售本企业（集团）药品的全资或控股商业公司（全国仅限1家商业公司）、境外药品国内总代理（全国仅限1家国内总代理）可视同生产企业。药品流通集团型企业内部向全资（控股）子公司或全资（控股）子公司之间调拨药品可不视为一票，但最多允许开一次发票。

2. 政策目的

"两票制"的实施能有效减少药品流通环节，提高流通效率，降低药品虚高价格；加强药品监管，实现质量、价格可追溯；减少药品流通环节，净化流通环境，打击非法挂靠、商业贿赂、偷逃税款等行为；并且促使相关企业转型升级，做大做强，提高行业集中度，促进产业发展。

3. 对药品经销价值链的影响

（1）战略风险　市场格局被打破，需重新布局："两票制"实施前，商业公司格局相对稳定，经销商分级存在。"两票制"实施后，原有市场格局被打破，大批小规模流通企业被淘汰，行业集中度将大幅提升。分销变直销带来的变化："两票制"下原来占30%的调拨业务直线下降，对大型商业公司来说，需重新调整商业战略，加大不受"两票制"影响的零售药房、民营医院等批发业务，消化负增长带来的影响。

（2）运营风险　业务管理复杂性增加："两票制"形成药品分销新格局，商业公司需直接与终端沟通，增加了商业公司运营层面的协调与沟通复杂度。并购大量小型经销商带来的管理风险："两票制"实施后，为覆盖更多的终端，商业集团公司并购了大量地方性中小型经销商，目前以规模较小的经销商为主，并购整合存在一定的风险，整合后内部运营管理复杂度增加。直销模式带来的风险："两票制"下直销业务占比提升，对库存管理带来退货及滞销风险。

（3）财务风险　上下游付款模式的差异使资金风险加大；上游由原来的"授信模式"变

为"款到发货模式",而终端(医院)较长的回款周期,资金垫付压力增大。财务核算难度增加:"两票制"后,商业公司积极拓展新型服务,在传统的贸易收入基础上,新增服务收入模块,加大成本核算复杂性,财务核算难度增加。

(4) 合规风险　资金压力下的保证金模式:大型商业公司为避免资金压力,采用原有的代理商合作模式,通过代理商提供的保证金向医药公司全额付款,存在合规风险。并购大量小型商业公司带来的合规隐患:"两票制"下,商业公司并购大量小型商业公司实现市场扩张,在尽职调查及并购方案中无法彻底剥离被并购方的不合规行为,带来合规隐患。上游的合规风险转移:"两票制"下代理商模式取消,上游医药企业要求商业公司承担终端的营销推广服务。商业公司仅可开展学术推广服务,其不可与药品销售挂钩。

4. 大型商业公司应对"两票制"策略

① "两票制"下,基层布局成为商业公司新一轮掠夺重点。

② "两票制"冲击下,商业公司从原来的"经销型"向"服务型"转型。

③ 提前布局零售药品市场,同时医疗器械成为商业公司新的增长引擎。

④ 顺应"两票制"推行,大型商业公司加快对各省份流通市场的整合,选择省份内实力最强的公司作为省级平台,将各地市公司通过股权重组形式整合至省级平台,通过集中管理,有效提高运营效率,降低风险。

问题思考:

1. "两票制"下,医药流通领域发生了哪些变化?

2. "两票制"给医药流通企业带来了哪些影响?

3. 结合案例,谈一谈你对营销环境的认知。

第三章 药品市场营销渠道

> **导入案例**
>
> 中国医药营销的变迁
>
> 20世纪80年代,医药企业把药品生产出来,供应给药品经销商,最后收款,称为简单的卖药阶段。
>
> 20世纪90年代,大多数医药企业都进入了依靠营销技术的销售阶段,他们从实践中摸索出一些窍门,总结出许多医药营销技巧。比如,广告技巧、医院推广技巧、OTC促销技巧、价格管理技巧、产品包装技巧等,往往是最先发现和使用这种技巧的企业能够获得巨大成功,但随后因缺乏新的技巧而停滞不前。另一些模仿其他企业营销技巧的企业有的小有成绩,而有的一败涂地。例如,三株发明了农村宣传技巧而获得辉煌业绩,后来的飞龙在第二次创业中模仿这种技巧开发农村市场时却以失败告终,但是红桃K、汇仁肾宝在模仿中有创新,取得较好业绩。
>
> 21世纪,能取得大成就的医药企业必须进行艺术的药品销售,艺术与技术的不同是技术源于经验、可以复制,而艺术需要思维、难以复制,它是建立在技术基础上的飞跃。艺术的药品销售注重药品销售的技巧,但不会盲目模仿,而是创新发明,为己所用。到目前为止,进入艺术的药品销售阶段的企业和产品并不多见,如脑白金、曲美、排毒养颜胶囊、太太口服液、柔依、黄金搭档、血尔、成长快乐等产品勉强可被认为在进行艺术的药品销售。
>
> 艺术的药品销售阶段是依靠营销技术进行药品销售阶段的质的飞跃,它要求企业必须走出依靠经验销售药品的阶段,这对于医药企业和药品销售人员提出了更高的要求。
>
> 思考:我国医药企业在不同发展阶段各持什么观念?目前,营销理念在不断更新,请分析脑白金和曲美各持哪些新的营销理念。

第一节 市场营销概述

一、市场营销的含义

1. 市场营销概念

人们对市场营销的理解经历了产生、发展、成熟的过程。20世纪初,美国哈佛大学教授赫杰特编写了最早的一本市场营销学的教科书,这一教科书的出版一般作为市场营销学诞生的标志。美国市场营销协会于 1960 年对市场营销下定义:"引导货物和劳务从生产流转到消费者或用户所进行的一切企业活动"。

美国西北大学菲利普·科特勒教授对市场营销的定义是:"市场营销是指个人或集体通过创造、提供、出售,同别人交换物品和价值,以获得其所需之物的一种社会和管理过程"。我们可将其解释为市场营销是社会组织在动态环境中为满足交换关系而进行的商品、服务和思想的创造、定价、分销及推广的过程。

2. 市场营销的本质

市场营销是指规划和实施理念、商品和劳务设计、定价、促销、分销,为满足消费者需要和组织目标而创造交换机会的过程。这是一个包括分析、计划、执行和控制的过程,涵盖了理念、商品和劳务,以交换为基础,目标是满足各方需要,由此可见市场营销的实质是满足消费者需求。

企业开展市场营销活动,既要满足不同消费者对产品差异化和多元化的需求,同时也要满足企业及其员工对盈利的需求。企业在开展市场营销的过程中,一般要设定一个在目标市场上预期实现的交易水平目标,尽管实际需求水平可能低于、等于或高于这个预期的需求水平。市场营销就是要应对这些不同的需求情况。

在市场营销实践中,企业不仅应该适应需求,而且可以创造出需求,即改变人们的价值观念和生活方式。价值观念和生活方式是人们在特定的环境中逐渐形成的,是由特定的文化造就和决定的,在市场上表现为特定的需求。企业的产品投消费者所好,仅是适应需求;若改变消费者所好,则是创造需求。如瑞士雀巢公司经过漫长的努力,使原本崇尚茶文化的一些国家的青年一代以喝咖啡为时尚。这种文化的互相渗透,是现代企业创造需求的过程。

> **名人名言**
> 我们的目标是以新产品领导消费大众,而不是问他们需要什么,要创造需要。
> ——盛田昭夫

二、市场营销的发展

在经历了生产观念、产品观念、推销观念、市场营销观念和社会市场营销观念之后,随着市场经济的发展,许多新的观念构成了现代市场营销的新特色。

1. 公益事业营销

公益事业营销即以关心人的生存发展、社会进步为出发点,与公益组织合作,充分利用其权威性、公益性资源,搭建一个能让消费者认同的营销平台,促进市场销售的营销模式。这是一种非常有效的营销模式。它抛弃了单一的商业利润视角,接受了社会公益与商业利益并重、利他与利己融合的分析维度,力求在提升企业市场竞争力、赢取商业利润的同时,促进社会福利的增长。在公益事业营销下,医药企业不再以传统的"施舍者"的身份自居,而是在平等与对话的前提下同外部的公共机构及非营利组织开展合作,双方优势互补,使企业、非营利组织及社会公众三方同时获益。

在医药行业中,企业进行公益事业营销的方式主要有企业赞助、实物捐赠、志愿服务等。

(1) 企业赞助 由企业提供经费赞助某项活动。医药企业通常会选择与自身相吻合的社会公益事业,且主要针对企业的微观环境——客户、员工、公众、供应商等实施,以提升其品牌形象。如香港联邦制药、德国巴斯夫公司等许多制药企业都在中国各地的医药类院校设立奖学金,奖励学业出众的学生,支持中国医药教育事业的发展。

(2) 实物捐赠 由医药企业将产品或服务捐赠给非营利组织,既可以满足消费需求,又可以进行企业的正面宣传。2008年5月12日的四川汶川大地震后,哈药集团、扬子江药业、辉瑞制药等许多制药企业都在第一时间捐赠了药品及款项,体现了企业的社会责任感,媒体的报道也为提高企业的美誉度和亲和力提供了一次难得的宣传机会。

(3) 志愿服务 主要是医药企业将员工组织起来,为所在地的社区提供服务。如医药企业在敬老院、大型社区等地开展科普知识讲座、义诊活动;组织员工参加环保、戒烟、打假、关爱西部等社会公益活动等。广东陈李济制药设立了中药博物馆,展示国药精粹,免费接待学生、市民以及相关团体进行参观,取得了非常不错的社会效益。

2. 关系营销

关系营销是为了建立、发展、保持长期的、成功的交易关系进行的所有市场营销活动。关系营销观念的产生是市场竞争激化的结果。认为市场营销不仅是卖方向买方提供商品或服务以换取货币,还要注意到买方(顾客)的满意度直接影响到重复购买,关系到卖方(企业)的长远利益。

关系营销要求重视与企业有关的供货方、购买方、相关组织,建立良好、稳定的伙伴关系,以追求各方面利益最大化。

3. 绿色营销

当今社会环境污染加剧、生态失衡,严重威胁人类生存和社会发展。随着各国消费者环保意识的日益增强,全世界掀起了一股绿色浪潮,绿色营销观念应运而生。

绿色营销强调消费者需求、企业利益、环保三者有机统一,要求企业在市场营销过程中充分考虑资源的节约利用、循环利用和环境保护,实现资源的可持续应用与生态环境的保护。开发绿色产品、发展绿色产业是企业在绿色营销观念下从事市场营销活动成功的关键。

4. 文化营销

企业市场营销活动过程中,文化始终渗透其中。商品蕴含着文化:商品不仅仅有使用价值,还包含了审美、知识、社会等文化内容。经营凝聚着文化:市场营销活动中,人的价值、管理哲学、创新精神,都是企业发展的重要组成部分。

所以,文化营销代表的是企业成员观念意识高度一致,企业市场营销活动形成了特定的文化氛围(即企业文化)的一种营销观念。

美国IBM公司有"尊重个人,顾客至上,追求卓越"三位一体的价值观;日本松下公司推崇"造物之前先造人"的理念;瑞士劳力士手表以"仁心待人,严格待事"为座右铭等,充分说明企业文化是企业凝聚力的精神支柱,是企业在市场竞争中赢得优势的源泉。

5. 整体营销

整体营销的核心是企业从长远利益出发,把其内外环境中重要相关者,如供应商、分销商、顾客、员工等微观环境,政府、传媒、同盟者、竞争者、一般大众等宏观环境,在企业市场营销活动中考虑进去。

例如,员工是企业形象的代表者和客户服务的提供者。员工对企业的满意度,直接影响到其工作积极性，影响到客户对服务的满意度，进而影响到企业利益。为此，员工应成为企业营销活动的一个重要内容，称为"内部营销"。它一方面要求通过培训提高员工的服务水平、与顾客交流的技巧；另一方面，要求企业强化与员工的沟通，理解并满足他们的需求，激励他们发挥最大潜能。

6. 社会营销

社会营销是一种运用商业营销手段达到社会公益目的或者运用社会公益价值推广商业服务的解决方案。社会事件或公益主题一向是最吸引媒体和民众关注的目标，同时由于它具有广泛的社会性，很多企业把商业运营模式放到公共领域，以此来开展营销活动，从而获得良好的效果。

社会营销要求以较广泛的社会观念来确定企业的使命，而非以狭隘的产品观念来定义。在社会营销中，不仅要把企业看成是一个经济组织，更要把企业看成是一个社会组织。它关心整个社会的长远利益而非仅仅是消费者或企业利益，注重与社会各方面（如政府、媒体、竞争者等）建立互助互信的关系而非仅仅着眼于竞争和利润。社会营销坚持"适度营销"乃至"低营销"的原则，要求适当缩减在促销、广告上的努力，通过改进产品质量、降低社会消费的社会总成本、提供消费者便利等途径，创造更多的真正的顾客价值，并建立长期的顾客忠诚。如医药企业在各种公共媒体上做社会公益广告、定期组织环保宣传活动等就是企业在实施社会营销。

7. 使命感营销

使命感营销即企业在确定其营销使命时，应从大范围的社会角度而不是小范围的产品角度入手。社会性的营销使命使员工拥有良好的感觉和更明确的努力方向，并通过市场营销活动来传播一种积极向上的理念。例如，美国强生公司的营销使命是："为使用我们产品的医生、护士、患者、母亲等提供最优质的产品。在保证销售商获得合理利润的同时，使我们的全部资产保持在完好状态，同时保护生态环境和自然资源，对整个社会负责。"显然，该公司的营销使命对消费者和整个社会的长远利益给予了更大的关注。医药行业要造就大品牌，就必须让这个品牌保持有使命感和社会责任。而在医药企业长期从事营销活动的同时，特别要注重对社会的贡献，这样"有使命感的营销"自然是说服和影响消费者的一个好方法。

8. 消费者导向营销

消费者导向的企业营销战略创新主要是相对于竞争导向和成本导向的企业营销战略而言的。它是指企业在制定营销战略及其实施活动中，由对于竞争对手或投入成本的关注转向对于消费者的关注为主的一种营销战略和实施模式。它把对于消费者需求的细分和购买行为模式的解读作为最基本的战略支撑，并将这种战略支撑贯穿于企业营销战略制定和模式创新之中。消费者导向营销是医药企业营销伦理下的一种创新方向和趋势，只不过消费者导向表现的竞争是更为隐性的竞争，这种隐性竞争的主要方向是"为了更有效地讨好消费者"；同时，这种竞争是"鸭子划水"式的竞争，表面上看不见，实际上大家都铆足了劲，因此又是不为公众所知的竞争。

例如医药企业在进行药品包装设计的时候，注重考虑消费者年龄的不同，对于幼儿，要注意在包装上加上"请将药品放置在远离儿童的地方"等警示语，并且在包装上加上防止儿童自己开启的装置。又比如针对老年人用的药品，要注意药品包装、说明书等的字体、字号不宜过小，方便老年人阅读。通过包装这一小小的产品策略，体现出医药企业以人为本的营销策略。

拓展知识

4Ps、4Cs、10Ps、11Ps

传统的"4Ps"即产品（product）、定价（price）、渠道（place）和促销（promotion）为中心的营销组合模式已经不能适应现代医药行业的发展，以消费者需求为中心的"4Cs"营销模式成为企业经营者们的新宠。"4Cs"营销模式指的是对于"产品"，要求关注消费者（consumer），即企业应提供能满足客户需求和欲望的产品；相对于"价格"，要求关注客户为满足需求的支付成本（cost）；相对于"渠道"，则要求企业考虑到客户购买的便利性（convenience）；相对于"促销"，要求企业注重和客户之间有效的沟通（communication）。从"4Ps"到"4Cs"的转变，即是由产品为中心向以品牌为中心的营销转变，由零散战术向系统战略的营销转变。

20世纪20年代，菲利普·科特勒认为企业还必须积极地适应环境，协调地使用权力与公共关系等手段，所以又相继提出了"10Ps""11Ps"理论，在原有"4Ps"基础上再增加定位（positioning）、细分（partitioning）、探查（probing）、优先（prioritizing）、权力（power）和公共关系（public relations），由于这10个"P"的基本环节是"人"（people），所以就有了第11个"P"。

第二节　药品市场营销

一、药品市场营销的含义

药品市场营销是一门应用性技能，是以市场营销基本理论为指导，以医药生产经营企业及相关从业人员为行为主体，针对医药市场及医药相关产品如处方药、非处方药、保健品、医疗消耗品、原料药等的市场开发、市场销售、经营与管理等活动的实践性技术。

具体来讲，药品市场营销就是研究药品市场营销活动中的医药市场药品产品、药品价格、分销渠道、促销手段、销售管理等内容，使其促进医药商品经济发展，满足消费者防病、治病、医疗保健等多方面的需要。

众所周知，药品是特殊商品，是全世界公认的管理最严格的商品之一。药品经营者必须依法经营，确保消费者用药的合理、安全。药品市场营销活动在很大程度上受到国家政策的制约，而不只是受消费者需求变化的影响。从医药行业的市场整体环境来看，伴随着国家药品降价方案的出台，医药企业的利润空间逐步缩小，招标采购制度促使药价继续下调，社会医疗保险制度的实行、国家基本药物制度的实施、医药流通领域的对外开放等政策出台，使得医药市场营销竞争异常激烈、尖锐。

非处方药的市场特性接近于其他零售市场的消费品；但对于处方药而言，其市场规律很大程度上不同于其他任何产业。处方药的销售主要以医生为目标对象，医生在处方药的选择和决策中起重要作用，而这正是药品市场营销的重要特征。

二、药品市场营销的发展

1. 古代药品市场营销

先秦时期出现原始文字广告"望子"。药店门前挂上书有"药"字的旗子作为药品推销的手段之一,门口挂个葫芦固然可以吸引眼球,但尚不能打动买家,特别是在药店非此一家的情况下,所以有的卖家便想到利用文字进行药品宣传推销,于是出现了推销药品的"文字广告"。

原始文字广告,是在药店前挂一面旗帜,上书一个大大的"药"字。相应的,酒店就写个"酒"字,卖刀的就写个"刀"字。这种"广告旗",让人大老远就能望见,古人形象地称之为"望子":一望就知道这家店是做什么生意的,是不是自己要去的地方。

"望子"这种广告形式,据说在先秦时已出现,到后来商家更精明了,直接把药效、产地、来源和制作手法等,全用文字写出来。如乾隆四年(公元1739年)开办的天津东门里润善堂,在药包上附盖着一张约4寸见方、木版印制的说明书。有的还把药店地址也印上,方便患者再来买。由于"望子"上的字不能写多,后来有的药店直接将文字写在木板一类的东西上,放于显眼的地方,于是出现了"招牌广告"。这种广告有横额、竖牌和挂板等不同形式。根据招牌的形式选择,所挂位置也不一样,或门上或店前或墙上。招牌上所写最经典的两句话,一是"祖传秘方",一是"药到病除",以此广告语强调药品的独家、权威和疗效。

> **知识拓展**
>
> **"悬壶济世"**
>
> 古代"医药不分"的现象很普遍,医生既看病又卖药。即使是专门的药店,一般也会配有医生,当场看病,对病抓药。由于古代医生的执业收入主要靠卖药,医生其实也是药品推销员。《后汉书·费长房传》中有这样的记载:"市中有老翁卖药,悬一壶于肆头,及市罢,辄跳入壶中。"费长房是懂医术的术士,他曾当过市场管理员(市掾),这里记载的便是费长房在街头所见,一卖药老先生在街市上悬挂一壶,休市后跑到壶里面休息。此后,在门口挂个壶或葫芦推销药品流行起来,而且成为古代药店、诊堂的标志,行医也因此被叫作"悬壶济世"。
>
> 为何药店门前挂壶或葫芦,而非其他物品?因为在古代,特别是早期,壶是装中药的,葫芦是装丹散、丸药的,葫芦便相当于现代的药瓶,门前挂之很直观。实际上,药店除了挂葫芦,有的直接挂块大膏药模型,还有的挂鱼形幌子。前者直接说明这里是卖药的,后者则表示卖药不分昼夜,24小时为患者服务。

2. 现代药品推销的发展

医药销售有着自身的特点,也有着销售共同的本质。都是将自己的产品销售出去,实现盈利。随着中国医药销售多年的发展,销售手段也根据企业特点形成不同风格的营销模式,但这个行业受到医疗领域的政策法规和企业自身规范的极大影响,销售行为也发生着演变。

(1)医药代表时代 在19世纪中叶,工业革命的蓬勃发展使制药产业也得到了迅速的发展,药品的市场由供不应求逐渐向供大于求方向发展,因此药品市场的竞争开始激烈起来。由于药品不同于其他的消费品,它是一种特殊的商品,必须有其适应证及禁忌证。所以临床医生非常迫切需要不断更新药品的知识。在这种市场的背景下，就需要有人能够把药品的信息正确地传达给大家。因此，医药企业销售员，也称为医药代表的这种职业应运而生。在欧美医药市场，医药代表的职业已经很成熟了，广为医生与药剂师所接受。

医药代表的产生已近一百多年的历史，在欧美这些国家也经历了很多市场发展中必然经历的阶段，比如不正当竞争、贿赂等。随着市场的不断规范，在这些国家中逐渐建立了很多法律法规来规范医药市场。同时对于药品的市场推广，在无数个制药企业的荣辱兴衰中，许多药厂在市场定位及营销模式等方面积累了丰富的经验。

中国的医药代表制度由外资药企引入中国，1918 年礼来制药公司在上海开设了其海外的第一个办事处时，医药代表就已经出现在上海、北京这样的城市了。图 3-1 就是当时礼来制药上海办事处第一批医药代表的合影。

图 3-1 礼来制药上海办事处第一批医药代表的合影

20 世纪 80 年代末 90 年代初，因为长期的封闭使得中国的医疗系统、医疗水平与国际水平还是有很大差距，对国际主流医学的发展了解也不多。外企的医药代表进入中国市场，首先充当了中国医疗系统培训和知识更新的桥梁。他们去医院主要是传递产品的核心信息，改变医生的处方习惯，收集医生对自己所负责品种的信息反馈及病例。除此之外，还会跟医生沟通这个疾病领域的最新进展和研究，支持组织各种专业领域的学术会议。因此，当时医药代表到医院，是很受欢迎的。

(2) **学术推广时代** 自 2000 年开始，外企的学术推广竞争进入白热化。学术推广是专业的功课。外资企业很多产品都有大量的医学材料支持，以及前期的临床试验提供的证据，所需要做的是对证据进行解读与分析，然后传递给临床医生，为临床医生的合理处方提供证据支持。事实上，学术营销并不是一蹴而就的，也不是所有的学术营销都一定要有高大上的医学证据。对于眼下缺乏必要的医学资料的情况下，同样可以进行学术营销。好的学术营销要基于现状，以医学为核心，收集与整理大量与产品相关的医学资源，然后制订全面的学术营销的策略与计划。在学术服务过程，一般需要针对产品的文献资料进行收集、整理，进一步深度剖析与挖掘，发现产品的特色与亮点，然后再通过相关临床研究证实。通过专业的学术服务与数字化传递，可以让医生被动接受转变为主动接受，对产品的认知由利益驱动转向学术驱动，最终成为产品的忠实拥护者。

案例分析

珍宝岛药业的学术营销

注射用血塞通产品高端市场竞争激烈、产品差异化，学术观点的支撑和宣传是加大医院开发率、提高医生和患者认可度的重要保证，但注射用三七制剂虽临床应用多年，却尚无学术领导者，无系统论证医学学术理论体系。为此，珍宝岛打造了一套"专业化立体学术推广"模式，从而推动处方药产品品牌销量的快速提升。

实施：①在血塞通产品学术研究中挖掘出新的宣传点和理论，确定新的学术观点，形成专家共识，占领学术制高点。同时，加大高低端专业学术媒体宣传，与市场活动相结合，解决高端医院的专家、教授、医生，乃至乡镇的普通村医对珍宝岛注射用血塞通学术品牌的认知认可，增强产品综合竞争能力。②通过在《中华老年心脑血管病杂志》《中华内科杂志》《中西医结合心脑血管病杂志》上持续发布主导产品形象宣传平面广告，合作开展有奖征文活动，收集产品学术论文，为各级学术会议、活动提供高端学术支持，打造重点产品高端学术品牌形象。③以参加、承办国际级、国家级、省级专业学术会议并召开卫星会、邀请专家进行学术宣传讲解形式，不断完善企业专家资源库。通过专业学术会议扩大企业、产品的学术影响力。④针对贸易公司VIP客户、重点医院院长或学科带头人全年开展珍宝岛文化之旅35场，接待VIP专家现场指导和学术研讨近1000人。针对二级以上医院科室专家、医生召开区域学术会议、科室会、院内会。同时各级学术会议与高端学术宣传策略相结合，做好宣传推广的承接、落实工作，大力开展"核心基药产品"基层医疗机构科学使用学术会和大型"临床安全使用"公益培训，借助基层专业媒体宣传与会议联动实现推广落地。

结果：通过学术营销，使重点省份重点目标医院开发率达80%，单医院产出均提升20%以上。基层医疗机构对珍宝岛和注射用血塞通知晓率、认可率大幅提升，开发和销量均翻番。

分析：珍宝岛药业采用学术营销模式为什么能取得成功？通过哪些具体的方式？

（3）**互联网时代** 近年来，中国网民规模不断扩大，据中国互联网络信息中心发布的第44次《中国互联网络发展状况统计报告》显示，截至2019年6月，中国网民规模已经达到8.54亿，互联网普及率达到61.2%。在网民规模迅速扩大的背景下，互联网技术应用亦得以迅速发展，其所衍生的经济模式更是成为中国拉动消费需求的重要力量。数据显示，互联网经济在我国GDP中的占比持续攀升，2014年就达到了7%。然而在药品零售行业中，对于互联网的态度始终存在争议。有人认为，互联网应用是未来所有零售行业的主流发展业态，随着政策的不断开放，医药电商将壮大成为行业的主流渠道。也有人认为，以医药电商为代表的"互联网+医药"目前尚未成熟，且医药行业有其特殊的政策壁垒和属性，过分使用互联网将打破甚至破坏行业原有的商业模式与平衡，影响药品流通行业长远持续发展。

虽然在过去数年中，医药经营企业对互联网应用始终抱有怀疑，但面对消费者需求的持续升级与购物观念的理性回归，无论是线上连锁还是线上医药电商，其实已经在借助互联网技术探索新的运营模式。面对行业互联网数据化的走向，医药行业的新零售发展道路：在理念上，行业需树立"药品流通是特殊领域""互联网技术应用是长远发展方向""智能系统势必代替人工操作"这三大概念,明确医药新零售未来发展的边界与方向,在政策与法律允许的条件下进行有效尝试。

第三节 药品分销渠道

案例分析

北京同仁堂为自己开出了渠道整合的药方

北京同仁堂是中药行业著名的老字号,创建于清康熙八年(1669年),其产品以"配方独特、选料上乘、工艺精湛、疗效显著"享誉海内外。目前,同仁堂已经形成了在集团整体框架下发展现代制药业、零售商业和医疗服务三大板块,其中零售门店800余家,海外合资公司(门店)28家,遍布15个国家和地区。

北京同仁堂已有43个品种进入基本药物目录。国内外中药材市场需求量很大,公司的生产和销售已不能满足市场需求,计划在未来5年,增加1万名一线生产和销售人员。

北京同仁堂表示,未来5年,北京同仁堂将强化自己的销售终端,以中心城市为主,逐渐覆盖周边城市,并大力发展二、三线城市和海外市场。集团还将利用医改的机会进入医疗市场和社区市场,建立医院和社区医疗中心的院中店,并继续扩大原有的OTC市场份额。

除院中店外,未来北京同仁堂的销售终端还有另外两种主要模式,分别是综合店和设在大型商店、超市的店中店。该公司的店中店目前已近1000家,未来5年有望实现翻番。店中店的特点是由公司直营,取消了所有中间环节。

同仁堂股份的销售主要通过经销商进行,公司直接管理一级经销商,由一级经销商负责下游的分销。目前同仁堂股份在全国有100多家一级经销商。

思考:北京同仁堂分销渠道是如何设计的?这样的分销渠道如何管理?

一、药品分销渠道的含义

分销渠道是指产品从生产者向消费者转移过程中一切取得其所有权或帮助转移其所有权的所有企业和个人,主要包括中间商(批发商、零售商和代理商)以及处于渠道起点和终点的生产者与消费者。简而言之,分销渠道是指产品在其所有权转移过程中从生产领域进入消费领域的过程。

药品分销渠道是指药品从生产者向消费者转移过程中一切取得其所有权或帮助转移其所有权的所有企业和个人,主要包括中间商,如医药批发企业、医药零售企业、医疗机构等,以及处于渠道起点的药品生产企业和其终点的药品消费者(即患者)。

目前我国药品购买者大部分的消费份额是在医院,医院渠道占整体医药市场近80%,其余大部分从药店渠道流通,只有少量的"药准字"产品生产企业直接面向购买者销售,保健产品生产企业采用直接面向购买者的销售模式的更多一些。

二、药品分销渠道的类型

1. 根据医药产品分销渠道的长度分类

按照所包含的医药产品购销环节中层级的多少,医药分销渠道分为零级、一级、二级和三级渠道。

(1) 零级渠道　也称直接渠道,指在没有医药中间商参与的情况下,医药生产企业直接将医药产品销售给消费者的渠道类型。OTC药品营销过程中经常采用这种渠道模式。医药电子商务的广泛开展,促进了零级渠道的发展。

(2) 一级渠道　指医药企业和消费者之间经过一级终端渠道,将医药产品销售给消费者。一级终端渠道一般由医疗机构药房或是社会药房构成。

(3) 二级渠道　指医药企业和消费者之间经过二级渠道,实现医药产品从医药企业到消费者的转换。

(4) 三级渠道　指医药企业和消费者之间经过三级渠道,实现医药产品从医药企业到消费者的转换。

2. 根据医药产品分销渠道的宽度分类

若医药企业在同一分销层选择较多的同类中间商(批发商)经销其产品,则这种分销渠道称为宽渠道;如果医药企业在同一层次只选择一家或少数几家中间商经销其产品,则这种医药分销渠道为窄渠道。分销渠道的宽窄是相对而言的。受医药产品市场特征和医药企业分销战略等因素的影响,分销渠道的宽度结构大致有下列三种类型。

(1) 密集型分销渠道　是医药生产企业在各个层级尽可能多地选择医药批发商、零售商经销其产品所形成的渠道。密集型分销渠道通常能扩大医药产品市场覆盖面,促使医药产品快速进入新市场,以便消费者随时随地购买这些产品。OTC药品多采用密集型分销渠道。

(2) 选择型分销渠道　是医药生产企业在同一层级选择少数几家同类医药中间商经营其产品形成的渠道。选择型分销渠道通常由实力较强的医药中间商组成,能较有效地维护医药企业的品牌信誉,建立稳定的市场和竞争优势。这类渠道多为中小医药企业的分销渠道。

(3) 独家分销渠道　是医药生产企业在同一层级仅选择一家医药批发商经销其产品所形成的渠道,独家销售有利于控制医药市场。

3. 根据医药产品分销渠道的系统结构分类

按医药分销渠道成员相互联系的紧密程度可以将分销渠道分为传统渠道系统和整合渠道系统两大类。

(1) 传统渠道系统　指系统中各渠道成员彼此独立,没有一个成员能完全或基本控制其他成员,系统结构比较松散。

(2) 整合渠道系统　指在渠道系统中,渠道成员通过不同程度的一体化整合形成的分销渠道。整合渠道系统主要包括垂直渠道系统、水平渠道系统、多渠道系统和网络营销系统。

① 垂直渠道系统　由医药产品生产者和批发商纵向整合组成的同一系统。在垂直渠道系统中,被称为渠道领头人的渠道成员或者拥有其他成员的主权,或者是在特许经营中处于特许者的地位,或者是对其他成员有很强的影响力。渠道领头人可以是医药生产企业,也可以是医药批发商。由于处于强势地位的渠道成员可以控制渠道行为,减少独立的渠道成员为了实现各自的目标而导致的冲突。

② 水平渠道系统　是由两家或两家以上没有隶属关系的公司横向联合,将资源、项目

整合起来，共同拓展医药市场的分销渠道系统。这些公司或因资本、营销资源不足无力单独开发市场，或因恐惧承担风险，或因与其他公司联合可实现最佳协同效应，因而组成联合的渠道系统。这种联合可以是暂时的，也可以组成一家新公司，使之永久化。

③ 多渠道系统　是对同一或不同的医药市场细分，用多条渠道的营销体系。多渠道营销系统大致有两种形式。一种是医药生产企业通过两条以上的竞争性分销渠道销售同一品牌医药产品。另一种是医药生产企业通过多条分销渠道销售不同品牌的差异性产品。

④ 网络营销系统　这是一种新兴的销售渠道系统，也是对传统商业销售运作的一次革命。生产或经营企业通过互联网发布商品及服务信息，接受消费者和用户的网上订单，然后由自己的配送中心或直接由制造商邮寄或送货上门。有两种模式：一种是企业之间的交易，称为 B2B 方式，它是将买方、卖方及中介机构如银行之间的信息交换和交易行为集合到一起的电子运作方式；另一种是企业与消费者之间的交易，称为 B2C 方式，消费者利用电子钱包可以在瞬间完成购物活动，足不出户就能买到世界上任何地方的药品。

三、药品分销渠道的设计和选择

1. 药品分销渠道设计影响因素

(1) 医药产品特性的影响　医药产品是特殊商品，具有专业性、健康关联性、高质量性、双向沟通性的特点，对医药产品分销渠道产生重要影响。

① 专业性

a. 医药产品是预防、治疗人类疾病的物质，旨在维护人们的健康，其专业性极强，消费者一般需专业人员的指导方能正确使用。

b. 如果使用不当不仅不能促进人们的健康，甚至还会造成伤害，如果医药产品分销渠道成员组织中没有受过良好医药专业教育的专业技术人员，就难以承担分销的责任。

c. 医药产品的高度专业性对分销渠道成员的销售和服务提出了较高的要求。

② 健康关联性

a. 医药产品与普通商品的根本区别是它与人们的健康直接关联，产品是否被合理使用，直接对人们的健康产生重大影响。

b. 消费者缺乏医药知识，在购买医药产品时很难做出正确的决策，如果不正确购买和使用将给消费者的健康带来巨大的风险。

c. 医药企业在分销渠道成员的选择时，应该充分了解其专业技术能力和分销实力。

③ 高质量性

a. 由于医药产品与人们的生命和健康有关，这就对药品质量提出了较高的要求，要保证医药产品的有效和安全，宜采用短渠道进行分销。

b. 在我国，由于多种原因造成医药产品分销渠道层级过多，渠道较长，在渠道成员选择上应该尽量选择实力较强的医药经营企业。

④ 双向沟通性

a. 医药产品分销过程是医药服务具体化的过程，医药产品信息与其分销密不可分。

b. 医药产品从生产企业到消费者这一过程含有复杂的信息，医药企业要将产品信息传递给消费者，而消费者也要将医药产品的疗效反馈给生产企业，使得他们不断根据消费者的要求对医药产品和制造技术进行更新、改进。只有通过渠道成员间快速的信息交流，才能及时有效促进生产者与消费者的沟通。

(2) 产品组合的影响 医药产品组合就是由医药企业所有的产品线和四个变化的因素（宽度、长度、深度和相关度）所构成的不同产品组合。宽度是指产品线的多少，长度是指产品品种的数目，深度是指产品线中每一产品有多少细分品种，相关度是指各产品线在生产条件、最终用途、分销渠道以及其他方面的关联程度。

医药企业产品组合四个因素对医药产品分销渠道有着显著影响，如果医药生产企业的产品组合方式是多系列型，产品品种就比较多，需广泛接触用户，其医药产品分销渠道适宜采用短渠道与宽渠道相结合的分销网络。如果医药产品生产企业的产品组合方式是产品系列专业型，只生产某一类产品，并且产品品种较多，产品组合比较深，其分销渠道宜采用宽渠道网络。如果医药企业产品组合方式是市场专业型，是向某个专业市场（某类消费者）提供所需要的产品，那么其分销渠道宜采用窄渠道网络。

此外，不同种类的医药产品有不同的分销渠道。例如，疫苗产品的分销必须通过疾病预防控制体系来完成。而特殊管理药品的分销渠道则受到政府严格的管制，有资格分销的渠道很少，且多处于渠道垄断地位，医药企业分销渠道自主选择性较差。

(3) 产品生命周期的影响 医药产品生命周期一般包括导入阶段、成长阶段、成熟阶段和衰退阶段。在导入阶段，医药产品刚刚进入市场，市场对产品了解较少，需要迅速拓展市场，分销渠道宜采用宽渠道进行选择性分销，也可以选择有新产品销售经验的分销渠道进行分销。在成长阶段，医药产品的销售量上升，利润上升很快，竞争对手急剧增加，因此，应当扩大市场份额，采用宽渠道，进行密集广泛分销。在成熟阶段，同类产品不断进入市场，竞争更加激烈，市场基本饱和，应当继续拓宽渠道，采用宽渠道和密集型渠道，进行更密集广泛的分销。在衰退阶段，医药产品销售量下降，价格下降，利润降低，应当再次进行选择性分销，减少渠道数量，取消微利渠道和亏损渠道，采用低成本渠道或者将产品卖断给其他公司分销。

(4) 医药生产企业自身实力的影响 如果医药企业实力比较雄厚，管理能力比较强，那么它对渠道的控制能力就比较强，宜采用宽渠道、长渠道。如果医药企业实力比较弱，管理能力比较差，那么它对渠道的控制能力就比较差，易采用窄渠道、短渠道。医药企业的实力还体现在企业和产品的信誉和品牌上，如果药品生产企业产品信誉和品牌优势明显，宜采用宽、多渠道，进行密集型销售；如果产品信誉和品牌一般，可以采用直销或者选择性分销渠道进行分销。具有良好品牌效应的企业，其分销渠道成员的选择也会偏重于与之匹配的分销商和零售终端。

(5) 医药生产企业自身发展战略的影响 企业的声誉、规模、管理能力、资金实力及战略等也影响分销渠道的选择和设计。对于声誉较好、管理能力及资金实力都比较强的大企业，在选择分销渠道时会以短渠道或直接渠道为主；而对于知名度较低、资金有限的中小企业，宜选择以长渠道或间接渠道为主的方法，主要依赖于分销渠道的力量来分销产品。

(6) 医药产品分销商的影响 医药产品分销商对于医药产品分销渠道至关重要，它直接影响医药产品分销渠道长度。可以从医药产品分销商选择的自由度、医药产品分销商的规模、医药产品分销商的分销成本、医药产品分销商对用户的服务质量四个方面来分析分销商对于渠道选择的重要性。

① 医药产品分销商选择的自由度　分销商选择自由度指在选定的市场区域内可供选择的分销商数量的多少。如果不能找到合适的医药产品分销商，那么企业只能自己建立分销机构，采用直接渠道。如果能够找到合适的医药产品分销商，则由医药产品分销商的层次来决

定渠道的长度。

② 医药产品分销商的规模　规模大的医药产品分销商，购货比较多，宜采用直接渠道，直接送货。规模小的医药产品分销商，由于购货比较少，如果采用直接渠道，直接送货，利润很小，甚至会小于运输成本，造成亏损，宜采用间接渠道。

③ 医药产品分销商的分销成本　如果医药产品分销商的分销成本比较高，采用长渠道会出现微利或者亏损的状况，宜采用短渠道。如果医药产品分销商的分销成本比较低，在保证利润的情况下，可以采用长渠道。

④ 医药产品分销商对用户的服务质量　医药企业对终端销售难以控制，对用户的服务难以保证，宜采用短渠道。如果医药产品分销商对用户服务质量高，可以采用长渠道。

案例分析

渠道设计常见误区

一、做生不如做熟

A 企业是一个中型制药企业，少数几个产品达到千万元销售的级别，同时该企业还开发了不少新产品。A 企业多年在医药市场摸爬滚打，和不少地区的医药商业公司有着多年合作关系，无论开发何种新产品，首先选择的都是原来合作过的经销商，按理说经销商应该重视 A 企业的所有产品，但结果往往是老产品能够维持规模，新产品始终无法上量。

【诊断】每一个渠道成员对与之合作的每一个产品和每一个企业都有相应的定位，由于经销商特定的运营模式只适合做某类和某些类产品，以及经销商对于企业提供的产品侧重点不同，经销商赋予每个产品的资源不同，导致产品发展的均衡度存在极大差异。

二、渠道太扁平

B 企业凭着大无畏的精神强力开拓市场，新产品从无到有，通过与上千家经销商合作，产品销量终于过了千万元级别，却始终无法逾越亿元大关。

【诊断】首先，渠道设计过于扁平化，过多的经销商均摊了产品的市场份额，产品无法得到经销商更多的重视，同时也无法整合经销商更多的资源（资金、人力、配送、宣传等）。其次，渠道成员之间存在不少相同的覆盖网络，势必导致成员间为争夺下游客户发生各种渠道问题，如窜货。最后，企业管理成本也居高不下，如物流、渠道客户管理、商务人力成本等。

三、铺货无处不在

C 企业惊叹于一些产品成功的铺货率，如金嗓子喉片不仅在药店铺货，在一些卖香烟的杂货店都能看到。然而，自己产品铺货的实施情况却无法与预期达成一致，和高端产品无差别铺货后，产品表面销售额短期提升了，随之而来的却是大量应收账款、呆死账或退货。

【诊断】不少企业为了快速增加销售额，受制于渠道扁平化理论的限制，在渠道环节上并未拉长，而终端网点纯销量的提升又依赖于品牌传播和终端网点促销的力度，因此，在短期而言，更多的是关注铺货率的提升，即尽量扩大铺货终端网点的数量，短期提升产品销售额。终端网点受制于商圈属性，有效消费人群并非从一而终，而不同消费人群的药品需求又截然不同，有些终端即使进货，但滞销后即打击了渠道成员对产品的信心，同时为企业营销工作带来极大的管理成本，最终影响了产品的品牌力。

2. 医药分销渠道设计的具体步骤

（1）确定医药分销商的选择标准 医药分销商的选择标准应满足以下几点要求：第一，分销网络覆盖面，能够使本医药产品在某地区覆盖一定的市场；第二，良好的资信情况，包括回款情况及经销盈利能力，良好的盈利能力能保证双方长期合作；第三，分销商应该具有良好的顾客满意度和美誉度，以及较高工作、服务质量水平；第四，分销商应该对企业产品较认同，分销商对产品的认同度高低决定着对所要分销医药产品的信心、努力程度，尤其是分销商的经营决策者和重要执行者的认同非常重要。

（2）确定中间商的层次与幅度 在确定了基本分销渠道以后，还需要确定中间商的层次与幅度，如采用长渠道还是短渠道，密集型渠道还是选择型渠道，独家渠道还是多种渠道并存。

（3）确定渠道成员的权利与义务 要确定渠道成员的权利与义务，其主要内容是价格策略销售条件、经销区域及其他事项等。

（4）对渠道方案的选择与评估 对于不同的方案要按照一定的评估标准进行评估，如适应性和可控性等，对这些选项赋予一定分值及权重，最后计算分值，再综合各种因素后，选出比较满意的分销渠道方案。

（5）制订实施计划方案 将渠道战略设计具体化，确定任务的轻重缓急和时机，进一步明确工作量和时限，并考虑由谁来执行、如何执行、如何配置资源等。

拓展知识

营销渠道设计的限制因素及案例分析

营销活动的核心是使产品或服务被使用或消费，从而为组织带来经济利益，而营销渠道正是促使产品或服务顺利地被使用或消费的一整套相互依存的组织。因此营销渠道决策是组织面临的最重要的决策，其所选择的渠道将直接影响所有其他营销决策。一个成功的科学的营销渠道能够更快、更有效地推动商品广泛地进入目标市场，为生产商及中间商带来极大的现实及长远收益。

因此，营销渠道的设计应充分考虑各种限制性因素，制订出适合组织产品或服务特性的营销渠道，促使组织营销目标的实现。

1. 营销渠道设计的限制因素
① 考虑产品或服务的不同特性，如产品概念、定价、目标人群、使用方法等。
② 考虑现有渠道的特性，如进入成本、发展性、商业信誉、专业性等。
③ 考虑销售地区的经济环境，如人均收入、景气指数等。
④ 考虑组织的营销规划，如销售预算。

2. 渠道设计案例
以新近上市的海南伊人生物技术有限公司生产的"伊人净"在上海地区的销售渠

道为例,结合上述因素分析如下。

(1)"伊人净"的产品特性和顾客需要分析 "伊人净"是泡沫型妇科护理产品,剂型新颖,使用方便,但与传统的洗液类护理产品不同,首次使用需要适当指导,因此以柜台销售为好;且产品诉求为解决女性妇科问题,渠道应尽量考虑其专业性,如药店和医院。

(2)上海地区健康相关产品的中间商类型分析 药品、食品、保健品和消毒制品统称为健康相关产品,目前主要的销售渠道为药店、商场、超市(含大卖场)和便利店,其中药店多为柜台销售且营业员有一定的医学知识,资信好,进入成本低,分布面广;商场、超市和大卖场近几年来蓬勃发展,在零售中处于主导地位,销量大,但进入成本高,结款困难且多为自选式销售,无法与消费者进行良好的沟通;便利店因营业面积小而以成熟产品为主。

(3)未来两年渠道变化趋势分析 目前各大上市公司和外资对中国医药零售业垂涎欲滴,医药零售企业也在不断地变革,加之医保改革使大量的药店成为医保药房,药店在健康相关产品的零售地位将会不断提高,其进入门槛也会越来越高,比起日渐成熟的超市大卖场而言发展潜力巨大。

(4)伊人公司的营销目标 随着上海经济的快速发展,收入的不断提高,人们的观念也在不断更新,对新产品更易于接受。伊人公司希望产品能够快速进入市场,成为女性日用生活的必需品,像感冒药一样随处可购买,从而改变中国女性传统的清水清洗和洗液清洗的习惯,最终,像卫生巾取代卫生纸一样成为女性妇科护理市场的主导产品。

(5)"伊人净"上海地区的渠道设计方案 根据以上分析,伊人公司在上海建立了如下的渠道策略分步完善渠道结构,优先发展传统国营医药渠道,在有限的广告中指定仅在药店销售,保证经销商的合理利润。在产品成熟后发展常规渠道。渠道结构如下:

第一年度:公司→区级医药公司→药店和医院(连锁药店)→消费者。

第二年度以后:公司→区级医药公司→药店和医院(商场、超市和连锁便利店)→消费者。

案例评价:伊人公司的渠道结构体现了健康相关产品应有的专业特性,有效克服了产品进入市场时在使用指导上的困难,同时又以较低的代价达到了广泛的铺货。因第一年度的渠道选择上的指定性(仅在药店销售),使得现有渠道对公司产品有良好的印象,从而有利于后继产品的快速上市。医药在价格上的稳定性,也使公司在产品价格上易于控制,保证其他区域的招商顺利进行。

四、药品分销渠道的管理

1. 分销渠道成员选择

在医药市场中,一个优良的医药商业客户的标准是具备必需的药品经营资格和条件,具有良好的商业信誉,能够快速准确地将药品推向目标市场,并能通过与生产者合作进行市场推广活动,迅速抢占相关市场以提高该药品的市场占有率。可见,医药企业选择合适的合作伙伴的重要性是不言而喻的。因此，选择渠道成员的标准应包括：商业信誉、经营特征、业务状况及交易情况等。

(1) 商业信誉　指能够反映商业信誉的信息资料。

① 医药企业的基本信息，主要包括医药企业的名称、地址、电话、隶属关系、经营管理人员、法人代表及单位等级、经营医药产品所必需的"一证一照"。企业主要负责人的基本信息：法人的姓名、职务、业务专长等。"一证一照"指的是《药品经营许可证》或《医疗器械经营许可证》，企业法人《营业执照》。

② 业务情况：是否代理过形象出众的药品；其他商务代表对该公司的评价；在当地的势力和地位；当地其他商业客户对它的看法等。

(2) 经营特征　经营特征反映各个中间商的服务区域、销售网络、销售能力、发展潜力、经营理念、经营方向、企业规模、经营体制、权力分配等经营销售方面的能力。

(3) 业务状况　业务状况体现各中间商之间以往的经营业绩、同类产品的销售情况、本企业产品所占比例、管理者及业务人员的素质、与其他竞争者的关系、与本公司的业务关系及合作态度等。

(4) 交易情况　各中间商的交易情况主要包括客户的销售活动现状、存在问题、保持和扩大产品市场占有率的可能性及优劣势、未来的变化及对策、企业形象、声誉、信用状况、交易条件等。其中特别需要着重考察的是其信用（资信）状况，该商业客户的销售回款额、在外应收款数量、回款期限、会计师事务所审计报告、银行信誉等级等。

2. 分销渠道成员激励

激励渠道成员是渠道管理中最基本的内容，它是指生产企业在中间商选定之后，为促进渠道成员实现渠道目标，使之不断提高业务经营水平而采取的一切措施或活动。

(1) 直接激励

① 协助市场开发　通常非处方药品需要做大众促销工作，对于处方药品，生产企业通常需派专业营销人员进行目标医疗机构的销售推广。

② 价格与折扣激励　合适的药品价格不仅有助于市场销售，而且会使中间商获得相应的利润。因而在制定价格时应充分考虑企业成本与消费者的承受能力，同时根据实际销售业绩，给予中间商合理的价格折扣（通常有累计折扣和数量折扣两种）。价格与折扣激励是鼓励中间商积极销售本企业药品的有效手段。

③ 奖惩激励　鼓励中间商多销货、早回款，即在一定时期内，中间商的药品销售累积到一定数量，或是经销商实现当月回款时，给予它们一定数量的返利。相反，当中间商没有达到合同约定的销售量或不按期回款时，则给予一定的惩罚。

④ 广告激励　对于非处方药品可通过生产者负担广告费用，或者与中间商合作广告等形式，扩大企业和品牌的知名度，以促进市场销售。对于处方药品生产企业则应在能力范围内负责医院推广工作，或者由中间商负责医院的推广工作而生产企业承担相应的费用，以促进临床使用量的提高。

(2) 间接激励

① 信息支持　药品生产企业可提供技术指导、宣传资料、举办药品展示会、指导商品陈列、帮助零售商培训销售人员或邀请中间商派人员参加生产企业的业务培训等，以支持中

间商开展业务活动，提高专业水平，改善经营管理，促进药品销售。

② 健全内部管理　生产企业需建立规范的客户管理制度，对原本分散的客户资源进行科学的动态化的管理，协助营销人员及时了解中间商的实际需要，通过良好的沟通建立相互信任、相互理解的业务伙伴关系。

③ 建立企业战略联盟　这是指生产企业和渠道成员为了完成同一目标而结合起来的营销统一体，如双方协商制定销售目标、存货水平、广告促销计划等。目的是生产企业以管理权分享来促进经销商经营效率的提高，并期待建立长期稳定的合作关系。

3. "窜货"及管理

"窜货"是分销渠道中的医药企业销售机构分销渠道成员在利益驱动下，以低于医药企业约定的价格在授权范围之外的区域进行销售的行为。"窜货"扰乱了医药产品的价格体系，降低部分渠道成员的销售利润，易引起产品窜入区域分销渠道成员的不满，对其销售的积极性造成极大的伤害。"窜货"是一种市场投机行为，会引起医药企业分销渠道的动荡，影响销售目标的实现。要解决好"窜货"问题，首先要了解"窜货"的原因及表现形式，在此基础上寻找"窜货"问题的解决方案。

(1) "窜货"的形成原因

① 医药企业价格管理体系不完善　许多医药企业在确定渠道成员折扣率时，不同区域甚至同一区域不同规模的分销渠道成员所享受的折扣率都不一样，价格差使"窜货"变得有利可图。

② 医药企业对渠道成员销售目标设置不合理　为了达到销量目标，医药企业往往给分销渠道成员规定相应的销售目标，为完成年销售目标。销售较差的区域分销商就有将其产品发往销售好的区域的冲动，这样一来不仅可以完成销售任务，还可以降低推广费用和存货风险。

③ 销售利润的驱动　一些分销渠道成员受利润驱动，不惜降低出货价，销到异地，还有的分销渠道成员利用畅销产品异地降价销售增大销量来实现总利润的最大化。还有部分分销渠道成员由于受到竞争产品的强烈冲击，准备放弃原产品的销售，为将损失最小化，以低价方式在异地进行销售。

(2) "窜货"的管理与控制

① 全面掌握产品流向　医药企业要有专人对产品的流向进行管理，掌握各分销渠道成员的销售情况和产品流向。弄清产品因季节、促销等因素引起销量变化的情况，对分销商销售量的突然变化进行调查，以防止"窜货"现象的发生。

② 完善医药产品价格体系　医药企业应建立完善的价格体系，尽可能保持全国市场的出厂价和零售价的统一，确保各级渠道成员遵守企业的规定，控制每一层级的利润空间，对重点市场采取有力的扶持措施，而不是进行价格折让。在产品价格需要调整时，应做好调价前的保密工作和调价后的解释说服工作，杜绝调价前囤货。

③ 合理划分市场区域　医药企业可按商圈划分市场区域，避免商圈和行政区的重叠造成的"窜货"现象。医药企业还可以按照分销商长期经营中形成的网络覆盖实力范围划分，对于跨区跨省的给予承认，这样可以加大分销商的"窜货"难度，以杜绝"窜货"现象的发生。

④ 对"窜货"行为进行处罚　医药企业可以与分销商签订预防"窜货"的协议，收取

一定的市场保证金，如果发现分销商有"窜货"情况，可以没收保证金，同时终止分销合作。

⑤ 制订完善的激励制度　医药企业应制订完善的绩效评估和酬赏制度，综合考虑各方面的因素，建立包括市场增长率、回款时间、新产品推介成果等多个指标的考核体系。在客观评估市场的情况下，确定各分销商的营销目标，防止经销商片面追求销量而"窜货"。

⑥ 改进"窜货"监控手段　医药企业可以采用激光喷码或者流水工号控制，在销售药品的过程中采用不同地区不同的外包装，以便及时发现"窜货"行为，并对"窜货"者予以处罚。例如，昆明金殿制药有限公司的熊胆炎必克胶囊就采取在外包装上注明"专供某某地区"的字样来防范"窜货"的发生。

课后习题

一、单项选择

1. 包装上加上"请将药品放置在远离儿童的地方"等警示语属于（　　）。
   A. 公益事业营销　　B. 关系营销　　C. 绿色营销　　D. 消费者导向营销

2. OTC 药品多采用（　　）。
   A. 密集型分销渠道　　　　　　　　B. 选择性分销渠道
   C. 独家分销渠道　　　　　　　　　D. 三级分销渠道

3. 在导入阶段，医药产品刚刚进入市场，市场对产品了解较少，需要迅速拓展市场，分销渠道宜采用（　　）。
   A. 窄渠道独家分销　　　　　　　　B. 选择性分销，减少渠道数量
   C. 采用宽渠道，进行密集广泛分销　D. 宽渠道进行选择性分销

二、多项选择

1. 以下（　　）属于现代市场营销的新特色。
   A. 公益事业营销　　B. 关系营销　　C. 绿色营销　　D. 文化营销

2. "4Cs"营销模式指的是（　　）。
   A. 消费者（consumer）　　　　　　B. 支付成本（cost）
   C. 便利性（convenience）　　　　　D. 沟通（communication）

3. "窜货"形成的原因是（　　）。
   A. 医药企业价格管理体系不完善　　B. 医药企业对渠道成员销售目标设置不合理
   C. 销售利润的驱动　　　　　　　　D. 分销渠道设计不合理

4. 受医药产品市场特征和医药企业分销战略等因素的影响，分销渠道的宽度结构大致有下列三种类型（　　）。
   A. 密集型分销渠道　　　　　　　　B. 选择性分销渠道
   C. 独家分销渠道　　　　　　　　　D. 三级分销渠道

5. 医药分销商的选择标准包括（　　）。
   A. 分销网络覆盖面
   B. 良好的资信情况
   C. 分销商应该具有良好的顾客满意度和美誉度，以及较高工作、服务质量水平
   D. 分销商应该对企业产品较认同

6. 分销渠道成员激励中的直接激励包括（   ）。
A. 协助市场开发　　　　　　　　B. 价格与折扣激励
C. 奖惩激励　　　　　　　　　　D. 广告激励

三、简答题

1. 简要分析如何进行"窜货"的管理与控制。
2. 简要论述药品市场营销的发展。

案例分析

上海罗氏医药渠道整合

早在1996年的时候，我国医药流通渠道结构复杂，上海罗氏医药和许多合资公司一样，销售活动主要借助于一个庞大而复杂的中间商体系来完成。伴随着企业在中国市场的快速成长，许多弊端逐渐暴露出来。首先是分销渠道成员的管理难度非常大，主要表现在公司与代理商（分销商）目标难统一、"窜货"问题严重、回款困难等方面。与上海罗氏直接发生经销关系的中间商就有200余家，在这些中间商的下游，又有众多的二级、三级经销商，一方面向200多家直接客户的收款存在管理上的难度；另一方面，中间环节之间混乱的资金债务关系，使得回款更加困难，1996年按期回款率仅为30%，存在很大的财务风险。另外，销售和推广队伍涉足的广度和深度都不够，围绕"罗氏芬"的队伍仅覆盖14个大城市，90%的销售集中在广州、北京和上海，一方面深度不够，拜访医院只有300余家；另一方面，还有许多省会城市没有覆盖。

针对上述问题，上海罗氏对分销渠道进行了调整，制订了强硬的分销商管理制度。首先对现有的200家分销商进行细致的考察，淘汰了60多家经营不规范或不具实力的中间商，并补充了40多家新的分销商。随后，对这些分销商进行分级管理，筛选出15家关键客户作为直接销售对象（一级分销商），其余的分销商按区域分配给15家一级分销商，并要求上海罗氏的所有产品只能从这些分销商直接供应到医院，一旦发现"窜货"现象和流入其他医药分销商的情形，则直接取消当事人的经销资格。与一级经销商、二级经销商共同签署三方协议，明确各级的供货关系和指导价格及主要的商业政策。

分析：请结合本案例分析医药产品营销渠道调整的重要意义和措施。

实训演练

选择分销商及渠道成员绩效评估的方法

【实训目标】

掌握具体的选择方法，正确选择分销商，实现企业目标；正确评价渠道成员的业绩，及时发现问题，及时修正或改进，以保证渠道畅通和充满活力。

【实训内容】

甲药厂决定在某市采用精选的一级营销渠道模式（即药厂直接将药品销售给零售药店，再由零售药店销售给患者）。经考察后，初选出3家比较合适的候选单位。甲药厂希望零售药店有理想的地理位置，有一定的经营规模，前来光顾的顾客流量较大，在患者心中有较高的声望，与厂家关系融洽，主动进行信息沟通及货款结算，信誉好。各个候选单位在各方面都有一定的优势，但又各有不足。于是，甲药厂采用强制打分法对各个候选单位进行打分评价，结果如下：

评价项目	重要性系数（权数）	分销商1 打分	分销商1 加权分	分销商2 打分	分销商2 加权分	分销商3 打分	分销商3 加权分
地理位置	0.2	80	16	85	17	70	14
经营模式	0.15	85	12.75	70	10.5	80	12
顾客流量	0.15	90	13.5	90	13.5	85	12.75
市场声望	0.1	85	8.5	75	7.5	80	8
业务素质	0.05	75	3.75	90	4.5	80	4
合作精神	0.1	75	7.5	80	8	90	9
信息沟通	0.05	75	3.75	80	4	70	3.5
货款结算	0.2	60	12	65	13	75	15
总分	1	625	77.75	635	78	630	78.25

根据上表各栏分数，为药厂确定一家经销商。

注意：此法主要适用于在一个较小地区的市场上，为了建立精选的分销渠道网络而选择理想的零售药店或者选择独家经销商时使用。

【演练实施】

1. 从理论上掌握选择分销商的方法。
2. 将学生分成若干组，每组4人，1人代表甲药厂，另3人分别代表不同分销商。甲药厂的代表向3个分销商介绍本企业的情况，3个分销商分别向甲药厂介绍自己的情况。
3. 甲药厂经过综合考虑3个分销商的地理位置、经营规模、顾客流量、在患者心中的声望、业务人员的综合素质、合作精神、信息沟通及货款结算等，最后选择一家分销商为其销售。
4. 以小组为单位写出实训报告。

【考核评价】

考核项目	要求	分值	实际得分
药厂介绍情况	表述清晰、仪表端庄、仪态大方	10分	
药厂介绍情况	形式新颖,运用信息化技术手段	10分	
分销商介绍情况	口齿清晰,语言流利,表达准确,分析全面	30分	
分销商介绍情况	形式新颖、具有时代特色	10分	
形成报告	结构清晰,文本规范	40分	
合计		100分	

第二篇

药品市场营销技术基础训练

思政与职业素养

　　诚实、守信是药品营销人员的基本素质,药品营销人员要认真学习、领会《中华人民共和国消费者权益保护法》和《中华人民共和国广告法》等有关法规,并在日常工作中践行,在药品营销过程中做到不诱导、不夸大、不欺诈,倡导合理用药、安全用药。

第四章

医药市场调查与定位

> **导入案例**
>
> 品牌咽喉药营销特点和消费取向分析
>
> 咽喉药是继胃药、感冒药后普通百姓消费最多的药品种类之一。咽喉药市场大约有 20 亿元的市场容量，且以年均 10%～20% 的速度增长。在咽喉药市场上，广西金嗓子有限责任公司的金嗓子系列医药和保健产品以 6 亿元的年销售收入和 30% 的市场份额稳居市场龙头的位子。紧随其后的是西瓜霜含片及喷剂和江中草珊瑚含片，二者的市场份额分别为 13% 和 6%。其他产品如华素片、黄氏响声丸、健民咽喉片、咽利爽滴丸等产品的年销售收入不足 1 亿元，靠部分优势市场占得每年 4000 万～8000 万元的份额。虽然它们无法与前三强中的任何一个抗衡，但共同占据了过半的市场份额。近年来，部分制药企业纷纷推出咽喉药类产品，后起之秀多采用细分市场的方式进入市场。给人留下较深刻印象的是亿利甘草良咽，它通过翔实的市场调查，准确地切入到一个全新的烟民市场，针对"吸烟引起的喉部不适症状"，该产品曾一度进入同类产品的前五名，销售额超过一个亿；江中亮嗓也主打烟民市场，在某些地区取得了不俗的业绩；桂龙药业的慢咽舒宁则是从疗效方面切入，依靠大规模的广告投放不断提升其市场份额；华素片经过对产品内涵的进一步提炼和包装改进后，明确提出"可以消炎的口含片"，立即引起了消费者的共鸣，取得了不错的销售效果。
>
> 问题：请结合本案例理解医药市场调研分析的方法。

第一节　医药市场调查

一、医药市场调查的意义

1. 医药市场调查的含义

医药市场调查是根据市场预测、决策等的需要，运用科学的方法，有目的、有计划地搜集、整理、分析有关医药市场信息，为市场预测和企业决策提供依据的一系列活动过程。掌握及时、准确、可靠的药品市场信息是医药企业经营管理中的一项重要任务。

2. 医药市场调查的作用

（1）**了解医药市场的情况，更好地满足消费者需求**　通过对医药市场购买力、消费水平、消费结构、消费趋势等的调查，了解医药市场需求总量及需求结构；通过对医药产品生产、库存、进口等货源的调查，了解市场的供应情况。企业可以根据实际情况，经营适销对路的产品，更好地满足消费者需求。

(2) 有利于发现营销机会，开拓新的市场 通过市场调查可以使医药企业充分认识医药市场的特征，掌握医药市场的发展规律，发现消费者的潜在需求，从而根据企业本身的实力情况，选择新的市场机会。

(3) 有利于确定经营策略，改善经营管理水平 通过市场调查，可以了解当前营销策略及营销活动的得失，发现存在的问题，促使企业从经营的购、销、运、存各环节，经营的人、财、物、时间、信息等客观要素，经营管理的层次、部门等不同方面进行调整，改进工作。

二、医药市场调查的内容

1. 医药市场基本宏观环境调查

医药市场的基本宏观环境调查主要包括政治法律环境、经济环境、社会文化环境、科技环境以及地理气候环境等的调查。

2. 医药市场供需调查

医药市场供需调查主要包括了解整个药品市场货源情况，包括货源总量、构成、质量、价格和供应时间等一系列医药市场需求的调查。医药市场需求的调查是医药市场调查的核心内容，内容主要包括医药产品现实需求量和潜在需求量及其变化趋势、本行业或同类产品的销售量、本企业产品的销售量和市场占有率、消费需求结构、医药使用普及情况、消费者对特殊药品的意见等方面。

3. 顾客状况调查

顾客状况调查主要内容包括顾客构成和数量分布情况，消费心理、购买动机、购买行为调查，社会、经济、文化等对购买行为的影响，顾客的品牌偏好及对本企业产品的满意度等。

4. 竞争对手状况调查

竞争对手状况调查是对与本企业生产经营存在竞争关系的各类企业以及现有竞争程度、范围和方式等情况的调查。调查的内容主要包括竞争企业的数量、生产经营规模和资金状况，竞争企业产品市场占有率，竞争企业的产品品种、质量、价格、服务方式，竞争企业的营销组合策略，竞争企业的优势、劣势等。

5. 市场营销状况调查

(1) **产品调查** 调查内容包括产品设计调查，产品组合调查，产品生命周期的调查，产品质量的调查，老产品改进、新产品开发的调查，医药产品售后服务的调查等。

(2) **价格调查** 调查内容包括医药价格政策，定价是否合理，新药品的定价策略，消费者对价格的接受程度和消费者的价格心理状态，药品需求和供给的价格弹性及影响因素等。

(3) **销售渠道调查** 应包括现有销售渠道情况，本企业销售机构和网点分布的调查，医药商品库存情况，中间商合作者，冷链仓库和运输工具安排等。

(4) **促销调查** 调查的内容包括广告的调查，人员推销的调查，营业推广等促销措施及公关宣传措施对药品销售量的影响调查等。

三、医药市场调查的类型

1. 根据市场调查的目的不同划分

(1) 探索性调查 又称非正式调查或试探性调查，指调查者对需要调查的问题尚不清楚，无法确定应调查哪些内容时所采取的方法。一般处于整个调查的开始阶段，常用于调查方案设计之前的初步研究，为进一步的正式调查做好准备。例如，某医药企业近年来销售量持续下降，但公司不清楚是什么原因，是经济衰退的影响，广告支出的不足，销售代理效率低，还是消费者习惯的改变？要明确问题原因就可以采用探索性调查的方式，如可以从中间商或者用户那里收集资料找出最有可能的原因。这种调查一般不必制订严密的调查方案，往往采取简便的方法以尽快得出调查的初步结论即可。探索性调查一般以文案调查和专家咨询为主要调查方法，以定性研究为主。

(2) 描述性调查 是指对需要调查的客观现象的相关方面进行资料收集、整理和分析的正式调查。这主要是对所面临的不同因素、不同方面现状的调查研究，为进一步研究问题症结所在。通过调查，如实地记录并描述收集的资料，以说明"是什么""如何"等问题。例如，在销售研究中，收集不同时期销售量、广告支出、广告效果的事实资料，经统计说明广告支出什么时候增加几个百分点、销售量有了多少个百分点的变化等；又如收集某种产品的市场潜量、顾客态度和偏好等方面的数据资料。进行这类调查必须占有大量的信息情报，调查前需要有详细的计划和提纲，以保证资料的准确性。一般要实地进行调查，调查结果是结论性的、正式的。

(3) 因果性调查 是在描述性调查的基础上进一步分析问题发生的因果关系，并弄清楚原因和结果之间的数量关系。因果性调查是收集研究对象事物发展过程中的变化与影响因素的广泛性资料，分清原因与结果，解决"为什么"的问题。例如，销售研究中，收集不同时期说明销售水平的销售量、市场占有率、利润等变量资料，收集不同时期影响销售水平的产品价格与广告支出、消费者的收入与偏好等自变量资料，在这些资料的基础上找出主要的相互影响因素。

2. 根据被调查对象的范围大小划分

(1) 普查 也称全面调查，是对市场调查对象总体的全部单位无一遗漏地进行调查。如中药材资源普查，企业为了解新药投放市场的效果而进行的普查，库存药品的盘点调查等。

普查的优点是所获得的资料完整、全面、准确，但普查所耗费的人力、财力和时间较多。全面调查不是所有医药企业力所能及的事，一般不常使用；除非被研究总体中单位较少，项目比较简单。

(2) 重点调查 是一种非全面调查，指在调查对象总体中，选择部分重点样本进行的调查，这些重点样本在量的方面占优势。例如，疫情调查就是一种重点调查，为了有效地控制某种疫情，应对影响疫情的有关因素进行分析，同时对控制疫情的有关药物也进行调查，以指导该类药品在一定时间内的生产和销售，从而达到适量生产又能控制疫情的双重效果。

重点调查的特点是利用较少的费用、开支和时间，比全面调查更加及时地掌握基本情况,以利于调查人员抓住主要矛盾,采取措施。重点调查主要在紧急情况下使用。

(3) 典型调查 是一种非全面调查,指在对调查总体进行初步分析的基础上,从中有意识地选取具有代表性的典型单位进行深入调查,掌握有关资料,由此了解现象总体的一般情况。典型调查是有目的地选取有代表性的样本进行调查,侧重该样本的质的方面。

典型调查适用于调查总体庞大、复杂,调查人员对情况比较熟悉,能准确地选择有代表性的典型作为调查对象,而不需要抽样调查的市场调查。典型调查在药品市场调查中经常采用。

(4) 抽样调查 抽样调查指根据随机或非随机的原则,从调查对象总体中按规则抽取部分样本而进行的调查,用所得结果说明总体情况的调查方法。调查结果取决于样本的抽取,调查样本一般按照随机原则抽取,随机抽样的误差是可以计算的,误差范围是可以控制的。例如,某企业从外地购进某种药品,需要进行质量和等级检查,这种情况不必将药品全部打开进行全面验收,而可采用随机取样,从中抽取一部分进行检查,计算出等级品率以及抽样误差,从而推算出这种药品的质量和等级情况,并用概率表示推算的可靠程度。

采用抽样调查的方法,可以在较短的时间内,用较少的费用和人力,通过控制误差,获得比较准确的资料,这种方法既能排除人们的主观选择,又简便易行,是目前医药市场调查中采用的最基本方法。

四、医药市场调查的方法

在进行医药市场调查时,获取市场信息资料的途径主要有两种:一是收集医药市场第一手信息资料的实地调查,二是通过从各种文献资料中收集医药市场历史性信息资料的文案调查。

1. 收集一手资料

(1) 询问法 又称采访法、访谈法,是指以询问的方式向被调查者收集了解市场信息的一种调查方法。它是医药市场调查中收集第一手资料最常用、最基本的一种实地调查方法。按照与被调查者接触方式的不同,询问法有以下五种具体方法。

① 当面询问,是指调查者面对面地向被调查者询问有关问题,对被调查者的回答当场记录。调查者可根据事先拟定的询问表(问卷)或调查提纲提问,也可采用自由交谈的方式进行。

② 电话询问,是指调查人员根据抽样设计要求,通过电话询问调查对象。

③ 信函询问,是指调查者将设计好的询问表直接邮寄给被调查者,请对方填好后寄回。

④ 留置问卷,是介于邮寄调查和面谈之间的一种方法,它综合了邮寄调查由于匿名而保密性强和面谈调查回收率高的优点。具体做法是,由调查员按面谈的方式找到被调查者,说明调查目的和填写要求后,将问卷留置于被调查处,由被调查者自行填写,再由调查人员定期回收的一种方法。

⑤ 网上询问,网上调查有电子邮件调查和互联网页调查两种。

(2) 观察法 是指调查人员对某一具体事物进行直接观察,如实记录。可以是调查人员直接到调查现场进行观察,也可以是安装录音机、摄像机、照相机等进行录制和拍摄。观察性调查的具体方式主要有以下三种。

① 直接观察，是指调查人员亲自到现场进行观察。例如，调查人员亲自到大药房观察顾客走过货架或选购药品时，对不同品牌药品的兴趣和注意程度。

② 亲身经历法，调查人员亲自参加某种活动收集有关信息资料。如某医药企业需要了解中间商的服务和信誉情况，可派调查员到他们那里去买药，但注意身份不能暴露。

③ 行为记录，是指在调查现场安装一些仪器设备，调查人员对被调查者的行为和态度进行观察、记录和统计。如通过摄像机观察顾客购买产品的过程、选购产品的情况等，借以了解消费者对品牌的爱好与反应。这样能从侧面了解顾客的一些购买心理，对了解消费者的需求有一定的价值。

(3) 实验法 是指从影响调查问题的许多因素中选出一两个因素，将它们置于一定条件下进行小规模实验，并对实验结果进行分析的一种方法。此种方法应用范围很广，尤其是因果性调查常采用此种调查方法。实验法有以下两种具体方法。

① 实验室法，在实验室观察人们对不同广告的兴趣程度，以测定广告效果。

② 销售区域实验法，在某一销售区域实验，调整某一营销策略会带来什么结果。

实验法的优点是方法科学，可获得较正确的原始资料。缺点是不易选准社会经济因素相类似的实验市场，且干扰因素多，影响实验结果；实验时间较长，成本较高。

2. 收集二手资料

文案调查法 又称资料查阅寻找法，它是利用企业内部和外部现有的各种信息、情报，对调查内容进行分析研究的一种调查方法，是搜集二手资料的方法。

二手资料主要有两个来源：一是内部资料，二是外部资料。内部资料指企业营销系统中贮存的各种业务资料、财务资料、统计资料和积累的其他资料等。例如，企业历年销售额、利润状况，主要竞争对手的销售额、利润状况，有关市场的各种数据等。外部资料指公开发布的统计资料和有关市场动态、行情的信息资料。外部资料的来源有政府有关部门、市场研究机构、咨询机构、广告公司、期刊、文献、报纸、互联网等。

文案调查法的优点是不受时间限制、信息资料多；信息获得迅速，节省时间和费用；可为实地调查提供经验和背景资料。缺点是收集资料时效性较差，有一定局限性，加工、审核工作也比较困难。

案例分析

销售区域实验

某药厂欲对其某种OTC产品是否需要改良包装进行实验。采取的方法是第一、第二个星期把新包装的产品给甲、乙两药店销售，把原包装的产品给丙、丁两药店销售。第三、四个星期互相调换，甲、乙药店销售原包装产品，丙、丁药店销售新包装产品。销售一个月后，进行销售情况对比，实验结果显示新包装产品的销售量比老包装产品销售量增加许多，那么企业应该考虑换新包装，以扩大销售量。

分析：当药品在包装、价格、广告等方面进行改进后，需要了解对药品销售量会产生什么影响，都可以先在小规模的市场范围内进行实验，观察消费者的反应和市场变化的结果，然后考虑是否全面推行。

五、医药市场调查的步骤

医药市场调查的步骤如图 4-1 所示。

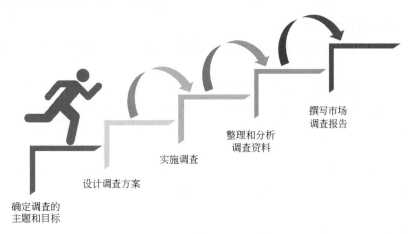

图 4-1　医药市场调查的步骤

1. 确定调查的主题和目标

市场调查的第一步是确定具体研究的问题，设计调查方案之前，必须围绕选定的课题进行一些探索性研究，通过初步探索，正确地确定市场调查的起点和重点，确定调查主题。初步探索是直接为设计调查方案做准备的，是药品市场调查准备阶段不可缺少的一步重要工作。通过确定调查目标，可以明确为什么要调查，调查什么问题，其具体要求是什么，搜集哪些资料等。只有明确目标才能确定调查对象、内容和采取的方式、方法，所以调查目标是整个调查中的首要问题。

2. 设计调查方案

医药市场调查方案也称为医药市场调查计划书，是根据医药市场调查研究的目的和调查对象的性质，在进行实际调查之前，对调查工作总任务的各个方面和各个阶段进行的通盘考虑和安排，以提出相应的调查实施方案，制定出合理的工作程序。

市场调查方案是整个医药市场调查工作的行动纲领，它起到保证市场调查工作顺利进行的重要作用。设计市场调查方案是医药市场调查活动的重要步骤，对调查起指导性作用。科学设计调查方案是保证市场调查取得成功的关键。医药市场调查方案，一般包括以下主要内容。

（1）确定调查目的　调查目的应该明确、具体。在确定要进行调查时，可以考虑以下问题："为什么要进行这项调查""想要知道什么""知道后有什么用"等。根据市场调查目标，在调查方案中列出本次市场调查的具体的要求。如通过调查了解药品市场基本环境，调查市场需求情况、竞争对手状况、顾客状况等。

（2）确定调查内容　调查哪些事项和搜集哪些方面的资料。调查内容还应根据调查目的细分为更具体的指标和项目，并针对所选择的调查方法设计出具体的调查问卷、观察表或调查大纲。

（3）确定调查对象和地区范围

① 调查对象是明确被调查个体的特性和调查的总体范围，解决向谁调查和由谁来具体提供资料的问题。在以消费者为调查对象时，要注意到有时某一产品的购买者和使用者不一致，如对婴儿药品的调查，其调查对象应是孩子的母亲。

② 调查地区范围应与企业产品销售范围相一致，如调查范围定为销售范围中的某一个或两个城市。由于调查样本数量有限，可在城市中划定若干个小范围调查区域，将总样本按比例分配到各个区域实施调查。

(4) 确定调查的方式和方法

① 调查方式是指市场调查的组织形式，通常有普查、重点调查、典型调查、抽样调查等。

② 调查方法是指搜集资料的方法，如询问法、观察法、实验法、文案法等。当需要二手资料时，可以采用文案调查法；当需要第一手资料时，应采用实地调查法。

用什么方式方法进行调查，主要应从调查的具体条件出发，以有利于搜集到需要的信息资料为原则。在方案中还可以进一步明确资料整理和分析的方法。

(5) 确定调查经费预算 经费预算是调查活动的资金安排，按可能发生的项目分别列表估算，主要考虑以下几个方面：问卷设计费、资料整理费、培训费、调查费用、出差补助、交通费、其他费用等。

(6) 确定人员和安排工作进度 将调查工作明细化，根据调查任务和工作量，进行调查人员合理安排和分工，明确各调查人员的工作职责。确定调查人员主要是确定参加市场调查的人员及其条件，调查人员应具备一定的文化知识水平，认真务实的工作态度，问题处理和应变的能力。组织调查人员进行相应的培训，使他们了解调查工作的基本情况，提高调查技能和水平。

3. 实施调查

一份科学完备的调查方案是进行市场调查的前提，而调查能否成功，关键是调查方案的实施，也就是调查人员进行搜集整理资料的过程。要对调查人员进行严格的选拔和培训，当在现场实地调查中，遇到问题时，能正确处理。

① 入户访问被调查者不在，要注意事先约好时间。

② 被调查者不予合作，拒绝回答问题。要说明调查意图，打消被调查者疑虑，取得其信任。

③ 被调查者随便回答，造成误差。要善于启发，辨别真伪，进行核实。

④ 由于调查人员的年龄、性别、态度或语气的原因，使调查结果产生偏差。要提高调查人员的素质，合理组织，加强相互配合与复核检查，以保证调查材料的真实可靠。

4. 整理和分析调查资料

主要任务是对市场调查收集到的资料进行鉴别与整理，制定统计表和统计图，并对整理后的市场资料做统计分析和开展研究。

医药市场信息资料大多是零散的、不系统的，不能反映所研究内容的本质和规律性，通过调查资料的整理和分析，达到去粗取精、去伪存真的目的，提高资料的准确性、针对性和适用性。

(1) 调查问卷回收登记 设计问卷登记表，表格上的项目一般包括调查员的姓名、调查地区、调查时间、交表日期、实发问卷数、上交问卷数、合格问卷数、未答或拒答问卷数、丢失问卷数、其他问卷数等，然后，对问卷进行统一编号或标注。

(2) 调查问卷审核 问卷审核的内容主要有准确性审核、一致性审核、完整性审核、及时性审核等。出现以下情况审核不能通过：一是不完全的问卷，即有相当多的内容没有填写的问卷；二是缺损的问卷，即有数页丢失或无法辨认的问卷；三是不属于调查对象的人填写的问卷，如在一项药品市场调查中，调查对象是用过某种药的女性消费者，因此男性或是女性但没用过此药的人填答的问卷都属于无效问卷；四是前后矛盾或有明显错误的问卷，例如年龄10岁，学历却为博士；五是在截止日期之后回收的问卷。

(3) 市场调查资料统计分析　为便于资料汇总分析，要对收集的资料进行编码录入。对于封闭式问题，已经知道问题的答案类别，可以直接进行编码。对开放式问题要进行再编码，尝试用不同方法对开放式问题的答案进行排序、归类，并结合主观判断，然后合并意思相近的答案，形成合适的答案类别后再编码。对于不适合编码的资料，直接在写报告时将这些问题的答案定性地归纳分析即可。数据编码录入应挑选工作认真、有责任心、技术熟练的人员，进行数据录入。

资料分类汇总就是把经过审核的资料，分别归入适当的类别，计算出统计数据，并制作成有关的统计表或统计图，以便于观察分析运用。

5. 撰写市场调查报告

市场调查最后阶段主要任务是撰写市场调查报告。医药市场调查报告是用在医药市场调查中所得的事实材料对所调查的问题做出系统的分析说明，提出结论性意见的一种表现形式。医药市场调查报告是用文字、图表的形式反映调查内容和结论的书面材料，是整个调查研究成果的集中体现，是制定市场营销决策的依据。市场调查报告的撰写是市场调查过程中的重要组成部分，一份好的调查报告，能大大提高企业领导据此决策行事的有效程度。

案例分析

一份合格的调查报告

纽约地区的调研人员约翰．斯皮尔伯格曾谈起他为美国一家最大的制药商精心准备的长达250页的市场调查报告（包括图表和统计数据）的故事。在经历了大约6个月的艰苦调查后，约翰直接向公司3名最高决策者口头汇报。他信心百倍，以为他的报告中有许多重大发现，包括若干个不可开发的新细分市场和若干条产品理念方面的创意。然而，在听了一个小时的充满事实、数据和图表的汇报后，制药公司的总经理站起来说道："打住吧，约翰！我听了一个多小时枯燥无聊的数字，完全给搞糊涂了，我想我并不需要一份比字典还厚得多的报告。明天早晨8点你务必把一份5页纸的摘要放到我的办公桌上。"说完就离开了房间。在此，约翰遇到了将使其受益于整个职业生涯的一个教训：如果项目没有有效地进行报告，那么前面所有的努力都将有可能付诸东流。

分析：一份调查报告要数据客观准确，语句精练，突出重点。当一份调查报告内容比较多时，要有目录索引。在汇报时要以简明扼要、突出重点的方式进行，才能有效沟通。

---

(1) 市场调查报告的组成　市场调查报告的形式没有统一的规定，可根据具体情况进行设计，市场调查报告一般包括：标题、目录、引言、正文和附件。

① 标题

a. 直叙式标题，是反映调查意向的标题。例如"抗感冒药零售市场调查报告"这种标题简明、客观，一般市场调查报告的标题采用这种标题形式。

b. 表明观点式，是直接阐明作者的观点、看法或对事物的判断、评价的标题。如"非处方药降价竞争不可取"。

c. 提出问题式，是以设问、反问等形式，突出问题的焦点，以吸引读者阅读，并促使读者思考。例如，"某某保健品为何如此畅销？"

② 目录　如果调查报告的内容比较多，为了便于阅读，使用目录和索引形式列出调查报告的主要章节和附录，并注明标题、章节号及对应页码。一般来说，目录的篇幅不宜超过一页。如果内容不多，也可以省去目录。

③ 引言　这部分主要是阐述市场调查的基本情况，是对市场调查项目的意义和概况的说明，如市场调查项目背景和目的、调查对象、收集资料的方法、调查期限等。

④ 正文　正文部分是对调查资料的统计分析结果进行全面准确的阐述，是调查报告中篇幅最长的部分，也是调查报告最重要的部分，可以通过统计结果的分析，发现问题，引出结论和建议。正文部分一般包括：调查问题、调查方法、调查设计、数据分析、调查结果、结论和建议。其中，结论和建议是撰写调查报告的主要目的，由调查结果分析引出结论和建议，给调查结果使用者提供决策等建议和参考依据。

⑤ 附件　附件是指调查报告文体中包含不了或没有提及，但与调查过程有关的各种资料总和，包括样本分配、数据图表、调查问卷附件、访问记录、参考资料等。

(2) 撰写市场调查报告的流程　撰写市场调查报告时，操作流程包括选题构思、选取数据资料、拟定提纲、撰写报告初稿、修改定稿。

① 选题构思　选题即确定市场调查报告的题目，报告的题目与市场调查的主题要一致，要能反映调查的目的。医药市场调查报告的构思过程是对收集到的资料进行判断推理，根据调查目的，确立主题思想，进而确立观点，列出论点、论据，构筑写作思路。

② 选取数据资料　医药市场调查报告的撰写必须根据数据资料进行分析，数据资料是形成调查报告的基础。介绍情况要有数据作依据，反映问题要用数据做定量分析，结论和建议同样要用数据来论证其可行性与效益。恰当地选用数据可以使报告主题突出、观点明确、论据有力。因此有无充分的、准确的数据资料做基础，是撰写报告的成败关键。

③ 拟定提纲　是指报告撰写者根据市场调查报告的内容要求对其框架进行设计，也是对调查资料进一步分析研究的过程。拟定提纲实际上是围绕着主题，从层次上列出报告的章节目，集中表现出报告的逻辑网络。提纲可以细化到目或更深层次，尤其要列出每层的小论点和主要支撑材料，在撰写报告时思路会比较清晰。

④ 撰写报告初稿　是按照拟定好的提纲，在把握观点的基础上，运用恰当的表达方式和文字技巧，充分运用调查中的材料，撰写调查报告初稿。初稿可以分层分段撰写，也可以由几个人分工合作撰写。

⑤ 修改定稿　是对撰写好的市场调查报告反复进行修改和审定，包括整体修改、层次修改、文字润色，保证调查报告的质量和水平。对修改好后的医药市场调查报告就可以定稿，定稿后报告就可以提交给报告使用者了。

(3) 撰写市场调查报告的要求　一是数据客观准确，其数据必须客观真实，方法、结论要如实阐述，不能想当然，不能歪曲研究结果以迎合管理层的期望；二是简明扼要，突出重点，不要面面俱到，重点内容较详细介绍，可以用图表来加强和突出报告的重要部分和中心内容；三是文字流畅，语言精练用词恰当，要用通俗易懂的文字表述，避免晦涩的词语、术语和陈词滥调；四是版式简洁、便于阅读，报告结构要有层次，摘要要有概括性，可以用表格表示的少用文字描述，较长的报告要有目录索引。

第二节　医药市场细分

随着社会经济的不断发展，消费者需求也呈现出更加多样化、差异化的趋势。在这种情况下，任何一家实力强大的医药企业都无法为市场内所有客户提供他们所需要的所有产品和服务。医药企业在市场调研的基础上，将市场划分为不同需要或需求的消费者群体或市场，敏锐抓住其中某个或几个特定的消费群体或市场，并能发挥自身竞争优势，以区别于其他企业的独特优势，有效服务消费者，满足消费者，这就是目标市场营销战略，简称"STP"战略。企业有效地实施目标市场营销战略需要经过三个步骤：医药市场细分（Segmenting），即识别并描绘出因需要和需求不同而形成的独特购买者群体；选择医药目标市场（Targeting），即选择一个或多个细分市场进入；医药市场定位（Positioning），针对每一个目标细分市场，确立并传达公司产品服务的独特优势。目标市场营销是医药企业市场营销活动的重点和中心。

一、医药市场细分的概念

市场细分是1956年由美国市场营销学家温德尔·史密斯（Wendell R. Smith）首先提出的，他对向市场提供有差别产品的企业和专门为某个细分市场设计产品的企业作了比较后提出，单一品种的产品、普遍的分销方式、同样的广告宣传方式，因为消费者需求的差异性而渐渐地不被消费者接受。企业要想在经营中获得成功，就应该对市场进行更大的和更加丰富的细分，确定和满足消费者的需求，以消费者为中心，识别具有相似需求的购买者，有针对性地提供相应的产品，并且运用恰当的分销方式和广告宣传方式。市场细分概念是市场营销理论的重要里程碑，被西方企业誉为具有创造性的新概念，受到企业界和学术界的广泛重视，并被广泛采用。

医药市场细分就是医药企业在市场调查的基础上，根据消费者的产品需求倾向、购买习惯和购买行为等差异性，将整个市场分为若干个子市场的过程。即每一细分市场，都是一个有相似的需求和偏好的消费群，而分属不同细分市场的消费者的需求和偏好存在明显的差异。

市场细分的目的是为了寻找和发现相似需求的消费者群，即找到企业要进入的目标市场，以便更好地满足消费者的需求。但要注意的是，市场细分不是分得越细越好，因为如果市场分得太细，就会增加产品设计、研发和生产的成本，也会引起分销成本的增加，企业资源分配不能取得最优效果，导致企业收益水平下降，造成社会财富浪费。所以市场营销学界出现了"市场同合化理论"和"反细分化策略"，主张从成本和收益的比较出发适度细分，甚至提出将若干个过于狭小的细分市场重新整合起来，形成规模生产，以较低的价格向消费者提供产品。这种理论和策略是对过度细分的反思和矫正，使市场细分理论又有了新的内涵，适应了20世纪90年代以来全球化营销趋势的发展。

二、医药市场细分的依据和作用

1. 医药市场细分的依据

市场细分的依据是消费者对同一产品需求的差异性。从需求角度看，各种社会产品的市场可以分为两类：同质市场和异质市场。所谓同质市场是指消费者对产品需求的反映具有一致性的市场。如日常生活中的油、糖、盐、煤、电、水泥、墨水等产品，人们对它们的需求基本相同，这类产品的市场属于同质市场。所谓异质市场是指消费者对某种产品的要求不尽相同，消费者的需求、欲望、购买行为和购买习惯等方面存在较大差异性的市场。这种差异是受消费者的文化背景、地理位置、职业、年龄、个性、行为习惯等方面所影响的。绝大多数的产品市场都属于异质市场。

实际上，市场细分就是按照"求同存异"的原则把一个大市场划分为若干个彼此间具有异质性的小同质市场的过程，即任何两个细分子市场之间的需求明显不同，而同一子市场内部的需求偏好相似的消费者群，则构成一个药品子市场。例如，药品市场中，有部分消费者习惯用中药，有一部分习惯用西药，形成中药市场和西药市场。需要注意的是，这种划分不是一成不变的，而是会随着消费者需求的差异性和相似性的变化而不断变化的。

同质市场和异质市场在不同时期、不同条件下，是可以相互转化的。同质市场可以渐变为异质市场，异质市场也可以向同质市场转化。如在过去，饮用水、大米、鸡蛋、食用油等市场都是同质市场；抗感冒药市场在初期也曾是相对的同质偏好、主要由"感冒通""感冒清"这些疗效相近的药物组成。但随着经济的发展和社会的进步，这些市场也由过去的同质市场渐渐成为今天的异质市场。

2. 医药市场细分的作用

通过市场细分，可以反映出不同消费者需求的差异性和类似性，从而为企业在市场营销活动中认识市场、选择目标市场提供依据，实施企业战略计划，进而较好地满足消费者的需求，并取得企业的经济利润。市场细分对企业的作用主要表现为以下几个方面：

(1) 有利于医药企业深刻地认识市场需求，挖掘新的市场机会 在企业将相似的需求分门别类后，整个市场会出现部分空白区域，这部分没有得到满足的需求形成了新的市场机会，而这些需求中有相当一部分是潜在需求，是不容易被发现的。医药企业可以通过市场细分，了解现有市场上竞争者的状况及消费需求被满足的程度，将竞争者没有发现的细分市场、不屑占领的细分市场、没有有效满足或满足程度不够的细分市场作为企业未来生存和发展的有利因素，开拓新市场，提高市场份额。市场细分对于中小企业尤为重要。与实力雄厚的大企业相比，中小企业资源能力有限，技术水平相对较低，缺乏竞争能力。通过市场细分，可以根据自己的经营优势，选择一些大企业不愿顾及、相对市场需求量较小的细分市场，集中力量满足该特定市场的需求，在整体竞争激烈的市场条件下，在某一局部市场取得较好的经济效益，求得生存和发展。

(2) 有利于医药企业更好地满足消费者的需求，实现企业经营目标 企业生产的目的是为了满足人们日益增长的物质生活和精神文化生活的需要，而"大众化营销"在消费者需求存在差异的客观条件下，忽略了消费者需求的差异性，不可能满足所有消费者的需求。医药企业只有在切实的市场调查的基础上，明确消费者需求的差异，才能准确、及时地掌握消费需求的变化，及时推出适合消费者的产品，才能获得竞争优势。例如，某医药企业开发生产药膳滋补品，原先主要面向消费者市场，以超级市场、专业食品商店为主要销售渠道。随着市场竞争的加剧，销售量呈下降趋势。为此，该公司对药膳滋补品市场作了进一步的市场分析，以掌握不同细分市场的需求特点。从购买者区分有三种类型：一是饮食业用户，二是团体用户，三是家庭主妇。这三个细分市场对药膳滋补品的品种、规格、包装和价格等要求不尽相同。饮食业对药膳滋补品的品质要求较高，但对价格的敏感度低于零售市场的家庭主妇；家庭主妇对药膳滋补品的品质、外观、包装均有较高的要求，同时要求价格合理，购买时挑选性较强。根据这些特点，该医药公司重新选择了目标市场，以饮食业和团体用户为主要客户，并据此调整了产品、渠道等营销组合策略，销售量大幅度增长。

(3) 有利于医药企业合理使用资源，增强企业市场竞争力 通过市场细分充分把握各消费者群体的需求，有针对性地为企业的现有市场服务。集中人力、物力和财力等资源，避免分散企业竞争力量，从而获得理想的企业营销效果。尤其是中小企业，企业本身的实力与大企业是无法抗衡的，加之在激烈、残酷的市场竞争中缺乏竞争能力，如果能够选择一个小的细分市场，见缝插针，生产适销对路的产品，先求得生存，并以此为发展根基，逐渐加强企业实力，为企业长远发展提供条件。同时，在选定的目标市场上，企业可以更清楚地认识和分析各个竞争者的优势和不足，扬长避短，有针对性地开展营销活动，避免了在整体市场上分散力量，提高企业在市场上的竞争力。

(4) 有利于医药企业制定及调整适当的营销策略，提高企业应变能力 通过市场细分，比较容易认识和掌握消费者的需求变化及对企业营销活动的反应。另外，整体市场比较庞大，市场信息反馈比较缓慢，企业对市场的了解滞后，这非常不利于企业及时采取措施应对市场变化。在市场细分的情况下，由于企业同时为不同消费者群体提供不同的产品，因而企业比较容易察觉和评估顾客的反应，市场信息反馈迅速及时，能够准确地掌握目标市场及其需求变化的情况，可以针对不同的消费者群体提供不同的产品，制定特定的营销策略，并据此随时作出策略调整，以适应市场需求的变化，提高企业的应变能力。

> **案例分析**
>
> ASLK 公司于 1989 年开发出了抑酸能力很强的、世界上第一个质子泵抑制剂 LSK（奥美拉唑），试图挑战王者之位。在 20 世纪 90 年代，治疗消化性溃疡的用药常规疗程是递增法，即先改变生活方式及应用抗酸剂→无效则改用 H_2 受体拮抗剂→仍无效时使用 LSK。当然，这种用药模式对 LSK 来说并不是最佳选择。ASLK 公司的产品经理则提出了一个新的治疗模式——递减法，把上述箭头逆转：开始就使用高剂量的 LSK→症状好转后采用常规的推荐剂量→最后再考虑使用 H_2 受体拮抗剂。把 LSK 从疗程的末端调整到前端，占据了关键制高点。为了支持该治疗模式，ASLK 公司进行了多项研究，证实该模式无论是在治愈率还是在整体治疗价格上都比递增法模式要优越，同时还设计出新的"质子泵实验"的治疗实验来作为药物的诊断方法。通过疗程细分改变了原有的治疗模式，并组合了其他一些有效的营销手段，LSK 一举成为全球处方药销售冠军。
>
> 分析：该公司"奥美拉唑"的卖点及市场细分策略。

三、医药市场细分的原则

从市场营销的角度看，无论消费者市场还是产业市场，并非所有的细分市场都有意义。医药企业要想实施成功的、有效的市场细分，必须注意市场细分的实用性和有效性，在进行市场细分时遵循以下原则。

1. 可区分性

可区分性指不同的细分市场的特征具有明显的差异性，可清楚地加以区分。比如按照目标顾客年龄不同划分为儿童药市场和成人药市场，而成人药市场又根据性别不同分为男性药市场和女性药市场。这些被细分后的子市场之间的差别是显而易见的。

2. 可衡量性

可衡量性是指医药企业所选择的细分标准以及细分后的市场必须是可以衡量的,即能够通过市场分析、市场调查等方式,获取细分市场规模、顾客情况、市场需求的满足程度等相关资料。比如在治疗仪市场上,在重视产品功效的情况下,有多少人更注重质量,有多少人更重视价格,有多少人更注重品牌和外观等。当然,将这些资料予以量化是比较复杂的,必须运用科学的市场调研方法才能获取。凡是企业难以识别、难以测量的因素和特征,都不能用来作为市场细分的标准。否则,细分的市场将会因为无法界定和衡量而难以描述,市场细分也就失去意义。

3. 可进入性

可进入性是指医药企业通过营销努力可以有效地进入市场并为之服务。对于医药企业来说,要求有能满足细分市场的相应的人力、财力、物力、技术等条件;要求企业必须要通过一定的传播渠道和宣传手段将医药产品的相关信息顺利地传递给市场上的目标消费者,并使消费者能够准确理解企业的产品概念;要求企业必须能在一定时期内将医药产品通过一定的分销渠道运送到目标市场。

4. 可营利性

可营利性是指医药企业所要进入的细分市场必须要有一定的规模,具有值得占领的价值,能使企业有利可图,还要有较大的发展潜力和市场容量,符合企业制定长期稳定的市场营销组合战略的要求,以适应企业发展壮大的需要,从而使企业在所进入的细分市场上取得最理想的经济效益。

5. 可发展性

可发展性指的是目标细分市场应该有一定的发展潜力。企业应该选择的细分市场是具有发展前景的,即市场容量在未来将会变大的市场,而不是一个正处于衰退的市场。

另外,企业所选择的细分市场应该与企业的经营战略方案匹配,企业具有在某些方面修改营销战略的空间,才能使企业灵活地应对市场的瞬息变化,及时调整自己的市场营销策略,在变化的市场中得以生存和发展。

四、医药市场细分的标准

消费者需求和偏好的差异性具有明显不同的特征,这是市场细分存在的客观条件。医药企业可以以此为市场细分的标准,将整体市场划分为若干个细分市场。所谓市场细分标准是指构成消费者需求差异的各种因素,或是影响消费者需求的各种因素。由于这些因素的变动会引起市场细分的变动,因此,这些因素也就成为市场细分的变量。

消费者市场细分的标准是由一些细分变量产生的,这些变量归纳起来主要有地理因素、人口因素、心理因素和行为因素等4个方面。

(1) 地理因素 国别、地理区域、气候条件、城乡、城市规模、人口密度、交通运输等。

(2) 人口因素 年龄、性别、收入、职业、受教育程度、家庭生命周期、家庭规模、宗教信仰等。

(3) 心理因素 社会阶层、生活方式、性格、对各种营销要素的敏感程度等。

(4) 行为因素 购买习惯、购买动机、追求的利益、使用状况、使用频率、品牌忠诚度、消费态度等。

> **课堂练习**
>
> 　　感冒药市场药品品种极多，作用也各有不同，如"新康泰克"力求解决的是鼻塞、流鼻涕、打喷嚏的鼻腔症状，"白加黑"主要解决头痛、白天嗜睡症状，"百服宁"则为解决发热等问题。这些药品企业以患者认为感冒属于常见病，一般属于轻症，但是在过程中表现为较多的不适症状，比如头疼、发热、流鼻涕、咳嗽、嗜睡等为出发点，针对这些不适，提供消除这些症状的药品。
>
> 　　讨论：请应用所学的知识，讨论这些药品是采用了什么细分标准？在感冒药市场还有哪些细分标准呢？给了我们什么启示？

五、医药市场细分的程序和方法

1. 医药市场细分的程序

市场细分是一项复杂而具体的工作，医药企业应该依据市场实际状况，按照切实可行的市场细分程序进行细分。一般说来，医药企业的市场细分大致可分为以下七个步骤：

（1）选择要研究的医药市场和商品类别　这是市场细分的基础，即医药企业在进行市场细分时，首先要确定企业从事何种药品的生产，经营或从事何种医疗服务。产品的市场范围不是以产品的特性来确定，而是以消费者的需求为前提来确定的，因此医药企业要进行细致的市场调研，分析消费者的现实需求状况及其发展变化趋势，掌握影响需求变化的因素，同时结合企业自身的资源和实力作出决策。这实际上就是从整体市场中划分出一个局部市场，并对选出的局部市场进行科学评价，目的是在市场细分之前，测出局部市场及可能存在的各子市场的规模。如口腔医院想知道牙科整形美容潜力市场的大小，三九集团想了解中成药感冒药市场的大小等。

（2）设计方案并组织调查　在确定了要研究的药品市场和药品类别后，医药企业要依据所确定的市场范围对相关的消费者市场进行调查，以取得大量翔实的、与细分标准有关的数据和资料。

（3）确定细分标准　这是市场细分的依据，市场细分必须采用有利区别消费者不同需求的标准来进行细分。不同的医药市场有不同的特点，细分标准也不同。如消费者市场细分的标准有地理因素、人口因素、心理因素、行为因素等；生产者市场有用户规模、用户地点、用户要求等细分标准和依据。医药企业要根据主观经验和客观标准对市场上的现实需求和潜在需求作出尽可能全面详细的分析研究，进而确定符合市场细分原则的细分标准。

（4）初步细分市场　根据确定的市场细分标准和用户需求的具体内容，医药企业要对调查资料进行分析，找出需求类型的特征，将具有同一类型的需求归为一类，即将整个市场初步分为具有不同类型需求特征的细分市场。例如，进入21世纪以来，中国的补血市场竞争加剧，康富来公司经过调查分析，按人口因素中的性别、收入、身体健康状况和地理因素中的地理区域把补血市场细分为两个子市场：农村低收入女性市场和城市高收入白领女性市场。

（5）筛选细分市场　根据市场细分原则，对所有的细分市场进行分析，剔除不符合细分原则的细分市场，再对各个细分市场进行比较，挑选出企业最能发挥优势的、潜力较大的细分市场。如康富来公司把补血市场初步细分为农村低收入女性市场和城市高收入白领女性市场后，以康富来的经济实力及营销网络，定位于农村女性补血市场很难与红桃K、山东阿胶等大公司竞争，而定位于城市高收入白领女性补血市场，既能赚得丰厚的利润，又能发挥康富来的技术优势，所以康富来公司最终选择了城市高收入白领女性补血市场，推出了公司的补血产品——"血尔"。

(6) 命名细分市场 检查各个细分市场符合细分标准和细分原则的情况后，进一步深入分析每个子市场的需求，并对细分市场进行必要的合并和分解，进而形成更加明确具体的细分市场，再根据各个细分市场的消费者特点及其购买行为特征，对每个经过筛选后的可能存在的细分市场赋予一定的名称。

(7) 确定细分市场 企业在市场调研的基础上，结合细分市场的消费者特定地理环境、人文环境等因素，评估每个细分市场的顾客需求和消费情况，再根据分析结果和企业的实际情况，综合估计每个细分市场的发展潜力、发展趋势、现有规模和未来可能形成的规模，最终确定一个或几个具有现实效益和发展前景的细分子市场作为自己的目标市场。继而有针对性地开展市场定位、产品开发、渠道选择、价格策略、促销等营销策略，充分满足目标顾客的需要和实现企业的经营目标。

以上七个步骤，医药企业在具体应用时，可以根据企业的实际情况和市场情况进行必要的简化和合并。

2. 医药市场细分的方法

医药市场细分的一般方法有完全细分法、一元细分法、多元细分法和系列变量细分法。

(1) 完全细分法 就是对某种产品整体市场所包括的消费者的数目进行最大限度细分市场的方法。按照这种方法细分，最终每一个消费者就是一个细分市场。完全细分法的极限程度成为定制营销。

(2) 一元细分法 就是对某种具有替代性较大、挑选性强的产品的整体市场，根据一个标准细分市场的方法。例如，根据年龄变量可以将感冒药市场分为成人与儿童两个市场，如海南亚洲制药根据年龄不同推出两个不同的产品，"大快克"和"小快克"分别针对成人市场和儿童市场。

(3) 多元细分法 就是对某种产品的整体市场，根据两个或两个以上的标准细分市场的方法。例如，滋补品市场的细分，就可以根据影响消费者需求的一些主要因素，按年龄（老、中、青）、购买目的（赠送、自用）来细分市场。按这两个因素进行综合市场细分，可以把滋补品市场分为6个具有不同需求的子市场（表4-1）。

表4-1 滋补品市场细分

年龄段	购买目的	
	自用	赠送
老年	细分市场1	细分市场2
中年	细分市场3	细分市场4
青年	细分市场5	细分市场6

医药企业选择哪些因素作为细分市场的依据，应该具体问题具体分析，而且细分市场的依据也要随市场营销环境的变化而变化，以便寻找新的、更有利可图的细分市场。

(4) 系列变量细分法 是根据企业经营的特点并按照影响消费者的诸多因素，由粗到细地进行市场细分。这种方法可使目标市场更加明确而具体，有利于企业更好地制定相应的市场营销策略。例如，某医药企业的销售市场采用此种方法进行细分，如图4-2所示：

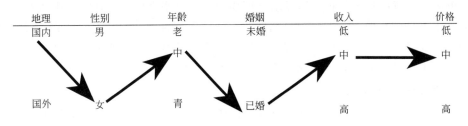

图 4-2　医药企业销售市场细分

值得强调的是，企业在进行市场细分时，必须注意以下三个问题：一是市场细分的标准是动态的，它是随着市场营销环境的变化而变化的；二是不同的企业在市场细分时，应采取不同的标准和方法，因为各个企业的生产技术条件、资源和产品是不同的，所采用的标准和方法也应不同；三是市场细分所需信息和数据主要来源于政府部门、图书馆、互联网络、市场调查研究公司和企业自行市场调查研究等。

第三节　医药目标市场选择

企业对市场进行细分后，就要对细分后的市场进行分析和评价，从中找到能够发挥企业资源优势并为企业带来利润的细分子市场，当企业选择了某个或某几个细分子市场，企业的一切市场营销活动就需要围绕所选择的细分子市场进行。

一、医药目标市场的概念

目标市场是指企业在市场细分的基础上，依据企业自身经营目标和经营条件而选定的具有特定需要的企业最终要进入的市场，即产品和劳务销售、服务的对象。

医药企业选择目标市场是在市场细分的基础上进行的。市场细分是目标市场选择的基础和前提，目标市场选择是市场细分的目的。市场细分是将一个整体市场按照某种标准或依据划分为几个子市场，而选择目标市场是从众多的子市场中选择一个或几个作为医药企业营销活动的对象。因此，科学的、符合实际的市场营销决策必须与准确的目标市场选择有机地结合起来，才能使企业获得长期稳定的发展。

二、评估医药细分市场

市场细分后，并不是所有的子市场都可以作为医药企业的目标市场，医药企业还要结合子市场的吸引力、企业自身的资源条件和优势、竞争对手的情况以及企业所处的各种营销环境等因素对子市场进行综合分析评价，最后确立一个合适的细分市场。一般而言，细分市场的评估考虑三个方面的内容。

1. 细分市场的规模和发展潜力

细分市场的预计规模是企业决定是否进入该细分市场的主要因素。目标市场的规模最好具有与企业规模相匹配的销售量和合理的盈利水平，且有良好的发展趋势。细分市场的规模不是越大越好，一定要考虑企业现有的经营能力，一般大企业应该选择市场规模较大的市场进入，而小企业则应该选择市场规模较小的市场进入。小企业规模小、实力弱，没有资源和能力为较大规模的细分市场服务,但可以结合自身优势和市场需求为大企业不屑一顾的小市场服务,也能获得丰厚的利润。

细分市场的发展前景也是企业选择细分市场的一个重要指标,所有的企业都希望能够进入一个处于上升期的行业,而不是个衰退期的行业,但拥有较好的发展前景的,行业内的市场竞争激烈。要判断市场的预期增长程度,则需要企业综合考虑行业相关的经济、技术、政治、社会等环境因素,并具有敏锐的洞察力。

2. 细分市场的竞争状况

一般说来,如果细分市场上没有竞争对手,或是有竞争者,但竞争对手很少,也尚未被竞争对手占领和控制,那么,企业就有机会进入该细分市场并取得一定的市场份额,这样的细分市场对企业来说就是有意义的;但是如果该细分市场已经被竞争者控制和占领,并且竞争比较激烈,那么,企业就要有足够的实力和资源,只有在能赶超竞争对手的情况下,选择该细分市场才有意义。

3. 企业目标和资源

在细分市场的子市场中,有利可图的子市场可能很多,但不一定都能成为企业的目标市场。医药企业只能选择那些本身有能力满足其需要且与企业营销目标相一致的细分市场作为自己的目标市场。企业的任何活动都必须与企业的目标保持一致,如果某细分市场的选择虽然能给企业带来短期的利益,但不利于企业长期目标的实现或者偏离企业的既定发展轨迹,或者对企业主要目标的完成带来影响,这时企业一定要慎重。而对一些适合企业目标的细分市场,企业必须考虑它是否具有在该市场获得成功所需要的各种营销技能和资源等条件。另外,企业经营的目的最终要落实在利润上,只有有了利润,企业才能生存和发展。因此,细分市场必须能够使企业获得预期利润或合理的利润。

三、医药目标市场的选择模式

在对不同的细分市场进行评估后,企业可以选择进入的市场有很多,可以选择为这个市场服务的产品也很多。因此,根据市场与产品的不同组合,可以将目标市场选择的模式分为五种(图4-3)。

1. 市场集中化

企业在众多细分市场中集中全力只生产一类产品,选取一个细分市场进行集中营销,供应某一单一顾客群。一般而言,这是刚成立的企业采用的市场模式。选择单一细分市场集中化模式的企业一般应考虑:该细分市场中没有或少有竞争对手;企业资金有限,只能经营一个细分市场;企业具备在该细分市场从事专业化经营或取胜的优势条件;准备以此为出发点,以求取得成功后向更多的细分市场扩展。此模式成本较小,但风险较大,一旦该细分市场不景气或有强大的竞争者出现,企业易陷入困境。

2. 产品专业化

企业用一种产品来满足几个目标市场消费者的需求。企业在产品上的专一,容易使企业塑造专业的品牌形象,而且由于规模化的采购和生产,降低了生产成本。统一的市场营销策略,可以降低企业的运营成本。但当该产品领域内的技术有了进步,出现一种全新的替代品时,企业产品的销售量将大大降低,企业将面临巨大威胁。当然,这种全新的替代品并不是经常出现的,由于顾客类型较多,产品专业化营销的风险与目标集中化营销的风险相比要小得多。

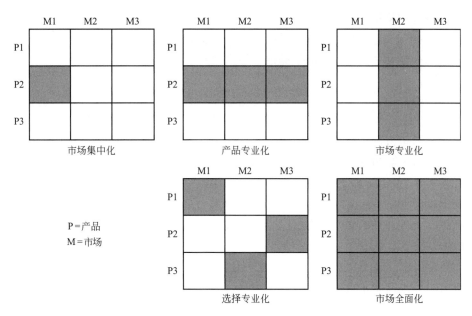

图 4-3 医药目标市场的选择模式

3. 市场专业化

企业用多种类型的产品来满足某个单一市场上消费者所需要的各种产品,即对同市场生产不同的产品。此模式能有效分散经营风险,可与这一群体建立长期、稳定的关系,并树立良好的形象,容易打开产品销路。但由于集中于某一类顾客,当这类顾客由于某种原因购买力下降或者消费者的偏好发生了较大变化时,企业将会面临较大的危机。

4. 选择专业化

企业选取若干个细分市场作为目标市场,其中每一个细分市场都具有良好的吸引力,且符合企业的目标和资源。该目标市场模型中各个细分市场间较少或基本不存在联系,针对每个细分市场提供不同的产品和服务。此模式能有效地分散经营风险,即使某个细分市场陷入困境,企业仍可继续在其他细分市场取得赢利,但成本较高。应用此模式的企业应具有较强的资源和营销实力。

5. 市场全面化

企业想要进入所有的细分市场,就要生产各种产品满足各种顾客的需要。有能力应用此模式的只有实力雄厚的超大企业。

企业可以选择这五种模式中的任何一种,并不存在某一种模式比另一种模式更加好的说法。但是由于企业所处的行业不同,目标消费者的需求有所不同,而且企业的资源能力方面也存在着差异,因此不同的企业适应不同的目标市场模式,这就要求企业在认真衡量自身的资源能力的基础上,再做出选择。

四、医药目标市场营销策略

企业对细分市场进行评估,并选定进入目标市场的模式之后,就要决定采用何种策略进入目标市场。企业可以针对不同的目标市场,制定相应的营销战略。一般说来,医药企业主要有三种目标市场营销策略:无差异性市场营销策略、差异性市场营销策略、集中性市场营销策略。

1. 无差异性市场营销策略

无差异性市场营销策略是指不考虑各个子市场的特性，把整个市场看作一个目标市场，注重消费者需求的共性，为所有市场提供一种产品和一种市场营销组合。

（1）优点

① 成本的经济性。企业能够形成规模经济，产生规模效益，能降低产品的生产成本和分销成本，使企业在激烈的市场竞争中具有价格优势。

② 广告宣传可以减少促销费用，用同一种产品或市场营销组合方案满足所有市场。

③ 可以减少产品研发投资、降低分销渠道成本及制定多种市场营销战略和战术方案等带来的成本开支。

④ 可以使企业实施大规模的自动化生产，提高企业的生产效率。

⑤ 此外，无差异性市场营销策略还有助于企业提高产品质量，争创名牌，简化企业的经营管理和节约管理费用。

（2）缺点

① 没有更好地满足消费者的需求。任何一家企业提供的单一产品都不可能满足所有消费者的需求。

② 由于企业忽视了消费者需求的差异性，导致了目标市场上有很多需求得不到很好的满足，造成了市场空白，这很容易引起竞争者的攻击，竞争者会从需求差异入手来参与竞争，从中抢夺市场份额。

③ 如果竞争对手也采用无差异性市场营销策略，则会引起激烈的恶性竞争，造成两败俱伤。

④ 采用该策略的企业通常反应能力和适应能力都较差，一旦有其他竞争企业提供出了有特色、有针对性的产品时，就会增加该企业的营销风险，导致该企业在竞争中失利。

（3）适用　适用于市场具有广泛需求、大批量需求而企业也能够大量生产、大量销售的产品。药品中的原料药具有这样的特点，可以采用这一策略。

2. 差异性市场营销策略

差异性市场营销策略是指企业在市场细分的基础上，选择若干细分市场作为自己的目标市场，并针对所选择的细分市场分别生产不同的产品，制定不同的营销组合，满足不同细分子市场需求的市场营销策略。

（1）优点

① 可以更好地满足消费者的需求，提高企业的市场份额和企业声誉。企业通过提供有针对性的产品和强有力的营销组合，可以同时在几个细分市场上发挥优势并扩大产品销售量，以提高消费者对企业的信任度。

② 降低企业经营风险。一旦某一细分市场发生剧变，企业不会完全陷入困境，拥有较大的回旋余地，这大大减少了企业经营风险。

③ 有特色的产品及其营销策略可以提高企业知名度，有利于企业对新产品的推广。

（2）缺点

① 成本较高。企业需要根据不同的细分市场需求，设计不同的产品，由此导致生产成本、研制成本、分销渠道成本、广告宣传成本、人员配备成本等费用的增加。

② 会增加企业管理的难度，影响企业的营销效益。差异性市场营销策略要求企业拥有较强的资本实力、技术水平和较高素质的管理人员，要求企业有比较完善和科学的管理制

度，要求企业能灵活应对市场上的千变万化，这些无疑都增加了企业管理的难度。所以对于人力、财力、物力比较有限的中小企业要量力而行，要十分谨慎地采用这种策略。

（3）适用 一般说来，对那些经营差异性较大、市场变化快的产品的企业，以及那些本身有一定资源能力应付市场变化所带来的产品更新和技术设备更新的企业，可以考虑采用这种差异性市场营销。

3. 集中性市场营销策略

集中性市场营销策略是指企业在市场细分的基础上，只选择一个或较少数的几个细分市场作为企业的目标市场，采用一种或一类产品、一种营销组合为其提供服务。

（1）优点

① 营销对象比较集中，有利于降低生产和分销成本，提高企业盈利水平。

② 市场集中，便于医药企业对目标消费者需求情况及其他情况有较为深入的了解，能够及时获得市场信息反馈。

③ 医药企业在较小的细分市场拥有较大的市场份额，地位较高，可以提高企业声誉。

④ 有利于医药企业实行生产经营专业化，能充分发挥企业优势，积聚力量与竞争者抗衡。

（2）缺点

① 风险大。一旦所选择的市场突然发生变化，或者有强大的竞争者进入该细分市场，企业的经营便可能陷入困境，缺少回旋余地。

② 市场空间有限，市场规模较小，不利于医药企业的长远发展，而为了发展又进一步选择较大的细分市场是要付出市场进入成本的。

③ 因此采用这种策略时，医药企业要密切注意目标市场的变化，做好充分的应变准备。

（3）适用 中小型医药企业适用，中小型企业资源有限、生产设备差、管理水平较低、开拓市场能力不强，采用集中性市场营销策略，可避开与大企业竞争，进入和占领那些大企业未注意或不愿进入的市场。

无差异策略是以整个市场为目标市场，在本质上无视消费者需求的差异性，而集中性策略不是面对整个市场，也不是把力量分散到广大市场上。集中企业的营销优势，在消费者需求差异的基础上只选择其中一个或少数几个容量较小的细分市场，实行专业化的生产和销售，以充分满足这些细分市场的需求，与差异性市场营销策略的思想本质相同。采用集中性营销策略的企业，其目的不是要追求在大市场上小的市场占有率，而是为了在一个小的市场上取得较高的，甚至是支配地位的市场占有率。

五、影响目标市场营销策略选择的因素

1. 企业实力

企业实力包括企业的资金实力、技术力量、生产能力、设备条件、营销力量等方面。企业资金雄厚、技术力量强、生产能力大、设备条件好、分销渠道网络广泛，产品的标准化程度较高，具有较好的口碑和声誉，就可以实行无差异性市场营销策略或差异性市场营销策略；反之，资源有限、实力不强的中小型企业，则适宜采用集中性市场营销策略。

2. 产品的同质性

同质性产品主要表现在一些未经加工的初级产品上，这些产品自身的同质性较高，即消费者需求的差异性较小，例如，原料药、中药材类、食盐、粮食等产品。消费者不太注重这

类产品的差别或者说较难区分产品之间的差别,同质类产品的竞争主要表现在价格竞争和服务竞争上,经营这些产品的企业适合采用无差异性市场营销策略。对于同质性程度低的产品,例如,制剂类药品、保健品、医疗器械、化妆品等,消费者对这类产品的特征感觉具有较大差别,企业可采用差异性市场营销策略或集中性市场营销策略。

3. 市场的同质性

如果医药企业所选择的目标市场是同质市场,即顾客的需求、爱好、购买行为等基本相同的情况下,企业可以对该目标市场实行无差异营销策略。反之,消费者对产品的需求、态度及购买行为等方面的差别很大,则适宜采用差异性市场营销策略或集中性市场营销策略。

4. 产品生命周期

产品所处的生命周期不同,采用的营销策略也是不同的。在导入期时,广大消费者对产品不是很了解,品种规格不多,市场竞争者也较少,此时适宜采用无差异性市场营销策略,也可以针对某一子市场实行集中性营销策略,去探测市场需求和潜在顾客。在成长期和成熟期时,竞争者纷纷进入市场,竞争加剧,为使本企业的产品区别于竞争者,确立自己的竞争优势,此时,企业适宜采用差异性市场营销策略或集中性市场营销策略。在衰退期时,细分市场的需求呈下降趋势,企业需要为自己的撤离做准备,也在尽一切努力回收资金,减少经营成本,企业此时适宜采用集中性市场营销策略。

5. 竞争对手的营销策略

医药企业生存于竞争的市场环境中,对营销策略的选用也要受到竞争者的制约。一般说来,如果医药企业竞争实力不强,不愿意与竞争对手正面交锋,可以采用与竞争对手不一致的目标市场营销策略。例如,竞争对手采用的是无差异性市场营销策略,医药企业就可以采用差异性市场营销策略或集中性市场营销策略;对手如果采用差异性市场营销策略,医药企业就应进一步细分市场,实行更为行之有效的差异性市场营销策略或集中性市场营销策略。如果企业的竞争实力较强,或者虽然实力没有竞争对手强大,但想要挑战竞争对手的市场地位,则可以采用与竞争对手一致的目标市场营销策略。

第四节 医药市场定位

医药企业选择了目标市场后,就要在目标市场上进行市场定位,即医药企业需要清楚地知道自己应如何在众多的竞争者中塑造自己的特色和形象,如何使消费者在琳琅满目的产品中识别自己。市场定位是医药企业营销战略计划中的一个重要组成部分,它关系到医药企业能否在市场竞争中占有一席之地,从而求得长远的发展。

一、医药市场定位的概念

市场定位,也被称为竞争性定位,就是企业为了特定的营销目标,根据目标市场上的竞争情况和本企业的内部条件,为本企业产品塑造与众不同的特色和形象,并把这种形象传递给消费者,以确定企业产品在目标市场上竞争地位的过程。市场定位的实质是企业通过为自己的产品建立鲜明的特色或个性,使本企业的产品与其他企业严格区分开来,使消费者明显感觉和认识到这种差别,从而在消费者心目中塑造出独特的市场形象。

二、医药市场定位的方向

医药市场定位的根本目的是要塑造使患者和医生认同的特色，首先就要明确市场定位的方向，即建立自身特色的角度。

1. 药品的属性定位

药品的属性定位是指根据药品的成分、性能、功效等构成产品内在特色属性，突出自己鲜明的特征。如为突出治疗作用，一些药品突出宣传自己是"药品"，而不是"保健品"；"泰宁诺"止痛药的定位是"非阿司匹林的止痛药"，显示药物成分与以往的止痛药有本质的差异；一些感冒药为突出自己毒副作用小，就突出宣传自己是"中药配方"而不是"西药制剂"。

2. 使用者定位

使用者定位就是要使客户群体产生这种药品就是专门为他们而生产的、是最能满足他们的需求的这一印象，使消费者觉得如果要满足自己这方面的需求，就非这种产品莫属。如"初元"就突出宣传是专为看望患者而生产的产品，"太太口服液"定位于中年妇女阶层，"脑白金"定位于中老年人。

3. 利益定位

任何消费者购买产品都不是购买产品本身，而是购买产品能为其带来的利益。产品本身只是形式，利益才是消费者的核心追求。购买药品所追求的核心利益是健康，但同时也有附加利益，如药品味道、服用方便、药效发挥时间等。例如，某些退热贴采用的就是利益定位。它除了宣传其功能外，突出强调可以不打针、不吃药，方便儿童使用，为患者带来方便的利益。

4. 质量和价格定位

质量和价格一般是消费者最关注的两个因素。因此，宣传高质低价是很多医药企业采用的方式。当然，不同的行业、产品及用途，消费者对质量和价格的要求也不尽相同。因此，医药企业在对产品进行质量和价格定位时，还应结合企业、消费者需求、竞争者及市场的实际情况来制定。

5. 药品的用途定位

这是指根据药品的适应证来突出自身的特色，使自己的药品和同类药品区别开来。以往中国的许多制药企业在宣传自己的产品时，总是夸大宣传药品的用途或功效，给人感觉该种药品好像是包治百病、无所不能。殊不知企业这样宣传的结果却适得其反，使消费者对这一药品失去了信任。药品定位必须在用途上找准自己的优势和特色，进行准确定位，只有这样，才能真正找准市场，获取利润。例如，"康泰克"的定位宣传为缓解流泪、流鼻涕、打喷嚏等三大感冒症状，就取得了很大的成功。

6. 复合定位

消费者所关注的医药产品属性往往不是单一的，很多医药企业在市场定位时，采取复合定位的方法，将以上多种因素结合起来，使患者觉得本企业的药品具有多重特性和多重功能。例如，"新盖中盖"高钙片的定位宣传：含钙高（质量）；一天一片，方便（附加利益）；效果不错（核心利益）；还实惠（价格）。

市场定位实质是基于消费者心理的差异化，还可以从产品差异化、服务差异化、渠道差异化、员工差异化、形象差异化等方面进行分析，确定定位方向。

三、医药市场定位的步骤

1. 识别本企业潜在的竞争优势

识别企业的潜在竞争优势是市场定位的基础。一般是通过广泛的市场调研这个途径,掌握消费者的需求特征以及目标顾客需求被满足的程度,了解目标市场上的竞争者及其产品的总体状况,找出本企业比竞争对手在成本或产品差异化上存在的各种竞争优势。

2. 选择相对的竞争优势

判断自身相对竞争优势所在,正确选择最适合本企业的定位策略。可以通过对竞争者、消费者、企业自身的综合分析,比较企业与竞争者在经营管理、技术开发、服务质量、销售渠道、品牌知名度等方面的强弱,找出企业明显差别利益的优势。

3. 彰显独特竞争优势

医药企业选择体现自身竞争优势的市场定位后,就要通过一系列的宣传促销活动,将其具有独特竞争优势的产品和服务传递给目标市场上的消费者,即向消费者传递某种比竞争者更大的价值,使医药企业及其产品在消费者心目中留下深刻的印象。在传递市场定位信息的过程中,医药企业应建立与市场定位相一致的形象,应努力巩固与市场定位相一致的形象,应及时矫正与市场定位不一致的形象。

四、医药市场定位的策略

定位除了要树立自己的特色,还要考虑竞争对手的影响,确定自己在竞争中的地位。从这种意义上说,定位策略也是一种竞争策略。定位方式不同,竞争态势也不同,企业必须采用科学的、可行的、符合本企业实际情况的定位策略。企业采用的市场定位策略主要有以下几种:

1. 创新定位策略

创新定位是指寻找新的尚未被占领但有潜在市场需求的位置,填补市场上的空缺,生产市场上没有的、具备某种特色的产品。企业可以通过调研等方式发现空隙市场,然后成为市场的先行者,这就能够帮助企业避开竞争对手,而且还能在这一新的市场内建立起进入壁垒,然后占据市场的主导位置。进行创新定位需要具备一定的条件,首先,市场上还存在尚未被发现的需求;其次,市场有足够的市场容量,能为公司带来合理而持续的盈利;最后,以企业现有的资源能力,能够进入这个市场并且获益。

2. 迎头定位策略

迎头定位也叫针锋相对式定位,这是一种与在市场上占据支配地位的、亦即最强的竞争对手"对着干"的定位方式。当企业想要挑战目标市场上竞争对手的地位时,或者在目标市场容量较大,企业有必要占领较为优势的市场地位时,企业可以选择在目标市场上靠近现有的竞争对手或与竞争对手重合的市场位置定位,来夺取与竞争者相同的目标消费者群体。这种定位的本质是直接与竞争者面对面竞争,风险很大,但也有很多企业认为这是一种能激励自己奋发向上的、可行的定位方式,一旦成功,就会取得巨大的市场优势。如"感康"和"快克"、"金嗓子喉宝"和"西瓜霜含片"之间的竞争等都属于这种定位策略。这种定位策略要求企业在产品质量、包装、服务、价格等方面有选择地改进。实行这种定位策略,必须知己知彼,特别要清醒估计自己的实力,不一定试图击败对方,只要能平分秋色就是巨大的成功。

3. 避强定位策略

避强市场定位策略也叫错位定位，是指企业避开与竞争者直接对抗，将自己的产品定位在与竞争对手不同的位置，发展当前市场上没有的某种特色产品，开发新的市场需求机会，挖掘新的市场领域。这种策略避开了强大的竞争对手，风险较小。避强定位策略可以使企业避开竞争者，避免与其针锋相对，造成双方损失。该定位策略一般风险较小，成功率较高，能够使企业迅速在目标市场站稳脚跟，较快地在目标消费者群中建立企业及其产品形象，获得竞争优势，常常为许多中小企业采用。

4. 重新定位策略

孙子曰："兵无常势，水无常形。"商场如战场，同样风云变幻，所以医药企业的市场定位也会因市场的变化而需要重新定位。重新定位通常是指对销路少、市场反应差的产品或者是产品本身好，但为了进一步扩大市场占有率，能有效地与竞争对手相抗衡的二次定位。重新定位的原因可能是目标市场的需求发生了变化，或者是竞争者加入和改变了策略，或者是企业在目标市场的地位有所改变，或者是企业发现原先的定位错误等。企业只有对已经上市的产品重新实施定位，改变目标消费者对企业及其原有产品的印象，才能使消费者对产品建立新的认识，进而改变目标市场的竞争态势，扩大企业在目标市场的地位。这种重新市场定位策略，能够帮助企业摆脱困境，再次获得竞争活力和业务的增长。

 课后习题

一、单项选择

1. 解决"是什么"的调查类型是（   ）。
   A. 探索性调查   B. 描述性调查   C. 因果性调查   D. 预测性调查
2. 最常用的实地调查法是（   ）。
   A. 询问法   B. 观察法   C. 实验法   D. 文案法
3. 关于面谈询问法的特点，表述不正确的是（   ）。
   A. 平均费用不高   B. 问卷回收率低
   C. 影响回答的因素很难了解和控制   D. 投入人力较多
   E. 调查资料的质量较好
4. 按年龄、性别、收入、家庭生命周期、受教育程度等为标准的细分市场属于（   ）。
   A. 人口细分   B. 心理细分   C. 地理细分   D. 行为细分
5. 实力较弱的企业一般采用（   ）。
   A. 无差异性市场营销策略   B. 集中性市场营销策略
   C. 差异性市场营销策略   D. 规模化市场营销策略
6. 如果医药企业选择的目标市场属于同质市场，企业对目标市场宜采用（   ）。
   A. 无差异性市场营销策略   B. 集中性市场营销策略
   C. 差异性市场营销策略   D. 专业化市场营销策略
7. 企业市场定位是把企业产品在（   ）塑造一个特殊的形象。
   A. 消费者心目中   B. 产品质量上

C. 市场的地位上　　　　　D. 产品价格上

8. 企业避开与竞争者直接对抗,将自己的产品定位在与竞争对手不同的位置,发展当前市场上没有的某种特色产品,开拓新的市场,这种市场定位策略为（　　）。

A. 创新定位　　B. 迎头定位　　C. 避强定位　　D. 重新定位

二、多项选择

1. 询问法包括（　　）。

A. 面谈询问　B. 电话询问　C. 邮寄询问　D. 留置问卷　E. 网上询问

2. 实地调查法主要包括（　　）。

A. 询问法　　B. 文案法　　C. 观察法　　D. 实验法　　E. 探索法

3. 市场细分的因素有（　　）。

A. 地理因素　B. 心理因素　C. 人口因素　D. 行为因素　E. 法律因素

4. 市场细分的方法有（　　）。

A. 完全细分法　B. 一元细分法　C. 多元细分法

D. 系列细分法　E. 空间细分法

5. 影响目标市场营销策略选择的因素有（　　）。

A. 竞争对手策略　B. 市场同质性　C. 产品同质性

D. 企业实力　　E. 产品生命周期

6. 市场定位的方向有（　　）。

A. 使用者定位　B. 利益定位　C. 药品属性定位

D. 药品用途定位　E. 质量和价格定位

7. 市场定位策略有（　　）。

A. 创新定位策略　B. 迎头定位策略　C. 避强定位策略

D. 重新定位策略　E. 共享定位策略

三、简答题

1. 市场调查的步骤有哪些?
2. 市场细分的作用有哪些?
3. STP 营销的三个步骤是什么?
4. 有哪些药品目标市场营销策略?各种策略的优缺点是什么?

案例分析

江中健胃消食片"小毛病"创造大市场

江中制药集团调查发现消化不良市场的用药率较低,部分消费者出现消化不良(肚子胀、不消化)时采取置之不理、揉肚子或散散步等方法解决。虽然西安杨森出产的"吗丁啉"占据了胃药市场的第一位,可是它的品牌名、产品名、包装盒、白色药片等产品信息,显示其是一种化学药品,加之医生经常推荐一些类似处方药的特征,给消费者以强烈暗示,即"吗丁啉"是一个治疗相对较为严重症状的疗效较强的药品。按照常识,一般药效越强的药品,不良反应也越大,不能经常吃,只在非常必要时才服用。调查数据也证实,消费者认为消化不良是"常见的小毛病,没有什么影响"的超过 50%。显然,对于消化不良,特别是饮食不当引发的消化不良,患者常常倾向选择酵母片之类廉价又无害的药物,"吗丁啉"

并非首选。

在发现助消化药市场存在巨大的空白后,江中制药集团确定了新药品的功能定位——日常助消化药,推出了"江中健胃消食片"。

"江中健胃消食片"的定位,避开了与"吗丁啉"的直接竞争,把消费群集中在儿童与中老年,是因为他们在日常生活中多发"胃胀""食欲不振"症状。在广告片创作中,"江中健胃消食片"选用了小品演员郭冬临,主要是看中他塑造的大多是健康、亲切、关爱他人、轻松幽默又不落于俗套的形象,并制定了广告语"胃胀腹胀,不消化,用江中牌健胃消食片"。

"江中健胃消食片"用两年的时间就完成了"吗丁啉"用10年才完成的成长,品牌竞争力在整个肠胃药市场排名第二,并已成为江中制药集团中的支柱产品。

当市场出现"神方牌小儿消食片",江中迎头出击,采用广告和营销推广手段的同时,主动细分儿童健胃消食市场,加快儿童专用助消化药品的上市,趁儿童助消化药市场的竞争尚不激烈,尚无竞品占据消费者,全力将新品推向全国市场,使自己成为儿童助消化药这个新品类的代表品牌,从而巩固其市场主导权。经过充分的调查,江中公司得出"儿童助消化药市场将是未来增长最快,值得占据的细分市场",决定实施战略调整,对资金重新分配。

江中在产品方面,儿童装"江中健胃消食片"完全针对儿童进行设计。片型采用0.5g(成人则为0.8g),在规格和容量上也更适合儿童。药片上还压出动物卡通图案,口味上则是采用儿童最喜爱的酸甜味道,同时在包装上明显处标有儿童漫画头像,并不断改进,使儿童装"江中健胃消食片"的产品从各方面都更好满足儿童的需求,并提醒家长这是儿童专用产品。销售上,在儿童药品柜台进行展示。广告宣传上,直接解决家长的烦恼——孩子不吃饭,快用"江中健胃消食片",从而吸引目标消费群不断尝试和购买。儿童装"江中健胃消食片"成为消费者心中该品类的第一,其销量在全国范围都呈现飞速增长的态势。

一、分析问题

1. "江中健胃消食片"市场定位的方法是什么?抢占市场时,运用了什么市场定位策略?

2. "江中健胃消食片"针对儿童健胃消食市场做了哪些举措?

二、分析要求

1. 学生分组讨论,分析案例提出的问题,形成小组《案例分析报告》。

2. 各小组陈述各自的分析,并让同学进行相互评价。

3. 老师对各组《案例分析报告》进行点评。

实训演练

我国感冒药市场营销环境调查

【实训目的】

1. 掌握医药企业市场营销环境调查和分析的方法及步骤。

2. 正确撰写调查报告。

【实训要求】

1. 学生分成若干组,每组7~10人,按操作步骤进行调查。

2. 调查分析我国感冒药市场营销环境的要素。

3. 将调查资料整理、分析后撰写调查报告。

【实训背景】

中国经济的持续平稳发展、巨大的现实和潜在市场能力、日益老龄化的人口结构、人民群众逐渐改善的自我保健意识、无所不在的传媒渗透力、政府对非处方药的宣传和政策扶持，大大地促进了非处方药市场的发展。随着药品分类管理办法的实施，卫生体制、医疗保险体制、药品流通领域等的改革，对医药行业产生巨大的影响，药品零售市场正成为制药企业竞争的热点，以非处方药市场为主的制药企业怎样面对这样的市场环境，又如何开拓零售市场这一问题值得探讨。作为非处方药（OTC）的一大组成部分，感冒治疗药品是我国医药产品推广品牌营销中最成功的范例。而随着OTC市场走向规范，竞争加剧，药品市场竞争将进入一个崭新的时期。面对新的市场，新的机遇与挑战，众多的生产、销售企业在产品研发、市场开拓、营销组合，经营管理上采取了一系列应对措施，医药市场环境风云变幻，有越来越多的企业在这种背景下加入感冒药战团，不断有新药进入市场，正可谓风险与机遇共存。

假设你是市场调研机构或企业的一名调查员，请你在目前这种大市场背景下，对感冒药市场营销环境做一个调查，为医药企业制订决策提供有力的依据。

【演练实施】

1. 明确感冒药市场营销环境调查的目的，设计调查方案

找出影响感冒药销售的各种有利因素和不利因素，分析其影响程度，为利用环境机会，避免环境威胁，采取相应对策提供依据。

根据营销环境调查的目的，确定好调查的对象。不但要确定将哪些个人或组织、机构作为营销环境调查的对象，而且要确定被调查对象的规模，在此基础上确定一定的抽样技术和调查方法，并设计好调查方案。

2. 调查前的准备工作

根据调查目的，对企业微观营销环境和宏观营销环境进行考察，收集与企业营销战略规划有关的主要营销环境信息，根据收集信息的需要设计调查问卷，准备调查工具，组建调查队伍，进行实施调查前的人员培训工作。

3. 实施调查

本项目内容的调查方法，采用询问法调查方式收集第一手资料。结合案头调查，采用上网查、直接索取、复印、摘录、购买等方式收集二手资料。根据不同资料收集方法的特点，组织开展调查，并注重过程监控管理，保证资料的可靠性。

4. 资料整理分析

对调查资料进行整理分析，审查资料的准确性和可靠性，做到定性和定量分析相结合，分析营销环境因素的变化对企业可能造成的影响，分析可能受到的威胁以及可以利用的机会。例如：宏观环境中的机会因素可能是当地居民的收入水平较周边地区提高快，而不利因素可能是出现药品降价、市场原材料涨价等因素；微观环境中的机会因素可能是当地一家终端药店扩大规模，不利因素可能是有一竞争品牌的同类型感冒药产品出现等。对于威胁与机会的判断必须客观、准确，这对于企业营销战略的构想与决策至关重要。

5. 撰写调查分析报告

针对未来环境可能出现的威胁和机会，结合企业的现状，提出适应未来环境变化的设

想，为企业制订营销战略提供有价值的参考性意见，形成营销环境调查分析报告。

【考核评价】

考核项目	要　　求	分值	实际得分
调查准备	微观环境、宏观环境分析调查清晰	30分	
	调查人员培训有计划有落实		
	调查问卷设计合理		
调查实施	调查问卷发放数量合理，回收有效问卷比例高	20分	
	资料分析全面，威胁与机会的判断必须客观、准确		
调查报告	调查报告格式准确，内容全面	40分	
	无明显缺陷，在调查中应有创新		
团队合作	全体成员100%参与，分工明确、具体	10分	
合　计		100分	

第五章
药品销售人员素质要求

> **导入案例**
>
> 有一个销售员在工作中与某部门的副主任产生一点误会,所以,她想请该副主任一起就餐,顺便化解误会,建立良好的关系。第一次,该销售员安排好就餐事宜,就餐前十五分钟来到酒店等候副主任的到来。但是,副主任在就餐时间过了半小时才打电话给她,说临时有一个重要的会议需要参加,不能来就餐。这显然是一个借口。该销售员早有心理准备,就安排第二次就餐,选择了一个更高档的酒店,副主任还是寻找借口不如期赴约。第三次邀请,该副主任干脆不予理会。一般的销售员遇到这种情况早就泄气了,但是,该销售员第四次仍然诚心诚意地邀请副主任就餐,副主任终于被感动,如期赴约,最后他们成为非常好的朋友。
>
> 讨论分析:请结合本案例,分析销售人员应具备哪些基本素质?

第一节 销售人员应具备的素质

一、基本素质

医药产品虽然是一种特殊商品,具备一定的特殊性,但它首先是商品,同样具备一般商品的共性。这种既具备商品的共性又具有高于普通商品的特性,表现在产品的销售与产品的推销上,其理念、方法、要求等都非同一般。从推销人员的基本素质要求分析,除需要具备一般商品推销的知识技能外,还需要较系统的药学知识及医药行业背景。

1. 会做人

推销人员能够将药品推销出去的重要前提就是能将自己先推销出去。推销人员的言行直接关系企业形象,对企业的声誉有重要影响。推销人员必须相信自己,相信自己的团队,相信自己所代表的产品,在和顾客的交往中懂得尊重与自尊,表现出开朗和谦虚的品质。特别地,在代表企业进行社会交往和协调关系中,不谋私利,为人正直,处事公道;在本职工作中,更应尽心尽责,恪尽职守,能充分履行自己的社会责任。

坚韧不拔、吃苦耐劳,也是医药推销人员必须具有的素质。不少市场总监都非常欣赏具有奋斗精神的营销人员,认为艰苦奋斗是营销人员的必备要素和成功保证。

2. 会服务

进行市场推销的关键就是发现顾客需求并想方设法满足它。在这个过程中,推销人员的服务精神与方法起着至关重要的作用。医药产品推销人员只有具有帮助或服务他人、满足他人需求的强烈意念,他们才能竭尽全力去发现和满足顾客的需要,努力去了解和沟通,然后才能帮助或服务顾客。

医药推销人员的服务精神往往表现在动机和行动的强度上。在实际工作中,他们必须收集有关客户的真正需求,找出符合其需求的产品或服务;愿意个别承担顾客服务问题的责任;担任可信赖的顾问角色,依照客户需要,提出独特见解。

3. 会调研

在信息爆炸时代,市场信息的价值不可估量。对于推销人员来说,收集和利用相关信息的能力在很大程度上决定了他们推销活动的成败。医药推销人员需要收集的信息主要包括顾客和竞争对手两方面,而且会因为工作内容与环境的不同而有所差别。但无论是哪一个方面的内容都必须包括:探知一系列存在的问题,针对供需矛盾,不断探讨、挖掘可行的解决方法,寻找未来可以使用的一切潜在机会等。

许多市场总监认为,对信息越敏感就越能成功。优秀的推销人员应该具有强烈的好奇心,主动进行相关信息的收集,不能盲目接受已有内容,墨守成规。

4. 会交际

牢固的人际关系是医药推销人员开展药品推销活动的坚实平台,也是他们成功的必要条件。推销业务关系的建立涉及多方面的内容,既包括私人的,也有公务方面的;既有客户方面的,也有企业内部方面的;既有与医院、医生之间的,也有与普通患者的;既有经济利益的,也有人际情感方面的。推销人员想在这方面有好的表现,必须具有较强的公关能力,这包括自我认识能力、表现能力、观察能力、记忆能力、思维能力、交往能力、劝说能力、演示能力、应变能力、反馈能力和自学能力。推销人员在建立业务关系的过程中,必须考虑包括文化在内的各种影响因素,同时辅以实实在在的行动,努力获得"人格认证",这样才有助于成功。

5. 知识全

知识经济时代,理应用知识换取成功。医药产品属于高科技产品,关系大众身体健康与生活质量,因此每个医药推销人员都必须具有渊博的知识才能顺利完成销售任务。这些知识包括行业知识、营销知识、客户知识、公司知识、企业文化、操作规程、产品知识、药学知识、相关医学知识等等。传统推销观念是以企业或现有产品为出发点强调对现有产品的推销和宣传,而现代推销的观念则以消费者需求为出发点,强调以企业为整体的营销活动。所以医药推销人员还必须具有渊博的基础知识,同时精通本专业的知识,包括商品、心理、市场、营销、管理、公关、广告、财务、人际交往等。在此基础上,推销人员还必须具备广泛的兴趣和爱好,将药品推销作为一项伟大的事业来经营。只有这样,推销人员才能与客户有更多的共同语言,并利用专业知识去打动顾客。

二、综合素质

国外学者在总结众多成功推销员的成功经验后,总结出了现代推销人员应该具备的综合素质。

1. 行业和企业知识

推销人员必须首先具备必要的、广泛的医药行业知识,包括行业现状、前景、行业的结构、市场动态、竞争程度、同业产品、相关科学技术条件等。同时,推销人员必须了解自己代表的企业情况，包括企业的发展历史、经营目标、企业文化、产品特色、研发储备、营销政策、各种管理制度等。

2. 在企业和行业中的人际关系

推销人员必须通过努力在企业和行业中建立起一整套广泛而稳固的人际关系，这样才能广开信息来源，增加合作机会。

3. 信誉和工作业绩

推销人员要在企业的主要活动中保持很高的声望和出色的工作业绩，这样一方面利于推销工作的筹划，另一方面能够更好地影响或管理其他推销人员。

4. 能力和技能

推销人员必须具备的能力与技能包括：①思维敏捷，较强的分析能力，良好的判断力，以及能从战略上、全局上考虑问题的能力等；②很强的人际交往能力，能迅速建立起良好的工作关系，感情投入，有说服力，注重对人及人性的了解。

5. 个人价值观

人既是经济人又是社会人。因此在市场推销活动中，除了考虑通常的经济利益外，顾客与推销员之间还会有感情的交流与沟通。因此人格与人品也构成了推销力的重要组成部分。如果能公正地评价所有的人、事和组织，能公平地处理各种关系或矛盾，无疑能在推销自我的过程中处于有利地位。

6. 进取精神

推销工作是一项挑战性的活动，随着竞争压力的增加，阻力与困难不可避免。除需要有充沛的精力外，还需要很强的正确的工作动机，即建立在自信心基础上的对未来美好生活和成就的追求。

三、心理素质

推销总是在人与人之间进行，它涉及买者与卖者双方的复杂心理活动。从推销的角度讲，心理素质是指推销人员在推销过程中应具备的心理因素，如坚强的意志、良好的气质、豁达的性格等。

1. 坚强的意志

意志是指一个人为了明确目的去克服困难的心理活动。推销员在推销的过程中难免会碰上这样或那样的困难，所以，现代的推销员如果没有克服困难的坚强意志，就很难完成推销任务。

推销的过程中，最可怕的敌人不是竞争对手，而是自己。意志消沉，缺乏信心，才是自己看不见的最可怕的敌人。推销失败并不可怕，可怕的是在失败面前垂头丧气、怨天尤人。有一句名言"失败乃成功之母"，成功的经验需要总结，失败的教训也需要总结。世界第一流的推销专家，也不可能每次推销都是成功的。关键是怎样面对失败。国外企业界流传着这样一种说法："赚一千元的成功经验，不能等于赚一亿元的成功经验；亏一千元的失败教训，往往会转化为赚一亿元的途径。"推销员应时刻谨记："有志者事竟成，无志者事无成""精诚所至，金石为开"。

2. 良好的气质

气质从心理学的角度讲，是指人的高级神经系统活动类型的特点在行为方式上的表现。

公元前 5 世纪古希腊医生希波克拉特认为人体内有四种液体，即血液、黏液、黄胆汁、黑胆汁。这四种液体在人体内的比例不同，形成了气质的四个类型，即多血质、胆汁质、黏液质、抑郁质。多血质的人体液混合比例中血液占优势，胆汁质的人体内黄胆汁占优势，黏液质的人体内黏液占优势，抑郁质的人体内黑胆汁占优势。这种用体液解释气质类型的观点虽然缺乏坚实的科学根据，但把人的气质分为这样四个类型在今天看来仍具有其合理性。结合巴甫洛夫的高级神经活动类型学说（高级神经活动有四种基本类型），以及对心理活动的观测，这四种不同气质类型分别有以下特点：多血质，相当于高级神经活动强而平衡灵活型，表现为活泼、敏感、好动、反应迅速、喜欢与人交往、注意力容易转移、兴趣容易变换；胆汁质，相当于高级神经活动强而不平衡型，表现为直率、热情、精力旺盛、情绪易于冲动、心境变换剧烈；黏液质，相当于高级神经活动强而平衡不灵活型，表现为安静、稳重、反应缓慢、沉默寡言、情绪不易外露、注意稳定但又难于转移、善于忍耐；抑郁质，相当于高级神经活动弱型，表现为孤僻、行动迟缓、体验深刻、多愁善感、善于觉察别人不易觉察到的细小事物。人的气质本身没有好坏之分，但每种气质既有积极的一面，也有消极的一面。所谓的良好气质，是指在人的固有气质基础上去充分发挥其积极的一面，克服其消极的一面。推销员每天接待各种不同气质的顾客，并要打动顾客的心，有必要根据自身的气质特点，创造出独具特色的魅力。

3. 豁达的性格

性格是指人表现在态度和行为方面比较稳定的心理特征。人的性格主要是在后天形成的，是个性的核心部分。推销员在推销的过程中，第一件事不是推销产品或服务，而是推销自己。我们经常听到这样的话："很讲信用，我相信他""某人为人很好，我愿意买他的产品"，这说明推销员的性格在推销活动中具有多么重要的地位。先卖人，后卖物；先赚人，再赚钱。因此，成功的推销员应学会调节自己的性格，尽可能做到诚实、大方，为顾客着想，巧而不滑，智而不奸，有豁达的性格。

四、身体素质

推销人员的工作既是一项复杂的脑力劳动，也是一项艰苦的体力劳动。推销员每天都要与形形色色的人打交道，还要经常外出推销，需要有充沛的体力和精力。所以推销人员一定要具备健康的身体，甚至健美的身材。

现在一说身材，很多人都会说身材只是外表，但是不得不承认，好的身材和外表会更快速地让人认识你，不是所有人都愿意留出时间剖开你的外表，来看透你优秀的内心。并不是大家只看外表，只是很多人会通过你的外表来了解你的生活习惯。你的身材是别人接触到的第一印象。自律不仅仅是为了有一个好的身材，更是为了让自己能够更好地管理自己，所以说一个健康合理的生活是多么重要。好的身材也是一种财富。一个好身材，能够让自己更加自信，从而会由内向外散发出一种自信的美丽，为自己再增添一种魅力。

第二节　销售人员应具备的知识

一、企业知识

1. 企业的历史

推销员应掌握企业的创建时期、发展历程、经营的指导思想、经营的方针、使命与愿景、企业发展壮大的背景知识、发展过程中的名人轶事等。掌握这些企业的知识可以使你与顾客交谈时，显得知识渊博，有利于树立推销员自身的形象，增强推销员的工作自豪感和归属感；而且有些老顾客与企业交往多年，通常喜欢叙旧，有利于培养融洽的谈话气氛，加深顾客对企业的了解，增强顾客对企业的信心。

2. 企业规模的大小

推销员要熟悉企业的规模大小。在与顾客的洽谈中，顾客一般会认为规模大的公司比较可信，销售过程也比较有优势。企业规模的大小可以通过下列指标反映：①市场占有率；②原材料的运用；③日产量、年产量；④公司雇员人数；⑤工厂、办公室的规模、数量；⑥资产总额。

3. 企业的财务状况

推销员应了解企业的资产、负债情况，在与顾客签订合同、顾客支付产品交易的预付款等时，都必须知道这些情况；否则，推销也难以成功。

4. 企业的领导层与组织机构

推销员应了解企业的领导层的职务、姓名、行业地位、名望等，对那些与销售有关的部门和人员应非常熟悉。

5. 企业的规章制度

推销人员要熟悉企业的各项规章制度和政策：企业的赊销规定，如赊销的资格、赊销的条件、赊销的界限；企业的价格政策，如现金折扣、季节折扣、数量折扣、各种折让等；企业的服务措施，如分销措施、保证措施、退货条件、包装规定、销售援助等。

有些企业新招聘的推销员，既不对他们进行培训，也不将企业的基本知识向推销员进行介绍，当推销员外出开展业务时，顾客向推销员提出的有关企业的问题，推销员却一问三不知，可想而知，推销不成功是肯定的，更关键的是会严重挫伤推销员的自信心，影响企业的形象。

案例分析

新来的业务员

一名新招聘的推销员在推销药品时遇到了一位热心的顾客，在某家药店，经过产品介绍之后，顾客问起推销员所在企业的情况，下面是他们的对话。

顾　　客：你们的总经理叫什么名字？

推销员：潭××。

顾　　客：你们这种产品是自己生产的还是代理别的厂家的？

推销员：唔，……是我们自己生产的吧。

顾　　客：哎，怎么产品上面打着石家庄厂家的牌子？

推销员：这，……

顾　　客：你们公司总工程师是谁？

推销员：对不起，我是刚刚来到这家公司的，我不太清楚。

请　　问：这位推销员的业务能成功吗？为什么？

二、医药知识

1. 医药类知识

基础药学类至少应包括中医药学基础、基础化学、药物化学、分析化学、生化药物、生理药理、药剂学等专业知识；医学类包括基础医学、临床医学等内容。掌握了基本的医学知识，就可以更深入地了解药品的作用，有助于掌握药理和药动、药代学的基本原理。

2. 产品知识

产品知识主要包括药品的性能、用途、疗效、价格、服用方法、禁忌、保存等方面的知识，以及产品剂型、生产基本流程、主要原辅料等生产知识。

3. 医药行业知识

医药行业知识主要包括中国医药卫生概述、医疗机构组成和现状、制药工业概述、药品推广行为准则和相关法律法规等方面的内容，例如《中华人民共和国药品管理法》《处方药与非处方药分类管理办法》、GLP、GSP、GMP、GAP等。同时，作为商品流通的药品也要服从国家各项法律的约束，因此基本的民法、税法和刑法的相关条款也应当有较多的了解。

三、销售知识

销售知识是指推销人员为完成推销工作所必需的背景知识，主要应涉及管理、营销、人文、社会、心理、法律等方面，例如管理学、会计学、统计学、营销学原理、现代广告学、国际市场营销、物流及供应链管理、电子商务、消费者行为学、营销调研、推销艺术与技巧、营销管理、营销策划、经济法等。这些知识的掌握将有助于提高推销人员发现问题、分析问题、解决问题的能力。

四、顾客知识

推销员要懂得顾客的购买心理和购买行为方面的知识，掌握谁是推销产品的目标顾客、目标顾客的规模有多大、目标顾客的需要是什么、他们的购买动机如何，还要了解顾客的购买习惯、购买过程、购买方式等心理状况，从而能根据产品特点并针对不同的顾客、不同的心理状况，采取不同的推销策略。

五、竞争对手知识

推销员应了解竞争对手和竞争产品的情况，知己知彼，百战不殆。了解竞争企业的市场策略、目标市场、生产规模等；了解竞争产品的特色、价格、服务、付款方式等。竞争情况掌握得越清楚，推销员在推销中就越主动、越自信，销售交易成功的机会就越大。

第三节 销售人员应具备的能力

一、基本功

一个好的推销员应该借鉴华佗的治病箴言"望、闻、问、切"来向用户和消费者推销产品。

1. 望功

望功即观察客户，一眼识别客户的层次、素质、需求、喜好等；洞察力，即感知他人心理活动的能力或善于站在对方的立场上考虑问题。这首先要求推销员善于倾听,能察言观色,善于抓住客户的潜意识。另外,还要能设身处地为顾客着想,帮他们解决各种困难,解除其后顾之忧。敏锐的洞察力是一个优秀的推销员必备的素质,如果不能清楚地觉察到消费者内心的真实想法,又怎么能将产品推销给消费者呢?此时考验的是推销人员的观察能力。

2. 闻功

闻功即听的技巧。推销人员需要倾听顾客的叙述,必须给客户表白的时间,耐心地听,高质量地听,客户没有耐心为你重复强调重要的地方,有些时候客户甚至会自然不自然地隐藏他的真实需求,这就更需要"闻"的艺术。此时考验的是推销人员的倾听能力。

3. 问功

问功即通过自己有计划的提问,探询出顾客真实的需要或内心想法。顾客的需要可以分为两类,一类是显性的,即顾客已经明显感觉它的存在,并在努力寻找满足的方法与途径,这些推销工作相对容易;另一类是隐性的,即需要虽然存在,但顾客由于种种原因暂时没有认清,这类推销难度较前一种类型会大许多,需要推销人员通过多种方式,包括有意识的提问方式使隐性需要显性化。此时考验推销人员的语言表达能力。

4. 切功

切功即实际考察客户的经营状况,从而具体了解其经营销售业绩、存在问题、改进途径等。如药品销售情况、顾客资金状况,通常顾客的回答都不一定完全正确,从而影响到推销人员的回款、进货等进一步的工作。特别是在提高药品销量或让顾客支付货款时,推销人员就需要实地考察医药商业公司、医院等客户的实际情况,在与公司领导协商后采取有效措施。此时考验的是推销人员的分析、判断、协调等能力。

二、良好的表达能力

表达能力是医药推销人员最主要的能力之一,因为药品的特殊性,它不能像一般商品如电脑、汽车、服装、食品等那样可以通过产品展示或者试用、试驾、试穿、试吃等形式向顾客推销,更多的是通过各种有效的临床数据或检测报告,主要采用语言表达的方式向顾客推销。因此,建立在良好专业背景基础上的表达能力是药品推销人员的第一能力。

通常,医药推销人员表达能力可分为口头表达和书面表达两部分,因此能写善讲是一个合格的销售员应具备的重要素质之一。

1. 口头表达能力

口语是人们日常交往中使用频率较高的一种推销手段。你的想法或许很独特、很巧妙,但是如果你不能在众人面前表达出来,又有谁会知道呢?你的产品优点再多,但是你不讲给你的顾客听,顾客怎么知道你的产品确实很好呢?所以这时要锻炼的就是你的表达能力。如果你既知道如何讲、讲什么、什么时间讲,而且讲的时候还能够根据具体环境、场合、角色等要求,抑扬顿挫、轻松愉快、很受客户的欢迎,这就是你的语言魅力。

销售人员的语言表达能力表现在语言要清晰,简洁,明了,准确适度,入情入理,亲切优美,能打动人,说服人,能感染对方,激发起顾客的购买热情,形成良好的销售气氛,达到销售的目的。总体来说,对推销员的语言要求主要有以下几点:①推销员的语言应该使消费者听起来舒服,愉快;②推销员与消费者交谈时,应始终保持一种商量的口吻,避免用命令式或乞求的语气;③推销员在与消费者洽谈时,必须有意识地运用停顿和重复。恰到好处的停顿，会使消费者回顾起对你有利的销售信息，重复会使你的商品的特殊优点给顾客留下更深的印象；④推销员在谈话中应注意自己的语调，掌握说话速度，以便控制整个销售谈话，使自己处于主动地位；⑤谈话时，应做到简明、恰到好处，过多的废话会引起顾客的反感。

2. 书面表达能力

书面表达也称为文字表达，写各种发言稿、总结材料、申请、报道、说明等场合需要用到它。没有一个良好的书面表达能力，推销人员的口头表达也会受影响。

医药企业在对外联系或内部职能部门间相互联系的时候，需要通过文件、报告、函件、报道、总结、简报、展板、演说等形式进行。这些语言和文字媒介，常常直接体现着企业的政策和形象，反映企业内部的业务文化素养。所以，优秀的推销人员常常要在说话写文章方面做出很大的努力，力求在这两方面都具有较强的能力和较高的水平。

3. 办公软件操作能力

对于现代职场人来说，掌握办公软件的操作是基本的岗位要求之一，而办公软件通常又分为很多种，有通用的工具类办公软件，比如数据分析、文字处理、图片处理、方案设计等，还有大量专用的办公软件，比如不同行业领域的 ERP 等等。

医药销售人员呈现给顾客的资料、数据报表等如果经过很好的美化和精心的设计，不仅赏心悦目，而且呈现了销售人员的专业水平和素养。

三、组织策划能力

医药企业推销人员的组织策划能力，是指他能够根据企业的销售任务，合理使用营销资源，为完成销售指标进行必要的活动组织策划工作。为保证企业产品的销售，企业需要开展各项活动，如产品展示会、新产品推广会、学术讲座、记者招待会、各种联谊会、日常的接待等。此外，推销人员还需要参加各种类型的会议，有公司层面的、有销售部门的、有地区销售公司的、有办事处的等。这些活动与会议的资料整理和信息的传递等工作，都需要相关推销人员进行周密的计划和认真的组织。每一项推销活动效果如何，很大程度上取决于组织者的组织策划能力，也反映出企业的整体管理素养。

此外，大多数情况下医药推销人员是由个人单独承担一个城市、一家医药公司或一家医院的开发、维护、进货、上量、回款、技术服务等全部工作，因此对其组织策划能力的要求尤其突出。

四、社交能力

社交能力是从事销售工作必备的重要能力之一，是衡量一个销售员能否适应现代开放社会和做好本职工作的一条重要标准。销售员要善于与各界人士建立亲密的交往关系，而且还必须懂得各种社交礼仪。医药推销人员的社交能力还可进一步细分为亲和力、人际力、说服力、聆听力和见识力等。

1. 亲和力

亲和力是指人与人之间迅速建立起来的思想交流、情感沟通的方式或手段。具有亲和力的人，容易使别人对你产生好感，而你在别人的印象中多半也是良好的、重要的、可信赖的，因而人们向往与你结交。亲和力对销售人员尤其重要。亲和力成为你与朋友友谊的纽带。非凡的亲和力有助于你的销售事业，使你业绩斐然。亲和力在销售过程中显得尤为关键。只有当客户接受你这个人的时候，他才会接受你所销售的产品。

2. 人际力

不了解他人的风格，却想建立某种联系是不可能的，要成为一个出色的销售人员，就要学会怎样去适应别人。要努力提高行为的适应性，建立良好的人际关系。

3. 说服力

这是一项鼓励人们接受你的领导，或是采纳你的意见的一种技巧。一个观点，无论它有多么伟大，倘若不被采纳都是无济于事的。例如你对销售的产品宣传得很好，但是顾客最终还是没有购买。顾客没有采取购买的行动，是不是你说服的技巧还有问题？这就是你需要具备的一种能力。

4. 聆听力

对于那些受教育较少，甚至疏于训练的人来说，多听一听也是一把交流的钥匙。要让对方感觉到你很重视他，你要学会聆听别人，多听就是聆听的技巧。

5. 见识力

见识力，即所谓的"见多识广"。很多人之所以具有超强的见识力，就是因为"看得比别人多"。因此，他们不但具有丰富的经验和广博的见闻，仿佛他们就是一本活字典，往往还具有见怪不惊的风度，临危不惧的气场，忙而不乱的雅致，乃至视死如归的情怀。如果希望训练自己的见识力，除了日常的博闻强记之外，还需要有意识有目的地多承担、多锻炼、多负责、多学习、多创新……如此，自然而然可以增加见识。

五、观察判断能力

医药推销人员需要具备敏锐的观察力和灵活的反应能力，也可细化为人际观察判断能力、业务观察判断能力、较强的心理自控能力等。

消费者选购商品的时间一般比较短暂，建立良好的购销关系主要是在这一短暂的时间内进行的。同时推销者要为顾客提供物资需要、心理需要和良好的售后服务，这就要求推销者有敏锐的观察力。从刚一接触顾客开始，对方的每一个动作都会反映出其购买心理；与顾客交谈更是顾客需求的直接表达方式；顾客的询问或许是对产品的态度与顾虑；挑选商品的行为表现可以透露出顾客对产品的认知程度等等。这些都需要推销者用敏锐的观察力来洞悉，从而对顾客的消费心理作出准确的判断和把握。

敏锐的观察力是在长期的实践操作中磨炼出来的，并需要细心体验、认真总结。推销员的职业特点决定了其所处的复杂的社交环境，他们要接触许许多多不同类型的顾客。由于顾客需求、购买动机、爱好兴趣、习惯性格等不尽相同，所以推销者要针对每一位顾客的具体情况，以灵活的反应能力做出迅速准确的判断，从而使顾客满意。

六、市场调研开发能力

市场调研开发能力指医药推销人员寻找市场、进入市场、占领市场、巩固市场的能力。企业的产品销售需要围绕具体市场展开，而具体的市场特性决定了营销策略的特色。通常，一个具体细分市场的信息是企业营销策略的基础，而这些信息的获得完全要靠企业营销人员的努力。要学会在浩如烟海的信息中寻找需要的东西，并从零星的、看似无关的信息中提炼出有价值的情报。当营销策略制定后，还需要推销人员来具体执行，因而要求推销员具备进入市场、占领市场、防御竞争的系统能力。具体而言推销人员需要具备以下能力：

1. 使用市场营销组合的原理进行实际市场运作的能力

① 能把握产品的特性与可适用于哪些患者、医院及科室之间的关系，能够按市场细分

原理的要求确定所推广产品的目标人群、目标地区、医院、科室及医生。

② 懂得产品价格制订过程中的具体要求，并能分析产品价格与销售区域、消费者人群及收入、当地医疗保险政策、不同档次医院、科室的承受度的关系。

③ 具备根据产品特点、国家政策进行销售渠道的建立、中间商选择、渠道维护与管理的能力。掌握各种促销要素的特征特点、使用要求等，有进行产品促销活动策划组织及实际运作的能力。

④ 能够使用科学的方法，有目的地收集、记录、整理并分析所促销产品的市场潜力及竞争对手的情况；具备了解顾客的总体内部环境，并围绕促销工作寻找各层次宣传推广运作过程中的主要障碍并分析其原因的市场调研能力。

2. 动态分析产品竞争状态的能力

医药推销人员须经常利用SWOT分析法对产品的临床使用情况、产品的配销政策情况、销售网络的建立与稳固情况、市场的占有率情况、医生对产品的忠诚度情况、企业的内外部环境情况等方面进行动态分析，找出企业及产品的优势（strengths）、劣势（weaknesses）、机会（opportunities）与威胁（threats），并进行准确的评价，从中了解本身所处的竞争状态，适时改变策略及工作方法以减少威胁、转劣为优、把握机会，尽可能争取产品销售的长久最佳状态。

3. 客观分析推销成败的能力

(1) 产品因素　产品是否疗效差、副作用大，或有其他更好的替代品种等。

(2) 市场因素　消费者层次与收入水准，国家或地方政策影响、其他同类产品是否竞争力占优。

(3) 企业因素　企业形象、品牌市场价值高低、美誉度情况、销售政策、服务水平、其他部门配合情况等。

(4) 推销人员自身因素　知识水平、能力结构、主观努力是否足够以及推销方法是否有待改善等。

知识拓展

顶尖销售人员的十大必备能力

1. 讨人喜欢的感觉、让别人相信你
2. 行动力
3. 事前准备的习惯
4. 健康、第一印象
5. 产品知识了如指掌、对手的产品如数家珍
6. 时间管理
7. 主动拜访新客户的能力
8. 介绍产品的方法与技巧
9. 解除抗拒点的技巧
10. 成交

第四节　销售人员的基本礼仪

一、仪表

如果汽车交易商准备卖掉一辆旧汽车的话，他会怎样做呢？首先，他把车送到修理车间里，将表面的擦痕都磨光，并重新刷漆。然后再将车内粉刷一新，换上新轮胎，调整好发动机。总之，使之重新焕发出光彩。为什么要这样做呢？因为汽车交易商知道外表鲜亮的汽车一定能卖个好价钱。这与推销工作是一样的。要记住，仪表不凡和风度翩翩将使你在顾客的眼中身价倍增，为成功打下基础。

仪表是指推销员的外表，在人际交往的初级阶段，往往是最能引起对方注意的，人们所说的"第一印象"的产生多半就来自一个人的外表。一个人如果有好的外表，他就能产生自信心；相反，如果忽略了衣着和装饰，外表不很完美，顾客不时投来挑剔的目光，这种自信心就会消失。仪表端庄、穿戴整齐者比不修边幅者显得有教养，也更懂得尊敬别人，这已成为一般人的思维定式。

首次与顾客见面，不要总想着怎样把东西卖给顾客，而是要想着怎样才能给顾客留下好印象。服饰是服装与饰物的统称。俗话说："人靠衣装，佛靠金装。"合适、得体的服饰给人以愉悦的感觉，所以推销员应注意服饰是否搭配、适宜。服饰方面总的原则要求：协调得体，整洁大方，干净利落，不穿奇装异服，不佩戴繁杂的装饰。推销人员的服饰装扮应遵循TPO原则，即根据时间（time）、地点（place）、场合（occasion）来选择相应的着装。具体讲，推销员的着装标准没有固定的模式，应根据预期的场合、推销商品的类型、即将拜访的顾客的社会地位、经济状况和文化程度来决定穿着。

知识拓展

销售人员衣着标准

美国著名的服装设计师约翰·T·莫洛依曾为推销员提出了一些衣着标准：

1. 推销员应该身穿西服或轻便西装。
2. 推销员的衣着式样和颜色应尽量保持大方稳重。
3. 不要佩戴一些代表个人身份或宗教信仰的标记。
4. 推销员最好不要穿流行衣服，不要佩戴过多的饰物。
5. 尽量不戴太阳镜或变色镜，只有让顾客看见推销员的眼睛，才能使他们相信推销员的言行。
6. 外出时要带一支比较高级的圆珠笔、钢笔和一个精致的笔记本，并携带一个较大的公文包。
7. 可以佩戴代表公司的徽标或穿上某一种与产品印象相符的衣服，使顾客相信推销员的言行。
8. 尽可能不要脱去上装，以免削弱推销员的权威和尊严。

二、仪容

仪容是指人的容貌。仪容是仪表的重要组成部分，是由发式、面容以及人体所有未被服饰遮掩的肌肤（如手部、颈部）等内容所构成。仪容在人的仪表美中占有举足轻重的地位。面容是人的仪表之首，也是最为动人之处。由于性别的差异和人们认知角度的不同，男女在面容美化的方式方法和具体的要求上均有各自不同的特点。

1. 男士面容的基本要求

男士容貌以"洁"为原则，应养成每天修面剃须的良好习惯，修理胡须，修理鼻毛，清理眼角、耳孔。切忌胡子拉碴去拜访顾客，这是对他人不敬的行为。

2. 女士面容的基本要求

女士容貌以"雅"为原则，淡雅、清新、自然。应注意护肤，可选择适合的化妆品和化妆方法，一般是以淡妆为宜，略施粉黛、淡扫蛾眉、轻点红唇，恰到好处地强化可以充分展现女性光彩和魅力的面颊、眉眼与唇部。如果妆化得过于浓艳，往往会使人觉得过分招摇和粗俗。

三、言谈举止

仪表与服饰对于给顾客形成第一印象起到了较为重要的作用，但要想别人为你敞开心灵的大门，推销员的言谈举止同样起着决定性的作用。推销的感染力＝文字内容×7％＋声音×38％＋形态×55％。如果说仪表是取得与顾客交谈的钥匙的话，那么言谈举止是征服顾客心灵并取得其信任的推进器。美丽的外表只能引起顾客的注意、好感，为推销活动打开一个好的开端；要真正赢得顾客的信任，还要靠推销员流畅的语言、优雅的举止、良好的气质与风度。

1. 言谈

产品推销大多数是推销员通过与顾客面对面的交谈来进行的，所以，交谈的艺术与技巧显得尤为重要。推销的核心是说服，语言比仪表、服饰更重要。老练的推销员往往会认真仔细地总结出一套说话的技巧，他们已充分体会到，练就一种随机应变的、清晰而又充满热情的说话方式十分必要。既然语言的作用很大，要求推销员应加强自身的语言训练，提高表达水平，积累交谈技巧，掌握谈话艺术。

推销员与顾客交谈时，声音应该温和而友好。一般来说，声音低一些要比大嗓门更显得温和有礼。而且，改变声音并不容易，但放小音量却十分简单。推销员应在语气、语调、语言流畅上多下功夫。想使你的声音更有吸引力：不要说话过快或过慢，语气语调不要一成不变，不要过于高声或过于轻柔，说话时情绪饱满也是非常重要的。具体来说，推销员在交谈中应注意以下问题：

① 发音准确，注意语音、语调、语速及停顿。

② 条理清楚，逻辑性强，不能前言不搭后语，自相矛盾；不能讲话没有中心，让顾客莫名其妙。

③ 谈话有理有据，不能强词夺理。

④ 交谈富有热情，充满活力，使人感受亲切，有渴望交流的欲望。

⑤ 在同顾客交谈时，不能随意讽刺挖苦顾客，攻击竞争者。

⑥ 不要与顾客争辩，不要开粗俗的玩笑，不要故作幽默，使人感觉俗不可耐，而且也容易刺伤顾客的自尊心。

拓展阅读

如何赞美别人？

1. 赞美的具体化

空泛化的赞美，虚幻、生硬，使人怀疑动机；而具体化的赞美，则显示真诚。一千遍的"你真漂亮"，不如说"你像张曼玉"。你说她眼睛漂亮，也比说她人漂亮要有效得多。

2. 从否定到肯定的评价

这种用法一般是这样的："我很少佩服别人，你是个例外。"

3. 见到、听到别人得意的事、物，一定要停下所有的事情，去赞美

4. 名片问题

名片是一个人成功的写照，有三个方面可以赞美：一是名片本身，如生僻字要请教；二是看单位，行政单位、外企都可以赞美，因为每个行业都有自己的特色，都是可以赞美的；三是看职务，职务越多越要赞美，他写那么多就是要你赞美的。

5. 适度指出别人的变化

这种意义是你在我心目中很重要，我很在乎你的变化。

6. 与自己做对比

通常情况下，一般人是很难贬低自己的，如果你一旦压低自己同他人做比较，那么就会显得格外真诚。这一招特别适合于领导使用，会给属下一种莫大的鼓舞。

7. 逐渐增强的评价

2. 举止

语言只是推销员与顾客交流的方式之一，在具体的推销过程中，推销员大量运用的却是非语言符号，即体语（如面部表情、手势、站姿、坐姿、走姿等）。非语言符号可以表达语言的未达之意，甚至比语言更生动形象，可以更真实地表达人的内心世界。

（1）微笑　微笑能建立信任。综观历史，在任何时代、任何地区、任何民族中，微笑都是表示友好意愿的信号。推销时的微笑，表明你对顾客交谈抱有积极的期待，蕴含着友善、亲切、礼貌、关怀。

（2）脸部表情、目光　面部表情要热心、细心、快乐、自信；面部表情不要冷漠、失望、怀疑、愤怒。不要以为自己可以控制面部表情。记住，你的心情即是你的表情！

目光接触，是人世间最能传神的非语言交往。眼神自然地在传递思想，沟通信息。人的目光，有严厉的，也有慈祥的；有凶狠的，也有友善的；有灼人的，也有胆怯的。彼此之间的简单对视，可以是含情脉脉的暗送秋波，也可以是带有威胁和警告的暗示，是想从精神上压倒对方。异性朋友敢于长时间的对视，则意味着彼此感情和关系的升华。在互相不太亲密的交往对象之间，直愣愣地盯着对方，在许多的文化背景中是失礼的行为；而上下打量人更是一种轻蔑和挑衅的表示。

直视对方，同时避免让对方感到压力时，请用双眼看着对方的任意一只眼；交谈时视线不要离开对方；面对顾客时，避免眼珠不停地转动和不停地急速眨眼。

目光接触的学问不少：互相凝视片刻表示坦诚；互相瞪眼，眈眈而视表示敌意；斜着眼扫一眼表示鄙夷；正视、逼视表示命令；不住上下打量对方表示挑衅；左顾右盼，低眉偷觑

表示困窘；行注目礼表示尊重；白对方一眼表示反感；双目大睁或面面相觑表示吃惊；眼睛眨个不停表示疑问；眯着眼看表示高兴，也可表示轻视。在推销过程中，目光与眼神所起的作用是不可低估的。

(3) 手势 手势是体态行为中最具表现力的身体语言，人们常常在谈话时配以恰当的手势，往往能起到表情达意的良好效果。推销人员在与顾客交往的过程中，可适时运用恰当的手势，配合与顾客说话的内容。在推销交往时，手势动作能起到直接沟通的作用，对方向你伸出手，你也迎上去握住它，这是表示友好与交往诚意。相反，你无动于衷地不伸手，或懒懒地稍微伸伸手，顾客感觉不到你的诚意。

使用手势时要注意不同背景下手势的不同含意，如"OK"手势，英语语系国家表示同意，但在法国则意味着"零"或"无"，而在日本可以用来表示钱；又如"V"手势，手掌向外的"V"手势，代表胜利；在欧洲许多国家，"V"手势还可以代表数目"二"。

(4) 坐、立、行 俗话说："站有站相，坐有坐相""站如松，坐如钟，行如风"。

站立时，脊背挺直，抬头挺胸收腹，一只手放于另一只手上方，自然下垂置于身前，女性两腿绷直，脚跟并拢，前脚掌分开成30°，呈"V"字形；男性双脚可微微叉开，最多可与肩同宽；目光平视，充满信心，心情乐观愉快。叉腰、抱胸、背靠他物、双脚交叉是不文雅的表现，应该避免。

行走时，目视前方，身体保持平衡，行走幅度不可过大，脚步轻、稳，不边走边大声喧哗，以直线方式行走，避免并排行走，不要勾肩搭背。

坐姿要自然抬头挺胸端坐，与顾客交谈时，身微向前倾，用柔和的眼光注视对方；在面对顾客操作电脑处理业务时，应微侧坐，脸和身体朝向电脑与顾客的中间方向，眼神兼顾顾客；双手不可支于桌上，任何时候都不可仰靠椅背而坐或伸直双脚；禁止趴在工作台上休息。

(5) 握手 握手可以说是你与顾客之间的第一个，也可能是最后一个或唯一的身体接触，你的握手应向对方表达出你的热情、关切、力量和坚定。握手时，两手掌垂直，距受礼者一步，上身前倾，两足立正，伸出右手；四指并拢，拇指张开；与对方相握，用力适度；上下摇动两三下，礼毕即松开。

握手的先后次序：主人、年长者、职务和身份高者、女士先伸手，客人、年轻者、职务和身份低者、男士见面先问候，待对方伸手再握。

握手的禁忌：握手时不争先恐后，应依次而行；右手握手时，左手不要插入衣袋里；握手时不要东张西望、长篇大论和点头哈腰过分热情；握手时不要将对方的手拉过来、甩过去或抖动不停；握手时不要太用力，时间不宜太长，也不要太短。

(6) 递送或接受名片 名片是现代人际交往中的重要工具，在各种社交活动中被普遍使用。初次相识并希望继续联系的顾客，可在一见面时递上自己的名片，也可在告别时将名片交给对方，使对方知晓自己的基本情况，加深对方的印象，有利于再次联系。

递送名片的正确方法：手指并拢，将名片放在掌上，用大拇指夹住名片左右两端，恭敬地送到对方胸前；或食指弯曲与大拇指夹住名片左右两端奉上，名片上名字反向对着自己，方便顾客接过名片就可以阅读。

在接受对方的名片时，应双手去接，接过对方的名片后，一定要专心地看一遍，读一遍，并把顾客的名字和职务记下来，以示对顾客的尊重。切不可漫不经心地往口袋一塞了事。

课堂练习

每两个同学互为一组，相互赞美对方的优点和长处，包括长相、穿着、学习、家庭、能力等方面，但不能夸大；一个人赞美对方一次，无限循环；每个人赞美的内容不能相同；中间停顿时间不能超过10秒；坚持到最后一个说出赞美词的就是胜利者。

胜者之间又可以进行比赛，规则相同，最终的胜利者就是最强赞美者。

 课后习题

一、单项选择

1. 推销员在推销的过程中，第一件事不是推销产品或服务，而是（　　）。
   A. 推销计划　　B. 客户拜访　　C. 广告宣传　　D. 推销自己
2. 相当于高级神经活动强而平衡灵活型，表现为活泼、敏感、好动、反应迅速、喜欢与人交往、注意力容易转移、兴趣容易变换，是（　　）特质。
   A. 多血质　　B. 胆汁质　　C. 黏液质　　D. 抑郁质
3. （　　）能建立信任。
   A. 穿着合体　　B. 握手　　C. 微笑　　D. 化妆

二、多项选择

1. 推销人员应具备的知识（　　）。
   A. 企业知识　　B. 医药知识　　C. 销售知识　　D. 顾客知识
   E. 竞争对手知识
2. 推销人员应具备的能力（　　）。
   A. 观察判断能力　　　　　　　　B. 良好的表达能力
   C. 组织策划能力　　　　　　　　D. 社交能力
   E. 市场调研开发能力

三、简答题

1. 推销人员的男士面容基本要求是什么？女士面容基本要求是什么？
2. 简要描述递名片和接受名片的基本礼仪。
3. 推销员与顾客交谈时应注意什么问题？
4. 医药推销员为什么要提高身体素质？
5. 医药推销员应具备哪些知识？
6. 医药推销人员应具备哪些办公软件操作技巧？具体有哪些应用？
7. 医药推销小白如何克服害羞心理，提高语言表达能力和人际交往能力？

 案例分析

推销员选拔

某制药公司销售科负责该厂产品在全国各地区的促销工作。为了提高销售，销售科与厂部订了承包合同，厂部依据销售额和销售货款回收率这两大指标的完成状况对销售科进行考核；相应地，销售科也以这两个指标为主来考核销售员的工作业绩。

随着产品销售量的不断增加和营销策略的不断深化，销售科感到人手紧缺，急需充实销售员队伍。为此，该厂经过本人申请和文化考试，录用了赵明、钱达、孙青和李强4人到销售科实习试用。目前，他们实习期将满，销售科长老萧正考虑从他们中选拔合适人员成为正式销售员，从事药品的销售工作。根据平时对他们的观察和厂领导、销售科同志以及用户对他们的评价，对上述4位同志的个人素质和工作状况进行了初步总结，以作为选拔销售员的依据。

一、个人素质方面

赵明：今年刚满20岁，高中毕业，精力旺盛，工作肯吃苦。但平时大大咧咧，做事粗心大意，说话总带有一股"火药味"。

钱达：为了照顾夫妻两地分居而从外地调进厂里的，今年34岁。他为人热情，善于交际，本人强烈要求做销售工作。

孙青：市轻工电视大学经济管理专业毕业，今年25岁。她工作认真，稳重文静，平时少言寡语，特别是在生人面前，话就更少了。

李强：今年29岁，大学公共关系专业，他为人热情，善于交际，头脑灵活，但对销售工作缺乏经验。

二、工作绩效方面

赵明：工作很主动大胆，能打开局面，但好几次将用户订购的药品规格搞错，只能重新发货，造成了很多额外的损失。尽管科长曾多次向其指出，他仍然时常出错，用户有意见找他，他还冲人家发火。

钱达：工作效率很高，经常超额完成自己的推销任务，并在推销过程中与用户建立了熟悉的关系，但他常常利用工作关系办私事，如要求用户帮助自己购买物品等。而且，他平时工作纪律性较差，上班晚来早走，并经常在上班时间回家做饭，销售科的同事们对此颇有微词，他曾找领导说情，希望能留在销售科工作。

孙青：负责广东省内的产品推销工作，她师傅曾带她接触过所有主要用户，并与用户建立了一定的联系，但她自己很少主动独立地联系业务。有一次，她师傅不在，恰巧有个用户要增加订货量，她因师傅没有交代而拒绝了这一笔业务。

李强：负责河北省的药品推销工作，他经常超额完成推销任务，并在推销过程中注意向用户介绍产品的特色，而且十分重视售后服务工作。有一次，一个用户来信提出产品有质量问题，他专程登门调换了产品，用户为此非常感动。然而，他却时常难以完成货款回收率指标，致使有些货款一时收不回来，影响了企业经济效益指标的实现。

老萧必须在月底以前做出决定，哪些人将留在销售科成为厂里正式销售员，哪些拒收。

思考讨论题：如果你是销售科长，根据4人的个人素质和工作绩效，你将怎样决定他们的去留？

第六章
顾客购买行为与心理分析

> **导入案例**
>
> 某公司对非处方药（OTC）市场消费者行为的分析
>
> 某制药公司在进入 OTC 药市场之前，对 OTC 药消费者行为进行分析，发现在 OTC 药市场中，影响消费者购买的因素主要有文化、社会、个人、心理、药品等五个方面。
>
> （1）文化因素
>
> 随着人民经济条件的改善，大众预防疾病和保健意识增强，特别是高收入阶层和中老年人愿意增加 OTC 药方面的支出。
>
> （2）社会因素
>
> 消费者的相关群体、家庭和社会角色与地位都对 OTC 药消费者产生影响。
>
> （3）个人因素
>
> 消费者的 OTC 药购买行为受到其年龄、职业、经济环境、生活方式、个性的影响。
>
> （4）心理因素
>
> 消费者对自己病情的感知、对品牌特征的感知、对其他备选品牌的态度都会影响其 OTC 药购买行为。
>
> （5）药品因素
>
> 中国消费者普遍认为中药的毒副作用小，比西药安全；在起效方面，普遍认为西药比中药快。中药对于一些慢性病更有疗效，作用全面，可以治本。因此，一般家庭都会备有红花油、健胃消食片、三七伤药片等 OTC 药。
>
> 该公司调查还发现，OTC 市场中消费者购买决策过程与普通消费品购买决策类似。消费者购买分为确认需求、信息收集、对 OTC 药的评价、购买决策和购买后行为 5 个阶段。在确认需求阶段，急病发作、季节影响、广告宣传等因素都会引起消费者对 OTC 药的需求。消费者对 OTC 药信息收集渠道主要是个人交际圈来源、商业来源、公共来源、个人经验来源。评价阶段消费者会对同类非处方药进行评价，比较优劣。评价主要考虑功效、安全性、服用方便性、包装、公司声誉等。在购买决策阶段，消费者形成购买意图、购买偏好后，还会受到他人态度（如专业人士、导购人员）、未预期的情况因素影响，综合这些因素形成购买行为。购后行为阶段，消费者使用药品后疗效如何、是否有不良反应都会影响其满意度。该公司在深入分析消费者购买行为后，设计了相应的营销策略，并成功推出自己的 OTC 产品。
>
> 问题：请结合本案例学习消费者行为的分析方法。

第一节 医药消费个体行为与心理分析

一、消费者个体购买行为过程

消费者的购买决策,从表面上看,似乎就是"买"与"不买",非常简单。而事实上,这是一个复杂的过程。消费者的购买,在购买行为发生以前就已经开始,而在购买商品以后并没有完结。消费者购买决策过程是消费者作出购买决策的过程。由发现需求、收集信息、比较评价、实际购买和药效评价等阶段构成(图6-1)。

图6-1 消费者购买决策过程

1. 发现需求

消费者首先要认识到有待满足的需求,如身体有了疾病,才能产生购买药品的动机。医药消费者购买药品,都是为了满足某种需求或解决某种问题,购买行为的发生常源于以下情况:

(1) 突发性需要 这是医药市场中最常发生的购买行为。对于一个具体的消费者而言,由于疾病的发生一般都是没有规律的,所以对药品的需要不具备预见性和预期性。只有在生病后才会产生购买某种药品的需要。

(2) 经常性需要 这种购买行为如发生在个体身上,则是由于个体患了某种慢性病所以会经常购买某种药品。消费者对这类药品的品牌、效能、价格都非常熟悉,一般不需花时间考虑。对于这种购买行为,医药企业的主要工作:一是保持产品质量、价格和一定的存货水平,对现有顾客进行"强化"工作;二是利用适当的提示物,例如通过广告宣传、营业推广等,吸引潜在顾客对本产品的注意力,改变他们原来的购买习惯。

(3) 无意识需要 这种需要一是指患者本身已经存在某种病症,但由于一些原因没有引起注意,所以也没有用药的需要;二是某种新药的宣传力度不够,消费者不知道这种药品的存在,所以也就没有购买药品的需要。针对这类情况,医药企业需要做的工作就是提高消费者的健康卫生意识,其次是进行合理的广告宣传,提高产品知名度,使无意识的需要变成现实的需要。

2. 收集信息

当医药消费者进行经常性购买时,其需求能很快得到满足。但如果是因突发性需要而购买药品时,由于消费者不具备相应的专业知识,不能完全作出自我用药的判断。这时消费者常见的做法是要么去医院、诊所,要么去零售药店,由医生或专业药师对疾病作出诊断并决定用药品种和数量。也有的消费者向一些有经验的人咨询,着手收集有关产品、品牌、价格、性能、规格等信息资料,这种情况在OTC药品市场较为常见。医药企业推销人员最重要的工作之一是研究消费者对不同药品种类的消费行为,以及影响消费者判断、选择的各种信息来源。医药消费信息来源有下列四类,一般而言,医生在消费者用药方面有绝对的权威和指挥权,零售药店和广告宣传对OTC市场影响较大。

(1) **个体来源** 家庭、朋友、推销员、邻居、同事等。

(2) **商业来源** 医院、诊所、零售药店零售商、药品包装、说明书等。

(3) **大众来源** 广告宣传、科普教育、药品展览、义诊服务等。

(4) **经验来源** 以前的用药经验、已有的健康卫生知识等。

3. 比较评价

医药消费者需对已经获得的药品信息进行比较、评价、判断和选择后，才能作出购买什么（品牌）、购买多少（数量）的决定。比较评价是一个复杂的过程，在 OTC 药品市场上，除了消费者本身因素如病情、经济条件、知识水平、身体状态等，影响判断选择的还有以下因素：

(1) 药品方面 药品质量、品牌形象、适应证、药品的疗效、价格、毒副作用、广告宣传等。对药品选择主要看其疗效，其可靠性、副作用和价格等方面。

(2) 服务方面 药品零售网点的数量、所处位置、零售药店的形象、知名度、店堂布置、POP 广告、销售人员的服务态度和质量等也会影响消费者对药品的需要。

(3) 政策制度方面 主要指消费者在医院看病时，除由医生影响用药的品种和数量外，国家或地区的医疗保险目录也直接影响（限制了）消费者用药的品种和数量。

4. 实际购买

医药消费者经过上述几方面的权衡后，最后才能作出购买决定并发生购买行为。购买决定的确定和购买行为的最后发生，除了消费者自己的判断选择外，还受其他因素的影响：

(1) 他人态度 这是影响购买决定与实际购买的因素之一。消费者行为受很多因素影响，他人的影响是决不能忽视的。这些人包括家庭成员、直接相关群体、医生、药品零售人员等。他们的否定态度愈强烈，且与该消费者的关系愈密切，则消费者的购买意向就愈低甚至取消购买决定和购买行为。

(2) 风险因素 也称未知因素，是指消费者的预期与实际之间可能存在的差异。消费者仅有购买意向并不能导致实际购买，购买行为是购买意向与未知因素相互作用的结果。这些风险因素是消费者在购买前竭力想得到证实或解决的，如财务风险、功能风险、生理风险、社会风险、服务风险等。

5. 药效评价

消费者的购后评价具有巨大的"反馈"作用，关系到这个产品在市场上的命运。因此，推销学非常重视消费者的购后感受与再购行为之间的关系。许多西方企业信奉一句名言："最好的广告是满意的顾客。"判断消费者的购后行为有三种理论：

(1) 预期满意理论 即认为消费者对产品的满意程度取决于预期希望实现的程度。如产品越符合消费者期望，则消费者对产品的满意程度越高；而现实与期望的距离越大，则消费者的不满情绪越高。因此，企业对药品的广告宣传要实事求是，不能夸大其词。否则当广告宣传不能兑现时，就会使消费者产生强烈的不满，进而影响产品和企业的信誉。

(2) 认识差距理论 即认为消费者购买商品后都会产生不同程度的不满意感。原因是任何产品总有其优点和缺点，消费者购买后往往较多地看到产品的缺点。而同类产品表现出的吸引力越大，消费者对所购产品的不满意感就越强。企业除了要向消费者提供货真价实的一流产品外，还要采取积极措施消除顾客认识上的差距和不满意感。

(3) 实际差距理论 药品使用后的实际效果受很多具体因素的影响。前面已经做过分析，药效受药品本身及患者个体因素的双重制约，它不可能与理论上的或统计学上的有效率完全一致。医药企业市场推销人员的任务是要指导消费者（有时甚至是专业医生）合理正确地评估药效，从而帮助其合理用药。

二、影响购买行为的因素分析

1. 文化因素

在医药消费者行为领域，文化可以理解为指导特定社会成员在满足健康需求时，其消费行为的习得信念、价值观的总和。文化规范源于这种习得信念、价值观，它无处不在，对消费者的影响是多层次和全方位的。文化对医药消费者的影响具有无形性、习得性和动态性特征。

(1) 无形性 文化对医药消费者行为的影响具有自然性和自发性的特征，即医药消费者在做出消费选择时自己往往认为是"理所当然"，无需什么解释，在不同文化环境中，消费者对这种"理所当然"的理解存在差别。例如，在欧美国家，人们受文化规范的影响，对中药持否定态度，在欧美文化中，消费者认为药品的成分及其含量必须是明确的，并认为是药品"理所当然"应该具备的特点，否则就不能称之为药品，而中药成分及其含量均不明确，欧美消费者"理所当然"地无法接受这样的药品，这种选择不需要什么解释。在中国，由于受传统文化的影响，消费者普遍"理所当然"地认为中药毒副作用少、疗效全面，而极少关注其成分和含量是否明确。消费者普遍认同中药用于治疗某些疑难杂症和慢性病方面的奇特功效。此外，在"食药两用"传统文化的影响下，消费者还"理所当然"地将中药视为强身健体的保健品，常年食用。

研究医药消费者行为时应该重视文化影响的无形性特征，它对消费者的影响是全方位的和根深蒂固的。文化影响的无形性实际上是指消费者的一种最基本的文化认同，它决定消费者是否愿花更多的时间和精力去了解产品，如果没有这种基本的文化认同，商品就无法引起消费者的兴趣，甚至会引起消费者的反感。

(2) 习得性和动态性 文化不是与生俱来的，是人们在社会环境中学习到的。文化的习得途径主要有两种：一是通过正式的学习获得，即通过学校教育和培训等正式方式获得；二是通过非正式的学习获得，如模仿、观察、阅读等。文化的习得性特征，使得人们可以融入某种陌生文化中，也可以创造新的文化。文化习得性是人们形成文化价值观的过程，虽然文化价值观较为稳定，但也会不断变化以更好地适应环境的变化，也就是说文化具有动态性特征。

文化的动态性指人们在适应环境的过程中，对原有文化价值观不断反思、修正后逐步形成新的文化价值观的过程，即文化价值观并不是永恒不变的，而是随着社会环境的不断变化而逐步调整。医药消费者因受文化价值观的规范和约束，其消费行为也会受到文化的习得性和动态性影响而发生变化。因此，人们可以利用各种营销手段对文化价值观产生影响，进而影响消费者行为。影响文化价值观的营销手段有多种，其中广告的影响最为有效和广泛。许多药品通过广告来影响消费者的消费行为，并通过广告信息的不断重复创造并强化文化信仰和价值观。

例如，20 世纪 80 年代以前，消费者并没有补钙的习惯。但随着补钙产品广告在电视、报纸等媒介上的频繁出现，人们在日常生活中逐步地改变原有观念，开始大量购买钙剂，甚至许多并不需要补钙的消费者也在服用钙剂。医药企业通过广告的方式成功地改变了人们对补钙的认识，培育了巨大的钙制剂市场。消费者行为发生如此巨大的变化，是因为钙制剂广告通过非正式习得方式使人们认识到了补钙对人体健康的重要性，深刻改变了人们的文化价值取向，在新的习得性文化价值观的引导下，消费者购买行为也随之发生了巨大的变化。

2. 社会因素

(1) 家庭影响　家庭是以婚姻为基础、以血缘为纽带的社会组织的基本细胞，也是消费行为中最基本的群体。家庭是每一个消费者接受影响最早最多的外部环境，消费者的一些基本的价值观念、消费爱好与模式、风俗习惯都直接来自家庭。市场营销人员研究家庭对个人购买行为的影响时，最感兴趣的是家庭结构与规模、家庭经济收入与支出、家庭成员之间的关系与影响等内容。

① 家庭结构　家庭结构是指家庭的组成模式与规模。我国的家庭规模有小型化的发展趋势，三口之家越来越多。

② 家庭生命周期

　　a. 哺养子女阶段　此阶段包括从生育、哺育后代开始到子女工作、结婚独立为止，属于中青型家庭。自从有了小孩，家庭生活的重心开始转移到后代身上，望子成龙的心态使得孩子的成长、教育成为家庭的最大支出项目。这一阶段中，对医药企业有利的是儿童药品市场。生产经营儿童药品的企业其营销战略可以走名牌、高档次、精包装、高效、高价格的路线。

　　b. 子女独立阶段　包括从所有子女结婚另立门户开始，一直到原来家庭消失的过程，国外称为空巢期或寡居期。这一阶段的特征是，夫妇经济负担减轻，收入达到一生的顶峰，住房条件达到最好，也有时间来满足自己的消费需要（如外出旅游等）。但随着年龄的增大，各种疾病也接踵而来，看病吃药成为常事，与年轻家庭相比，整体消费趋于保守并有很强的针对性。这一阶段对于医药企业来说是最具吸引力的时期，要深入研究中老年消费者的心理爱好、观念等，制定有效的推销策略，才能谈得上占领这个市场。

③ 家庭成员之间的关系　家庭成员之间的关系是亲密还是疏远，是独立还是依赖，是支配还是从属等都会在消费行为中得以体现。现代推销学中特别注意家庭成员中的影响者和决策者角色，因为他们对消费行为的影响是最直接和彻底的。因而推销人员要结合产品特点和家庭成员的关系，特别是药品促销工作需要采用一些能引起消费者共鸣的方法或词语，以促进产品的销售。常见的方法有利用年轻人要给老年人送礼的习俗、"男人（或女人）更需要照顾"、子女回报父母等。

(2) 相关群体　也称咨询群体，指的是消费者在日常的学习、工作、生活、社交中建立起来的相对稳定的各种社会联系，如同学、老乡、同事、邻居等。人们在生活中的各种行为，无时无刻不受到各种相关群体的影响。不过，由于关系不同，其影响程度也不同。研究相关群体对消费行为的影响，对企业的推销活动是十分重要的。因为人们在需求上有很强的模仿性和可引导性，在购买上经常表现为从众行为。某些明星的消费行为常常成为普通消费者竞相模仿的对象，就是一个最好的例证。

研究分析在药品消费行为中的群体影响，最直接的可能还要首推以下两类。首先是医患关系。这种关系在一定程度上也可算作是影响消费者行为的一种群体关系，其影响力是众所周知的。其次，一些重慢症患者自发组成的类似"糖尿病俱乐部""慢阻肺俱乐部""肾友会"等组织更是影响他们行为的群体因素。这些组织会定期举行活动，让那些既受病症痛苦折磨又受世俗偏见困扰的人们有机会在一起互相鼓励，以提高战胜病魔的勇气，互相交流用药体会，购买特殊药品或器械。他们同病相怜，现身说法，有时比医生更有说服力。这种组织成员之间的行为影响是绝对不可小视的。一些精明的药品经营者已经在利用这样的组织进行促销活动,他们出资组织、举办活动,宣传有关医学、药学的最新动态,同时进行相关药品、器械的销售。这种更具人性化的推销方式比较受这些患者的欢迎,促销效果非常明显。另外,传媒科技的飞速发展也拉近了人们之间的距离,因而间接相关群体的作用会越来越大。

(3) 社会阶层　是指按照一定的社会标准(如收入、财产、文化教育水平、职业和社会地位等),将社会成员划分为不同的社会等级。同一社会阶层的成员通常具有相类似的价值观念、生活方式、物质文化基础和相似的购买行为。社会阶层的存在与差别,会因社会制度、经济发展水平和历史文化因素的不同而呈现不同的特点。中国社会科学院《当代中国社会阶层研究报告》中将中国社会群体划分为十个阶层:国家与社会管理阶层,经理阶层,私营企业主阶层,专业技术人员阶层,办事人员阶层,个体工商户阶层,商业服务人员阶层,产业工人阶层,农业劳动者阶层,城乡无业、失业和半失业人员阶层。这些不同的阶层在其生活方式、价值观念、消费结构、消费观念和需要商品等方面都有许多明显的差异,他们的购买行为也就显著不同。因此在任何社会中,各种阶层都有其代表性的商品,各种档次、各种类型的产品也均有其相应的市场。现代推销学从销售商品的角度来看待社会阶层,因此确立一个人属于哪一社会阶层,必须综合考察他的职业、收入来源、财产和文化程度等。从推销学的观点来看,社会阶层是影响消费者购买行为的重要因素之一,特别是涉及一些代表性产品。企业推销的关键是要找准自己的目标市场,确定合理的市场定位,有针对性地提供适销对路的产品,制定合适的产品档次和价格,通过合适的分销途径和促销方式,使企业的产品真正被消费者接受。

3. 个人因素

(1) 年龄、性别和收入　不同年龄阶段的消费者由于生理条件、健康状态和对健康关注程度的不同,往往对医药产品的需求不同。当医药消费者跨越不同生命阶段,其对医药产品的需求将会发生改变。少年儿童处于成长阶段,身体没有发育成熟,抵抗力弱,家长对孩子的健康问题极为关注,少年儿童对疫苗等医药产品消费能力十分强。中青年人处于人生最健康的阶段,较少去征求医生、药师等专业人士的意见,经常会自行判断和购买医药产品。老年人处于生理衰退期,对医药产品信息比较关注,在购买医药产品时更容易受到专业人员和广告信息的影响。

男性和女性在生理上、心理上有很大的区别,他们在群体中的角色、社会地位也不相同,他们在医药产品的购买动机、购买决策和购买过程等方面均存在较大的差异。如在健康状态下,女性医药消费者相对于男性更愿意购买一些具有减肥、美容等功能的医药产品,女性在购买医药产品时会比较感性,容易受到外界的影响,决策相对迟缓,关注商品实用价值的同时,也会关注其外观。

个人的收入情况也会影响医药消费者的购买行为。如低收入者购买医药产品是为了维持最基本的健康状态,在购买的时候更多关注医药产品的功效和价格,会对功效和价格做反复比较。如低收入者购买医药产品时,更容易接受医生、药师等专业人士的建议,甚至完全依赖于专业人士做决策。高收入者则不同,他们购买医药产品时较少关注价格,并通常认为新药、贵药即为好药,对这类产品的购买意愿强烈,他们占有的社会资源多,知识较为丰富并且自信,因此,他们在购买医药产品时虽然会咨询专业人士,但最后决策往往是由自己做出。

(2) 个性和生活方式　个性指一个人在其生活、实践活动中经常表现出来的、比较稳定的、带有一定倾向性的个体心理特征总和,指一个人区别于其他人的独特的精神面貌和心理特征。对于同一医药产品,即使处于同一社会环境中,属于同一年龄、性别、职业和社会阶层,不同的医药消费者会表现出千差万别的行为方式,这说明消费者的行为是有选择性的,这种选择性源自个性的差异,消费者总是倾向于选择与其个性相匹配的品牌。如某减肥药品通过广告塑造出时尚、美丽、迷人的品牌个性,而选择该品牌减肥药的消费者主要是追求时尚、爱美的女性。

生活方式是一个人在他的活动、兴趣和看法中表现出来的生活模式。生活方式的差异部分取决于消费者更加重视金钱还是时间。不同生活方式的人对同一种商品往往表现出不同的看法,这种看法会直接影响其购买决策。因此,在医药消费领域,有的人喜欢能够快速起效的药品,而不在乎药品的价格,有的人则喜欢通过慢慢调理以求全面恢复健康,并尽量避免多花钱。

(3) 职业、医疗保险 职业会对医药消费者购买行为产生影响,如医药工作者因具备相关专业知识,对医药产品的疗效和风险有更多的认知和合理的期望,在购买时较理性,不会一味求新、求贵。而普通职业者在购买医药产品时会依赖于其拥有的信息和专业人士的意见,对产品的疗效和安全性往往产生不合理的期望,这种不合理的期望会对后续消费产生深远影响。

是否拥有医疗保险、拥有何种医疗保险都会对医药消费者的行为产生影响,拥有医疗保险的消费者,更愿意在大型医疗机构购买医药产品,关注疗效远胜于价格。医生也会给这类消费者开出药价更高、品种更多的处方。由于医疗保险制度规定住院患者相对于门诊患者可以报销更高比例,因而拥有医疗保险的消费者通常会考虑住院治疗。此外,我国医疗保险模式多样化,如城镇基本医疗保险、农村合作医疗保险等模式,医疗保险模式的差异也会对医药消费者的购买行为产生影响。

4. 心理因素

(1) 药品品牌认知度 品牌的作用在 OTC 药品中的影响是非常大的,有些消费者购买 OTC 药品时主要看是否是名牌、是否是进口、是否是名贵的新药,而不考虑药品价格。也许在家中就想好了要购买的药品品牌,如购买感冒药,就会想到新康泰克、白加黑、泰诺等。这样的决定基于从前的用药经历、广告的影响、医生的建议、朋友的推荐等诸多因素。因此,药品企业在宣传产品功效的同时应突出企业形象,要通过各项促销活动努力提升本企业和产品的品牌形象,强调一流的企业生产出一流的产品,最大程度地取得消费者的品牌认同感。

(2) 药品满意度 包括对药品自身的满意度以及对药品附加因素的满意度。药品自身的满意度是消费者对产品的疗效、价格、包装等因素的认同,这些因素是产品的硬件,是产品上市之前就必须明确的。药品的附加值满意度主要体现在药品销售过程中的服务及附加值的体现,是消费者在获得产品基本利益以外再获得的额外利益。处方药的销售主要是通过医生的处方推荐,患者没有太多的自主性,是一种不对称信息交流,消费者关注的是疗效、价格等基本因素。但是 OTC 产品自主性的消费方式使得消费者对企业的产品和服务提出了更多、更高的,甚至个性化服务的要求。对药品满意度的研究有助于企业对药品缺陷及营销策略的改进,以寻找新的市场机会。

(3) 药品购买习惯 消费者对于熟悉的品牌或药品,购买决策简单,购买行为重复进行,会给该药品企业产生直接的效益。在处方药的推广中"医生处方习惯"的概念,即凡是同类疾病就使用同类药品。培养医生的习惯性处方行为，自然也可以体现稳定的效益。如许多高血压、糖尿病等慢性病患者要长期服药，经过几次医生诊治和处方后，会经常去零售药店购买适合的某种降压、降糖药品。

5. 药品自身因素

（1）**药品疗效与风险** 药品不同于一般商品，如果治疗效果不好，不但不能解除医药消费者的病痛，反而可能给其带来新危害。对药品疗效的关注，使得医药消费者在购买时更加谨慎，他们会仔细阅读说明书，甚至会通过多种途径查找相关资料。自己无法判断时，他们会寻求医师、药师等专业人士的帮助甚至直接请专业人士代其作购买决策。新药和进口药品通常被医药消费者认为是疗效好的药品。因此，在经济条件允许的情况下，人们更愿意购买新药和进口药品。药品通常都存在不同程度的副作用和不良反应，应用时有一定的风险，只有当药品使用风险小于其收益时，该药品才能被消费者认可。有一些药品虽然疗效好，但不良反应也很严重，医药消费者难以抉择。如有些放疗、化疗的药品具有杀死癌细胞的作用，但对正常细胞也有杀灭作用，在有效治疗癌症的同时，也可能给消费者带来严重的伤害。在药品使用风险不可避免的情况下，疗效好、风险小的药品总是受消费者欢迎，即使这种药品的价格较其他药品高一些。

（2）**药品分类管理** 药品分类管理是为了保证用药者的安全，促进合理用药，对药品进行分类管理是世界各国药品管理的通常做法。按药品的安全性分类，药品可分为处方药和非处方药。非处方药又分为甲类非处方药与乙类非处方药。依照《药品管理法》的规定，不同类别的药品其销售模式存在较大差别。处方药必须凭借医生的处方购买，甲类非处方药虽然不需要医生处方，消费者可以购买，但必须有药师或执业药师在场指导方可以购买。消费者可以独立判断，自行购买乙类非处方药。不同的购买方式中，医药消费者购买行为的自主性存在较大差异。

医药产品消费具有典型代理消费特征，这种特征对消费者购买行为的影响很大，医药消费者对处方药的购买几乎没有决定权，对医生处方行为的影响也十分有限，处于一种被动接受的地位。相对于处方药，虽然医药消费者在购买非处方药时有更多的自主权，但受专业知识的限制，他们会对药师的建议比较信赖，购买决策受药师的影响较大，并不能完全按照个人的意愿进行购买。医生、药师等专业人员在开出处方或出售药品时的动机、需求与医药消费者的动机、需求往往存在差异，这种动机、需求的冲突有时是比较严重的，并对医药消费者的购买行为产生深远的影响。

三、顾客类型与应对策略

1. 交际能力很强的顾客

（1）**特征** 此类顾客的优点是热情并且幽默。他们能迅速把人们争取过来，并快速地使他人投入到工作当中。他们很容易适应一个变化的局面，不管谈论的话题是什么，总是有话可讲，并且常以令人感兴趣的方式把话讲出来。他们的弱点是优点的延伸，有时表现得过甚，就会被视为矫揉造作或"装腔作势"；他们不注意细节，对任何单调或是必须单独做的事情都容易感到厌烦。

（2）**对策** 针对他们的这种特点，在向他们推销的时候应该表现出关心他们，并令其激动和营造气氛；要给他们讲话的时间；坦率地提出新话题；研究他们的需要与目标；用与他们目标有关的例证或经历提出推销员自己的解决办法；用书面形式确定细节；思维清晰并且直截了当；赞成他们的想法或意见，不要催促讨论；不要争论或是协商细节；用书面形式归纳双方商定的事情；使推销谈话变得有趣并行动迅速。

2. 傲慢无礼的顾客

（1）**特征** 这类顾客总是显现出一副冷淡而不在乎的态度。因为他们从不认为这种商品会对他有何重要性，而且根本不重视推销员。他们具有直截了当和迅速完成任务的能力，并且十分固执，对别人漠不关心。

（2）**对策** 在面对此种类型的顾客时，要懂得给他们提供选择的自由，清楚说明他们达到目标的可能性，他们喜欢被人羡慕，并且要做到对他们的成就表达出充分的肯定；同时还要做到坚持事实观点，通过谈论期望的结果和讨论他们关心的事情，引出他们的话题。他们重视任务的程度要比重视关系的程度大得多。所以，与感情相比，他们更加注意任务的完成。

3. 心理细腻的顾客

（1）**特征** 此类顾客比较倾向于精确、高效率和有条理。他们常以完成任务为目的，可以坚持做完在别人看来是比较乏味的工作。他们经常被认为过于重视任务，因此比较缺乏热情或是不受个人情感影响。

（2）**对策** 当面对这样的顾客推销的时候，应做好准备，特别要有回答全部问题的准备；实事求是并且合乎逻辑地研究情况，大量提出明确的问题；为他们提供合理的解决办法，为情况和原因提供文件证明，并要说明你的建议是顺理成章的；给他们思考的时间，通过周到的服务和有始有终的行动向他们保证。

4. 比较健谈的顾客

（1）**特征** 此类顾客也称为喋喋不休型或滔滔不绝型。他们非常热情，与其他人建立良好关系的能力很强。他们是极佳的合作伙伴，并且愿意服从。但他们过于关注关系，对其他人的情感和需要十分敏感。由于过分受后者的影响，以至于不能顺利地完成任务。

（2）**对策** 在向他们推销的时候，应该懂得发展信任和友善，不仅探寻技术和业务上的需要，而且研究他们在思想和感情上的需要。在对待他们的时候，应该懂得向他们说明怎样有利于彼此的关系并能加强他们的地位，并能转达别人对他们的赞扬，或是赞扬他们与人融洽相处的能力；同时还需要懂得用充足的时间去了解他们的感情，可通过提问或倾听的技巧把他们的话引出来；一定要为他们创造一个放松的环境。

第二节 医药组织购买行为与因素分析

一、医药组织概述

1. 医药组织分类

药品组织市场是指为维持经营活动，对药品进行再加工、转售，或向社会提供服务而购买药品和服务的组织，包括企业、政府机构及各种社会团体。药品组织市场可分为生产者市场、中间商市场、政府市场和非营利组织市场。

（1）**生产者市场** 是指购买药品、药品中间体、药用原辅材料和服务，用于进一步加工、制造其他药品，并用以销售或租赁给他人以获取利润的组织。购买对象主要包括四类：生产装置，原辅材料、中间体及零部件，附属设备和消耗品。

（2）**中间商市场** 是指购买药品用于转售，以获取利润的组织。它由各种药品批发企业和药品零售企业、各级各类医疗机构组成。药品中间商，是指处在药品生产者和消费者之间，专门从事药品流通业务，促成买卖行为的组织或个人。从根本上来说，它承担着药品采购代理人的职能。国家规定凡具有《药品经营企业许可证》的单位，均可以经营药品；经省级药品监督管理部门或其授权的药品监督管理部门批准的其他商业企业可以零售乙类非处方药。

（3）**政府市场** 是指为了执行政府职能而购买药品和服务的各级政府及其下属部门，即是使用财政性资金采购药品或服务的国家机关、事业单位或者其他社会组织。政府财政部门是政府采购的主管部门，负责管理和监督政府采购活动。政府的医疗卫生保健制度、我国的计划生育政策、应对战争和突发性公共卫生事件的要求等，使各级政府部门成为药品和服务的购买者。

（4）**非营利组织市场** 是指为了维持正常运作和履行职能而购买药品和服务的各类非营利组织（机关团体、事业单位），比如红十字会、慈善机构、救助机构等。它们具有稳定的组织形式和固定的成员，独立运作，发挥特定社会功能，以推进社会公益为宗旨。作为药品和服务的购买者，非营利组织市场的性质特征、购买行为有自己的特征，既不同于企业，也不同于政府机构。

2. 医药组织特点

（1）**购买者数量少，购买产品数量大** 由于医药组织市场的成员大部分是医药企业或医疗单位，与消费者市场相比，医药组织市场上购买者的数量远远少于医药消费者的数量，但是医药组织市场单个用户的购买量比消费者市场单个购买者的需要量大得多。

（2）**购买决策程序复杂，参与者众多** 医药组织市场的购买决策受较多机构和人员的影响，重要的购买决策一般要由专业人员咨询论证，最后由技术专家和高级管理人员共同做出决策，审批程序复杂严谨。这就要求营销人员具备良好的专业素质，掌握相应的营销技巧。

（3）**购买者的需求是派生需求，需求价格弹性小** 医药组织市场的需求是从消费者对医药产品的需求中派生出来的，医药组织市场购买者的需求取决于最终消费者的需求。如对原料药、中间体、化工原料、中药材等的需要，直接来自药品市场对这些产品的制剂产品的需求。医药组织市场需求对中间产品价格的波动敏感性不大，在短期内更是如此。

（4）**购买具有专业性，理性程度高**

① 医药组织市场的采购人员都是专业人士，对所要采购医药产品的性能、质量、规格和技术要求非常熟悉，购买的理性程度极高，冲动性购买很少。

② 医药组织市场对医药企业营销人员的要求较高，既要具备专业医药知识，又要具备必需的市场营销知识。

③ 医药供应商要对其营销人员进行严格培训，提高其业务素质。

（5）**购买具有连续性，业务关系相对稳定** 由于医药组织市场购买技术性强、产品替代性差、质量要求严、需求具有连续性和稳定性，因此，医药组织经常需要从医药供应商购买医药产品，一旦合作成功，其业务关系会长久维持下去。

3. 影响因素

（1）**环境因素** 是指影响医药组织购买者生产经营的外部环境因素，它包括政治、法律、医药科技、市场竞争、经济、人口、社会文化等。在正常情况下，这些外部因素既可能为医药企业生产经营者提供市场机会，也可能制造生存障碍。环境因素直接制约着医药组织购买者的经营内容、市场规模，规范着他们的生产经营行为，并用经济、行政、法律、舆论等手段对他们的市场行为做出公平的评判与选择，只有适者才能生存。因为药品的特殊性，国家的监督管理非常严格，如药事法规对医院进药环节有明确而具体的要求。由于医药企业生产经营者与组织购买者存在着一荣俱荣、一损俱损的相生相克的依存关系，所以推销人员必须密切注意这些环境因素的发展变化，对这些影响因素可能对组织购买者的作用方向和力度做出正确的判断，并及时调整推销策略，力求将威胁转变成机会。

(2) **组织因素** 是指医药组织购买者内部状况对购买行为的影响。组织购买者本身也是按照国家有关法律要求组建而成的生产经营企业，就其采购工作而言，它的经营目标、采购政策、业务程序、机构设置、采购制度等都一应俱全。企业推销人员与这些组织客户打交道时，也必须充分了解这些内容，如医院的进药程序、药事委员会的构成、参与采购工作的所有人员以及对供货时间、产品质量、付款时限的具体规定等等，从而规范自己的推销行为并尽量与这些具体的要求相吻合。

(3) **人际因素** 是指组织购买者内部的人事关系也可能影响其采购活动。在这些组织内部，由于参与购买过程的部门和人员较多，所承担的角色和作用各不相同。他们之间的相互关系和影响程度，经常是市场推销人员费尽心机想了解的内容，但往往也是最难掌握的东西。因为它们变化太大，且没有太多的规律性。例如组织与组织不一样，并且每一个人的影响程度也会随他所处的环境条件（如心情、职位、需要等）的变化而变化。对于这些人际因素切不可盲目猜测，而是要深入了解，仔细辨析。有相关学者提醒推销人员：寻找并满足决策者的需要，是推销成功的关键要素之一。

(4) **个人因素** 医药组织购买经常被认为是"理智的"行为，如医院采购药品。但当供应药品的质量、疗效、价格、服务等相类似时，医院采购人员的个人因素就会产生较大的作用。这些因素通常指采购人员的年龄、收入、教育程度、职位、性格、兴趣、爱好及职业道德、敬业程度、与医药代表的关系等等。人是感情动物，在其决策过程中不可能不掺入感情色彩。所以医药企业推销工作不仅要在药品质量、价格、服务等"硬件"上下功夫，也要在与采购人员经常沟通、建立良好稳固的私人关系等的"软件"上做文章。这也验证了"做生意先做人，成功的生意人也是成功做人的人"这一现代营销哲学。

二、医药组织购买决策

1. 购买决策的参与者

药品组织购买行为以专业性强、参与人员多、机构稳定等为其特色。一个购买决策的形成往往由多人共同参与做出，客观上形成一个采购中心，而且采购人员大多受过专门训练，富有经验。供货单位要分析购买者购买决策过程的主要参与者及其担当的不同角色。从采购行为中参与者所承担的任务不同来分析，主要有以下几类人员和角色：

(1) **倡导者** 即购买决策的先导，一般是根据生产过程的需要和产品技术标准，最先提出购买药品生产资料的一些技术专家。

(2) **影响者** 在企业内部和外部直接或间接影响购买决策的人员，其看法或建议对最终购买决定有相当影响。如企业技术人员、财会人员、质量管理人员、购买代理商等。企业技术人员是最重要的影响者，他们往往协助企业决策者决定购买的品种、规格等。

(3) **决策者** 企业中对是否购买、怎样购买有权进行最终决定的人员，即有权决定药品数量、规格、品种、价格及供货厂家的人。一般是企业采购部门经理和企业高层领导者。

（4）采购者 即在企业中进行实际购买的人员，还包括参加谈判的高层管理人员。他们负责选择供应商并与之谈判签约。

（5）使用者 是企业实际使用所购买某种产业药品或服务的一些工程技术人员和生产第一线的工人。他们是企业购销计划的来源者，也是对购买药品的主要评价者。

2. 购买决策过程

购买决策过程见图 6-2。

图 6-2 购买决策过程

（1）提出需求 任何企业在发展中都会不断产生新的需求。需求的产生可能是内部刺激所致，如药品消费者对产品剂型有了新的要求、生产新产品需要新设备和原料、原有设备发生故障需要更新等。需求也可能由外部刺激引发，如采购人员参观展览会、浏览广告后发现了更好的产品等。药品营销企业更多、更好地了解药品市场的发展趋势，加强推销和宣传，激发企业产生新的需求，也就更有机会获得订单。

（2）确定需求 面对提出的新需要，采购中心的人员要对所需品种的特征和数量做出决定。供货企业的营销人员要展开攻势，设法向采购者介绍产品特性，促使采购中心的人员对本企业的产品产生兴趣，协助他们确定需要。

（3）说明需求 企业采购组织在确定产品的品种、性能、规格、特征、数量、质量和服务等需要后，要指定专家小组，对其进行价值分析，确定能否对它进行重新设计或实行标准化，从而将生产成本降到最低。专业人员将确定最佳产品的特征并确定详细的说明书，作为采购人员的采购依据。

（4）寻找供应商 采购企业会千方百计地寻找供应商的有关信息，药品组织市场采购人员通常利用工商名录或其他资料查询供应商。越来越多的公司通过互联网来寻找供应商。供应商应充分重视"工商企业名录"和计算机网络系统，为自己入选采购商名单打下基础。同时也要进行广告宣传，提高自己在市场上的知名度，使采购企业得到有关的供货信息。

（5）征求货源信息 采购企业在明确了供应商后会向其发函索要详细资料。对于复杂、贵重产品的采购，采购方往往要求每一潜在供应商提出详细的书面建议，经选择淘汰后，初选合格的供应商提出正式的供应建议书。为了提高自己的入选概率，供货企业要及时提供优质服务，增加吸引力，使采购方产生购买信心，争取购买者。

（6）选择供应商 采购企业通过对各供应商的信誉、技术能力、产品质量、价格及其相关的售后服务、交货能力、地理位置等属性进行比较分析，最后作出选择。许多公司都在大量缩减供应商的数量，并期望他们选中的供应商在产品开发阶段就能和自己密切配合，把供应商看作合作伙伴，并设法帮助供应商提高供货质量和供货及时性，以谋求共同发展。作为供应商，必须了解这一变化，更充分地做好准备。

（7）签订购买合同 购买者根据所购产品的技术说明书、订购数量、交货时间、退货办法、产品保证条款等内容与供应商签订最后的订单。为了减少订购和储存费用，有些企业采用"一揽子合同"，即和供货商协商确定，当采购方需要时，发个订货单，供货商即按原来的条件价格随时供货。

（8）**绩效评价** 购进产品后，采购者会向使用者征求意见，了解他们对购进的产品是否满意，并了解供应商的履约情况。根据检查评价决定以后是维持、修正还是中止供货关系。供应商需要关注采购者的评估标准，以保证自己能让客户满意。产业供应商对于消费者意见或投诉的处理速度至关重要。迅速处理、解决问题和纠正错误会提高获得新订单的概率。

三、医药组织购买行为

1. 生产者市场购买行为

（1）**重复购买** 指采购方不变更购买方式和订货条款，按照过去的订货目录和基本要求继续向原先的供应商购买产品。这是最简单的购买类型。重复购买的产品主要是原材料、零配件等。采购方对以往的所有供应商加以评估，选择感到满意的供应商作为重复购买的供应商。被选择为供应商的医药企业应当努力保证产品和服务的质量，提高采购者的满意程度，争取稳定的供应关系。未被选择为供应商的医药企业应改进产品和服务质量，以便促使采购者转移或部分转移购买。

（2）**调整购买** 指采购方改变原先所购产品的规格、价格或其他交易条件后再行购买。医药产品采购方会与原先的医药产品供应商协商新的供货协议，甚至更换供应商。当医药组织市场的购买决策者认为选择替代品能带来很大的益处时，往往发生调整重购。

（3）**初次购买** 指采购方初次购买某种医药原料、中间体、辅助产品等。这是最复杂的购买类型，采购者要对医药产品的规格、购买数量、价格范围、交货条件及时间、服务条件、付款条件、可接受的供应商和可选择的供应商等一系列问题做出决策。新的购买对所有的供应商来说既是机会，也是挑战。

2. 医药中间商的购买行为

医药中间商介于生产者和消费者之间，专门从事医药商品流通活动。医药中间商分为医药批发企业和医药零售企业两类。医药中间商的购买行为分为新产品采购、选择最佳供应商、改善交易条件的采购、直接重购等四种。

（1）**新产品采购** 指医药中间商采购以前从未购买过的某类新产品，此类决策首先要决定是否采购，其后再决定向谁采购。医药中间商往往综合分析市场需求、毛利、市场风险等因素后再作决策，其购买决策过程的主要步骤与医药生产市场的购买大致相同。

（2）**选择最佳供应商** 指医药中间商根据确定采购的产品，寻找最合适的供应商。选择最佳供应商主要考虑医药产品的质量、价格、品牌、服务以及营销支持等因素。

（3）**改善交易条件的采购** 指医药中间商希望现有供应商在原有交易条件上有所让步，从中获得更多的利益。医药中间商会在同类产品供应商增多或其他供应商提供更优惠的交易条件时向现有供应商提出此类要求。

（4）**直接重购** 指医药中间商的采购部门按照过去的订货目录和交易条件，继续向原先的供应商购买产品。只要中间商对原来的供应商并无不满，在其存货水平低于订购点时就会直接重购。

3. 政府市场的购买行为

政府市场巨大而有潜力，政府采购向市场化发展，为许多药品企业提供了大量的营销机会。因此，药品营销企业必须识别政府市场购买者行为，制定针对性营销策略。比如建立单独的营销部门，预先估计政府的需求，收集竞争性情报，仔细准备标书，宣传和提高公司的声誉等。政府采购方式可以采用公开招标竞购、议价合约选购、例行选购、单一来源采购或者其他方式。政府药品采购行为的基本模式是集中招标采购（国家特殊管理的药品仍按有关规定采购供应）。

（1）药品集中招标采购　指多个医疗机构通过药品集中招标采购组织，以招投标的形式购进所需药品的采购方式。药品集中招标采购的目的是保证城镇职工基本医疗保险制度的顺利实施，从源头上治理医药购销中的不正之风，规范医疗机构药品购销工作，减轻社会医药费用负担。药品集中招标采购范围一般为城镇职工基本医疗服务的临床使用药品。常规使用及用量较大的药品必须实行药品集中招标采购。

（2）国家基本药物集中招标采购　目前我国对实施国家基本药物制度的政府办基层医疗卫生机构使用的基本药物实行以省（区、市）为单位集中采购、统一配送的政策；坚持政府主导与市场机制相结合，发挥集中批量采购优势，招标和采购结合，签订购销合同，一次性完成采购全过程，最大限度地降低采购成本，促进基本药物生产和供应。

省级卫生行政部门是本省（区、市）基本药物集中采购的主管部门，负责搭建省级集中采购平台，确定具备独立法人及采购资格的采购机构开展基本药物采购工作，并对基本药物集中采购过程中采购机构和基层医疗卫生机构进行管理和监督，协调解决采购中出现的问题。市（地）及以下不设采购平台，不指定采购机构。基本药物集中采购平台为政府建立的非营利性网上采购系统，面向基层医疗卫生机构、药品生产和经营企业提供药品采购、配送、结算服务。

案例分析

从"毒胶囊"事件看采购业务的内部控制

2012年4月15日，央视《每周质量报告》播出《胶囊里的秘密》，曝光一些企业用生石灰处理皮革废料，熬制成工业明胶，卖给另一些企业制成药用胶囊，最终流入药品生产企业，进入患者腹中。媒体曝光的"药用胶囊铬超标事件"，是非法使用工业明胶生产药用胶囊及使用铬超标胶囊生产药品的药害案件。经检测，有9家药厂13个批次药品所用胶囊重金属铬含量超标，最高超标90倍。"毒胶囊"事件由此引爆，引起了社会广泛关注。党中央、国务院高度重视，中央领导同志多次做出重要批示，要求严肃依法查处，确保人民群众利益。国家食品药品监督管理总局要求相关省的食品药品监督管理局对违法、违规企业及其产品继续开展深入调查，严肃查办涉案企业，坚决控制销毁不合格产品。医疗机构和零售药店，已按要求停用、封存问题产品；公安部门对涉嫌犯罪的企业和有关人员正在进行侦查。2012年5月25日，国家食品药品监督管理总局通报铬超标胶囊剂药品抽验结果。截至5月24日，有254家药品生产企业存在铬超标药品问题，占全部胶囊剂药品生产企业的12.7%。其中有10余家A股上市企业，"药用胶囊铬超标事件"曝光后，它们的业绩大受打击。从涉案的制药企业自身因素来说，毒胶囊能顺利进入制药企业，说明这些制药企业在采购环节缺乏有效内部控制措施。

问题：请结合本案例，理解药品生产企业严格执行采购业务流程管理的重要意义，理解药品生产企业采购过程中的质量风险及防范意识。

课后习题

一、单项选择

1. 患有某种慢性病对药物的需求属于（　　）。
   A. 突发性需要　　B. 经常性需要　　C. 无意识需要　　D. 偶尔需要
2. 广告宣传属于信息来源中的（　　）。
   A. 个体来源　　B. 商业来源　　C. 大众来源　　D. 经验来源
3. 使用者是企业实际使用所购买某种产业药品或服务的一些工程技术人员和生产第一线的工人，也是对购买药品的主要（　　）。
   A. 倡导者　　B. 影响者　　C. 决策者　　D. 评估者

二、多项选择

1. 消费者个体购买行为包括（　　）。
   A. 发现需求　　B. 收集信息　　C. 比较评价　　D. 实际购买　　E. 药效评价
2. 医药消费者收集信息的来源包括（　　）。
   A. 个体来源　　B. 商业来源　　C. 大众来源　　D. 经验来源　　E. 广告宣传
3. 影响消费者个体购买行为的因素包括（　　）。
   A. 文化因素　　B. 社会因素　　C. 个体因素
   D. 心理因素　　E. 药品自身因素
4. 医药组织分类包括（　　）。
   A. 生产者市场　　B. 中间商市场　　C. 政府市场
   D. 非营利组织市场　　E. 医院药店
5. 医药组织购买决策的参与者有（　　）。
   A. 倡导者　　B. 影响者　　C. 决策者　　D. 采购者　　E. 使用者

三、简答题

1. 简述医药组织购买行为的特点。
2. 请描述心理细腻的顾客具有哪些特征。如何针对这样的顾客实施销售？
3. 政府采购向市场化发展，请分析医药企业在营销方面应该做好哪些工作。

据中国非处方药协会的统计显示，目前在中国常见病症的自我诊疗比例中最高的是感冒，占常见病症的89.6%，高出第二位30个百分点。这使得众多的感冒药目标消费者不再去医院治疗感冒，而是去药店自行买药。城镇居民在非处方药的消费上，感冒药占到85%，远远超过排名第二的消炎药55%的比例，这种现象在全球普遍存在。现阶段，在中国药品零售市场中，感冒药的销售额约占药品零售总额的15%，与止痛药、肠胃药、皮肤药、五官用药一起构成了我国非处方药的主体。按目前中国OTC市场销售额为200亿元来计，感冒药的市场份额约为30亿元。虽然中国的感冒药市场有30亿元的市场容量，但是近年来的实际销售额却没能跟得上这一数据。资料显示，2001年中国感冒药的市场销售额为15亿元，2002年的市场实际销售额为18亿元，2003年由于受非典疫情影响，市场实际销售额超过了25亿元,增长显著。2004年中国的感冒药市场的市场规模在21亿元左右。2018年我国感冒药零售市场规模为263亿元,2019年我国感冒药零售市场规模达到284亿元。

一、市场现状

虽然近几年来感冒药市场的竞争格局已经趋于稳定,但随着默克、惠氏等国际制药巨头进入中国的OTC市场,中国感冒药市场又展开了一场新的群雄割据战。在这场割据战中,终端是最关键的因素,所以竞争的焦点集中在感冒药市场的终端——零售药店。

目前处于中价位的感冒药(12元左右)占感冒药市场33%的销售量、64%的销售额,低价位的感冒药(10元以下)占感冒药市场销售量的62%、销售额的28%,因此从销售量来看,低价位的感冒药仍占主导地位,价格成为吸引大部分消费者作出决策的重要依据。

在激烈的市场竞争中,各医药企业纷纷加大广告投入,利用广告对消费者进行强势宣传,提高品牌知名度,从而最终影响消费者的购买决定。

此外,店面的促销一直是终端工作重要的一环,店员的推荐、卖场的陈列在促使消费者作出最终购买决策上比广告更有影响力。因此,搞促销活动也成为各医药企业争夺消费者的重要竞争手段。根据东一信达营销顾问公司最近完成的《中国感冒用药市场分析报告》提供的数据显示,2014年中西药销售量排名前十位的感冒药分别是新康泰克、白加黑、泰诺感冒片、999感冒灵、感康、快克、日夜百服宁、康必得、双黄连口服液、众生双黄连口服液。

二、影响消费者购买行为的因素

通过调查发现,多种因素影响消费者对感冒药品的购买决定。其中,药品的包装情况、消费者的年龄、企业的促销活动、广告宣传等成为影响消费者购买决定的最主要因素。

感冒药为家庭常备药,消费者更愿意购买小剂量、保质期长、易存放包装的产品。因此,医药企业应根据消费者的需求专门生产小剂量、保质期长、易存放包装的产品,并在包装图案和颜色上与原有包装形成系列化。

西药起效快、用药方便、便于携带,因而较受生活节奏快、注重速度和效率的青年人的喜爱;中老年人更相信中成药的副作用小、疗效独特、治标又治本。中老年人倾向于购买药价低于10元的中成药,而青年人则受药品广告的影响大。

感冒具有典型的季节性,一般多发于冬、春两季。目前,市场上感冒类药品品牌繁多,消费者可选择的余地很大。因此,消费者在购买产品时,价格及厂家的促销活动也成为影响其购买决定的重要因素。医药企业可以根据季节,不定期地推出多项优惠政策,让现实消费者享受最直接的让利。

广告对人们的影响是不言而喻的。据一项调查显示,大多数消费者在购买感冒药时受广告宣传的影响。

分析:1. 你认为影响消费者购买感冒药的主要因素有哪些?

2. 通过对消费者购买行为的分析,感冒药生产企业如何进行有效的促销?

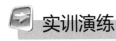

实训演练

制定老年人保健药消费行为分析及对策

【实训目的】

掌握医药消费个体消费行为的影响因素,并采取有效的应对策略。

【实训背景】

我国社会趋向老龄化,老年保健食品需求不断上升,老年人保健食品市场潜力较大。我国独有的食疗养生文化和几千年的中医药学宝库是保健食品取之不尽、用之不竭的源泉,还有广阔的地域资源作为保健食品开发的基础,结合现代科学技术,老年保健食品的发展将会出现一个新局面。

2007年中国医药保健品对外贸易再创历史新高,达到385.9亿美元,同比增加25.6%,其中,出口245.9亿美元,同比增加25.1%,与全国整体出口增速相当;进口140亿美元,同比增长26.6%。全年医药对外贸易顺差达105.9亿美元,但进口增幅高于出口增幅1.5个百分点。2008年1~9月,中国保健品进出口额1.55亿美元,同比上升29.28%,其中出口额6267万美元,同比增长21.32%;进口额8231万美元,同比增长36.08%。

保健品将逐渐由奢侈消费品向普通消费品转变,保健品原料价格随之下降也是必然趋势。到目前为止,保健品一直被定位为高档奢侈消费品,价格自然也高。随着保健观念的深入和生活水平的提高,保健品正由保健药品向保健食品或功能食品演变,保健消费将成为人们日常生活的经常消费,低价政策更符合未来保健品的角色定位。

【演练实施】

1. 以小组为单位,分析老年人保健品消费行为影响的文化因素、社会因素、个体因素、心理因素及药品自身因素。

2. 针对因素分析,结合之前学到的营销理论,制定企业营销策略。例如绿色营销、公益营销等。

3. 编制实训报告,题目自拟。

4. 制作课件,小组做营销分析报告。

【考核评价】

考核项目	要求	分值	实际得分
实训报告	五大因素分析全面,有创新	20分	
	报告格式清晰、内容完整有条理	10分	
	营销对策有创新,可实施	10分	
报告汇报	课件精美、有条理	10分	
	内容全面、清晰	20分	
	汇报逻辑性强、现场发挥好	10分	
团队合作	全员参加,分工合作,按期完成全部项目	20分	
合计		100分	

第七章

药品推销技术

导入案例

GL 医药公司的推销

张××是 GL 医药公司的销售人员,他将要和 A 公司的采购代表霍女士会面。在过去,他们在公司曾经会面过,但是没有达成买卖协议。这次是张××第二次与霍女士见面。在预定的时间外足足等了二十分钟,终于,一位秘书将他带进霍女士的办公室。

张××:"你好,霍女士。我是 GL 医药公司的张××,我想和你谈谈我们的药品。"

霍女士并没有理睬张××的微笑,而只是指着桌前面的一张椅子。

霍女士:"请坐。我想告诉你我手头现在有两个月的存货。而且,公司已经同那些供货商打了近三年的交道。"

张××:"(坐下)谢谢! 你知道,GL 医药公司是全国最大的医药公司之一。我们的服务和价格都是无可挑剔的。"

霍女士:"你为什么觉得你们的服务优于其他公司呢?"

张××:"因为我们对全国的每个销售点都保证在 24 小时内发货,如果我们当地的储备不足,我们会空运供货。我们是业界唯一通过空运的公司。另外,我们的药品质量很有保证。你们通常的订货量是多少,霍女士?"

霍女士:"这要看情况而定。"

张××:"大多数公司都订一到两个月的货。你们一年之中总共储备多少药品?"

霍女士:"只有看了你们的产品之后,我才想谈订货的问题。"

张××:"我明白,我只是想弄清你们的订货量,以便决定对你们的价格折扣。"

霍女士:"我想,你们的价格和折扣不会比现在的好。"

张××:"我相信各个厂家之间价格的竞争会很激烈,我想给你看一份价目单,这是我们最新的价目单,你可以比较。如果把价格与产品质量和服务保证联系起来,你会发现我们的产品很具吸引力。"

霍女士:"也许吧!"

张××:"许多和你们公司类似的公司都不止一家供货单位,这可以保证供货的稳定性,我们愿意成为你们的供货商之一。"

霍女士:"我只想有一家供货商,这样我可以得到更多的折扣。"

张××:"你考虑过两家轮流供货吗? 这样你可以获得相同的折扣,并且货源更加充足。"

霍女士:"让我考虑考虑,把你随身带来的文件留下来我看看吧。"

案例思考:案例中运用了什么模式进行推销? 通过内容的学习,请做简单分析。

第一节 爱达模式

在药品推销过程中,掌握一定的技巧起着重要的润滑和促进作用。要卓有成效地开展药品推销活动,必须掌握推销的基本理论。娴熟的推销理论,有助于药品相关推销活动取得成功。

一、爱达模式内涵

爱达(AIDA)模式也称爱达公式,是国际推销专家海英兹·姆·戈得曼总结的推销模式,它的具体含义是指一个成功的推销员必须把顾客的注意力吸引或转变到产品上,使顾客对推销人员所推销的产品产生兴趣,这样顾客欲望也就随之产生,之后再促使顾客实施购买行为,达成交易。AIDA 是四个英文单词的首字母,A 为 attention,即引起注意;I 为 interest,即引发兴趣;D 为 desire,即刺激欲望;最后一个字母 A 为 action,即促成购买。这四个字母也构成了爱达模式的四个步骤。

这种方法要求推销人员识别出潜在顾客真正需要解决的问题,利用说服的力量达到推销的目的。AIDA 的主要优势是它允许推销人员在推销的过程中,扮演一个积极的并多少有些指导性的角色。这种模式的主要缺点是它可能被认为具有高压性或强制性,对顾客的重视不够。

二、爱达模式步骤

爱达模式的四个步骤如图 7-1 所示。

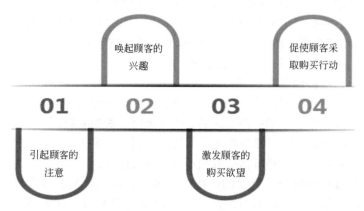

图 7-1 爱达模式的步骤

1. 引起顾客的注意

所谓引起顾客注意,是指推销人员通过推销活动刺激顾客的感觉器官,使顾客对其推销的产品有一个良好的感觉,促使顾客对推销活动及产品有一个正确的认识,并产生有利于推销的正确态度。

在推销活动中,推销人员面对的顾客有不少是被动的,甚至是有抵触情绪的。一般而言,在推销人员接近顾客之前,顾客大多数对推销人员和产品处于麻木状态,他们的注意力只放在自己关心和感兴趣的事物上。因此,推销人员必须尽其所能,想方设法吸引顾客的注意力,以便不被拒绝,如推销人员可以通过精心设计自己的形象、精辟的语言、得体的动作、富有魅力的产品和巧妙的提问引起顾客的注意。

在推销活动中，要唤起顾客对推销品的注意，推销人员必须营造一个使顾客与推销品息息相关的推销环境，并让顾客感觉自己是被关注的中心，自己的需求和利益才是真正重要的，即在突出顾客地位的同时宣传了推销品。这样就可以强化推销品对顾客的刺激，使顾客自然而然地将注意力从其他事情上转移到推销活动上来。

作为推销人员需要做到以下四点：

(1) 说好第一句话
① 用简单的话语向顾客介绍产品的使用价值；
② 运用那些恰当的事例引起顾客的兴趣；
③ 怎样帮助顾客解决他的问题；
④ 向顾客提供一个有价值的资料，并使他接受产品；
⑤ 注意语言的运用。

(2) 把顾客的利益和问题放在第一位　推销过程中要始终考虑顾客的利益和问题，只有针对这些内容才能走进顾客的心里。

(3) 保持与顾客的目光接触　眼睛看着对方讲话不只是一种礼貌，也是成功的条件，让顾客从你的眼里感到真诚、尊重和信任。

(4) 与众不同　不仅要突出产品或服务的与众不同，也要让自己与众不同，这样才能更好地吸引客户的注意。

2. 唤起顾客的兴趣

兴趣是一个人对某一事物抱有的积极的态度。对推销而言，兴趣就是顾客对推销产品或购买抱有的积极态度。在推销活动中，顾客对产品产生的好奇、期待、偏爱和喜好等情绪均可称为兴趣，它表明顾客对产品做出了肯定的评价。顾客由于对推销人员及其产品的兴趣而使其注意力更加集中。

唤起顾客的兴趣在推销活动中起着承前启后的作用，兴趣是注意进一步发展的结果，又是欲望的基础，兴趣的积累和强化便是欲望。如果推销人员在推销活动中不能设法使顾客对产品产生浓厚的兴趣，不仅不会激发顾客的购买欲望，甚至会使顾客的注意力发生转移，致使推销工作前功尽弃。

唤起顾客兴趣的关键就是使顾客清楚地意识到购买产品所能得到的好处和利益。推销人员可以通过对产品功能、性质、特点的展示及使用效果的演示，向顾客证实推销的产品在品质、功能、技术等方面的优越性，以此引导顾客的购买兴趣。

3. 激发顾客的购买欲望

购买欲望，是指顾客通过购买某种产品或服务给自己带来某种特定的利益的一种需要。一般来说，顾客对推销产品产生兴趣后就会权衡买与不买的利益得失，对是否购买处于犹豫之中。这时候推销人员必须从认识、需要、感情和智慧等方面入手，根据顾客的习惯、气质、性格等个性特征，采用多种方法和技巧，促使顾客相信推销人员和推销的产品，不断强化顾客的购买欲望，即激起购买欲望。

激起顾客的购买欲望，就是推销人员通过推销活动的进行，在激起顾客对某个具体推销内容的兴趣后，努力使顾客的心理活动产生不平衡，使顾客产生对推销内容积极肯定的心理定式与强烈拥有的愿望，使顾客把推销内容的需要与欲望排在重要位置，从而产生购买欲望。推销人员可以通过向顾客介绍、提供一些有吸引力的建议、说明事实等方法，达到激起顾客购买欲望的目的。

作为推销人员应该做到以下四点：

① 建立顾客对推销员的信任度。

② 强化感情，顾客的购买欲望多来自感情。

③ 多方引导顾客的购买欲望。

④ 充分说理。

4. 促使顾客采取购买行动

顾客一旦产生了强烈的购买冲动，采取购买行动就是自然而然的事了，这时推销员不能掉以轻心，应该顺水推舟，速战速决，以免顾客受其他外界因素影响而改变态度。有时候顾客会在最后关头突然变卦，这种事情时有发生，因为人的情绪是可以发生变化的。在这个成交阶段，推销员可以使用一些技巧促使顾客采取购买行动，比如提醒顾客该款产品很畅销，如果现在不买，很可能以后会涨价或者出现断货；或者告诉顾客现在是优惠期，马上购买会比较划算，过期享受不了价格优惠，促使顾客立即采取购买行动。

课堂讨论

使用爱达模式应该具备什么条件呢？

1. 顾客必须完全了解产品及价值
2. 顾客必须信赖推销员和他所代表的公司
3. 顾客必须有购买欲望
4. 要争取圆满结束洽谈
5. 要了解清楚谁有购买决策权

案例解答

引例中推销员运用的是爱达模式

（1）引起顾客注意——推销员告诉顾客说 GL 医药公司是全国最大的医药公司之一，药品质量很好，服务和价格都是无可挑剔的。并且他们是业界唯一通过空运的公司，对全国的每个销售点都保证在 24 小时内发货，如果当地的储备不足，会立即空运供货。从而引起顾客的注意。

（2）唤起顾客的兴趣——因为该顾客是一个典型的商业型顾客，她追求的是高利润或低成本。所以推销员把最新的价目单给顾客，并引导顾客将产品的价格及质量联系在一起比较，突出产品优势，唤起顾客的兴趣。

（3）激起顾客欲望——在推销员了解到顾客的目的是要低折扣后，推销员及时用低折扣以及两家供货能保证货源充足的优势来激起顾客的欲望。

（4）促成顾客行为——通过以上阶段的推销，该推销员已经打消了顾客的疑虑，激发了顾客的购买欲望。

通过顾客主动要求推销员留下了产品的文件，说明该推销员的推销已经成功了一大半。

市场环境是千变万化的，推销活动也随之复杂多变，所以推销4个步骤的完成时间不可能整齐划一，主要由推销人员的工作技巧和推销的产品性质而定；4个步骤的先后次序也不必固定，可根据具体情况适当调整，可重复某一步骤，也可省略某一步骤。每一个推销员都应该根据爱达模式检查自己的销售谈话内容，并向自己提出以下问题：能否立即引起顾客的注意，能否使顾客对推销的产品产生兴趣，能否激起顾客的购买欲望，能否促使顾客采取最终购买行动。

爱达模式从消费者心理活动的角度具体研究推销的不同阶段，不仅适用于店堂推销、柜台推销、会展推销，也适用于一些易于携带的生活用品和办公用品的推销，还适用于新推销人员以及对陌生顾客的推销。

第二节　迪伯达模式

导入案例

有一次，一位顾客来跟张先生商谈进一批儿童药的事，张先生向他推荐很多药品，一切进行顺利，眼看就要成交，但对方突然决定不买了。张先生百思不得其解，夜深了还忍不住给那位顾客打电话探明原因，谁知顾客回答说："今天下午你为什么不用心听我说话？就在签字之前，我提到我的儿子即将进入×××大学就读，我还跟你说他的运动成绩和将来的抱负，我以他为荣，可你根本没有听我说这些话！你宁愿听另一位推销员说笑话，根本不在乎我说什么！我不愿意从一个不尊重我的人手里买东西！"

从这件事，张先生得到了两条教训：第一，倾听顾客的话实在太重要了，自己就是由于对顾客的话置之不理，因而失去了一笔生意；第二，推销商品之前，要把自己推销出去，顾客虽然喜欢你的产品，但如果不喜欢你这个推销员，他也可能不买你的产品。

一、迪伯达模式内涵

迪伯达（DIPADA）模式与传统的爱达模式相比，被认为是一种创造性的推销模式。该模式的要点在于：先谈顾客的问题，后谈推销的产品，即推销人员在推销过程中必须先准确地发现顾客的需要和愿望，然后把它们与自己推销的产品联系起来。这一模式是以需求为核心的现代推销学理念在实践中的具体运用。

迪伯达模式将推销全过程概括为6个阶段：发现（definition）、结合（identification）、证实（proof）、接受（acceptance）、欲望（desire）、行动（action）。迪伯达是上述6个英文单词第一个字母组合（DIPADA）的译音。

二、迪伯达模式步骤

迪伯达模式的步骤如图7-2所示。

1. 发现顾客的需要和愿望

在实际推销活动中，发现顾客的需要和愿望是很难的，但推销人员在实践中可以运用现场观察、市场调查、建立信息网络、引导需求、推销洽谈等方法发现顾客的需要和愿望。

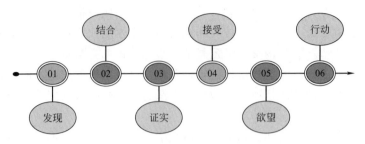

图 7-2　迪伯达模式步骤

2. 把顾客的需要与推销的产品结合起来

当推销人员简单、准确地总结出顾客的需要和愿望之后，便应进入第二个阶段：向顾客介绍推销的产品，并把产品与顾客的需要和愿望结合起来。这样就能很自然地把顾客的兴趣转移到推销的产品上，为进一步推销产品铺平道路。这一阶段是一个由探讨需要的过程向实质性推销过程的转移，是推销的主要步骤。推销人员可以通过企业整体营销活动迎合顾客的需求、说服顾客调整需求并使需求尽可能与产品结合、主动教育与引导顾客的需求等方法使推销产品与顾客的需要相结合。

3. 证实推销的产品符合顾客的需求

推销人员仅仅告诉顾客推销产品正是其所需要的，这是远远不够的，必须拿出充分的证据向顾客证实产品符合其需要和愿望，并了解顾客对所提供证据真实性的态度。这个阶段推销人员的主要任务是：可以通过向顾客熟悉的人从推销产品的购买与消费中所获得的利益，或展示有关部门出具的证据，或采用典型事例等，向顾客证实他的购买是正确的，推销人员的介绍是真实可信的。

4. 促使顾客接受推销的产品

结合和证实都是手段，促使顾客产生购买欲望才是目的。推销员通过对产品的介绍和同类产品的比较分析，促使顾客接受推销的产品，具体有以下几种方法供参考。

(1) 示范法　推销员通过现场示范的直观效果促使顾客接受产品，如推销人员在示范过程中，显示产品操作简单、性能优良、价廉物美。

唤起顾客的兴趣可以通过示范来实现。示范是通过产品的功能、性质、特点的展示及使用效果的示范表演等，重要的是要让顾客看到购买后所能获得的好处和利益。示范过程中需注意以下六点。

① 在使用中做示范　如果产品可以示范，那么在使用中示范的效果会更好，能更加直接地展示产品的优势。

② 让顾客参与示范　直接参与会让顾客进一步接触产品，通过亲身感受唤起顾客的兴趣。

③ 示范过程不要太长　示范时间如果过长，会让顾客感到厌烦或出现疲劳感，会影响推销示范的初衷。

④ 示范要加入感情沟通　示范过程不是单纯地做，而要有感情地做，示范过程中加入感情的元素会让示范过程的效果更好。

⑤ 帮助顾客从示范中得出正确结论　示范后最重要的是得出有利于产品的正确的结论，这样能帮助顾客更深一层地认识了解产品。

⑥ 不要过早强迫顾客下结论　推销的示范过程结束后要给顾客思考的时间，如果急于让顾客下结论会适得其反。

（2）提问法　推销员在讲解及演示的过程中，可不断发问以了解顾客是否认同或理解自己所做的介绍，从而使顾客逐步接受介绍的产品及理念。

（3）总结法　推销员在讲解及演示的过程中，通过对前阶段双方的价值意向和见解的总结归纳，取长补短，求同存异，促使顾客接受推销品。

（4）试用法　把已介绍和经过证实的产品留给顾客试用一段时间，同时征求顾客的使用意见和改进意见，以达到促使顾客接受推销产品的效果。

5. 激起顾客的购买欲望
6. 促成顾客采取购买行动

迪伯达模式的第五、第六步的内容与爱达模式的第四步相同，在此不再阐述。

课堂讨论

某药品生产商对一些药店的销售状况进行了调查，发现药店的售货员对推销该厂的药品不感兴趣，药店的销售策略也有问题。厂方决定开办一所推销技术学校，并派出厂里的推销代表（特伦顿）到各药店进行说服工作，目的是使他们对开办推销技术学校产生兴趣和积极配合，如安排人员参加学习等。特伦顿来到了一家卖他们产品的药店，下面是特伦顿与药店负责人迪特尔的对话：

特伦顿："迪特尔先生，我这次来这里的主要目的是想向你了解一下药店的销售情况。我能向你提几个简短的问题吗？"

迪特尔："可以。你想了解哪方面的情况？"

特伦顿："你本人是一位出色的推销员……"

迪特尔："谢谢你的夸奖。"

特伦顿："我说的是实话。只要看一看药店的经营状况，就知道你是一位出色的推销员。不过你的职员怎样？他们的销售业绩与你一样吗？"

迪特尔："我看还差一点，他们的销售成绩不太理想。"

特伦顿："完全可以进一步提高他们的销售量，你说呢？"

迪特尔："对！他们的经验还不丰富，而且他们当中的一些人现在还很年轻。"

特伦顿："我相信，你一定会尽一切可能帮助他们提高工作效率，掌握推销技术，对吗？"

迪特尔："对。但我们这个药店事情特别多，我整天忙得不可开交，这些，你是知道的。"

特伦顿："当然，这是难免的。假如我们帮助你解决困难，为你们培训药店职员，你有什么想法？你是否愿意让你的职员学习和掌握怎样制定销售计划、赢得顾客、增加销售量、唤起顾客的购买兴趣、引导顾客做出购买决定等技巧，使他们像你一样，成为出色的推销员。"

迪特尔："你们的想法太好了。谁不愿意有一个好的销售班子。不过如何实现你的计划？"

特伦顿:"迪特尔先生,我们厂为你们这些零售药店的职员开办了一所推销技术学校,其目的就是训练这些职员掌握你希望他们掌握的技能。我们特别聘请了一些全国有名的推销学导师和高级推销工程师负责学校的培训工作。"

迪特尔:"听起来很不错。但我怎样知道他们所学的东西正是我希望他们学的呢?"

特伦顿:"增加你的销售量符合我们的利益,也符合你的利益,这是其一。其二,在制定训练计划时,我们非常希望你能对我们的教学安排提出宝贵的意见和建议。"

迪特尔:"我明白了。"

特伦顿:"给,迪特尔先生,这是一份课程安排计划。我们把准备怎样为你培训更好的销售人员的一些设想都写在这份材料上了。你是否把材料看一下?"

迪特尔:"好吧,把材料交给我吧。"(特伦顿向迪特尔介绍了计划)

特伦顿:"我已经把你提的两条建议都记下来了。现在,你还有什么不明白的问题吗?"

迪特尔:"没有了。"

特伦顿:"迪特尔先生,你对我们这个计划有信心吗?"

迪特尔:"有信心。办这所学校需要多少资金,需要我们分摊吗?"

特伦顿:"你只需要负担受训职员的交通、伙食、住宿费用。其他费用,包括教员的聘金、教学费用、教学工具等等,统统由我们包了。我们初步计算了一下,每培训一个推销员,你最多支付45英镑。为了培养出更好的推销员,花费45英镑还是值得的。你说呢?假如经过培训,每个受训职员的销售量只增加了5%的话,你很快就可以收回所支付的这笔费用了。"

迪特尔:"这是实话。可是……"

特伦顿:"假如受训职员的推销水平只是你的一半……"

迪特尔:"那就很不错了。"

特伦顿:"迪特尔先生,我想你可以先派3个有发展前途的职员参加第一届训练班。这样,你就知道训练的效果如何了。"

迪特尔:"我看还是先派两个吧。目前我们这里的工作也比较忙,不能多派了。"

特伦顿:"那也是。你准备先派哪两位去受训呢?"

迪特尔:"我初步考虑派……,不过,我还不能最后决定。需要我马上做出决定吗?"

特伦顿:"不,你先考虑一下,下周一告诉我,好吗?我给你留两个名额。"

迪特尔:"行,就这么办吧!"

讨论:特伦顿运用迪伯达公式对药店的负责人进行了成功的推销,试分析他成功推销的原因是什么。

迪伯达模式的特点是紧紧抓住顾客需要这个关键环节,使推销工作更能有的放矢,因而针对性较强。迪伯达模式比爱达模式复杂、层次多、步骤烦琐,但其推销效果较好,受到推销界的重视。

第三节 埃德帕模式

案例导入

景辞去药品超市买药,因为家里没有感冒药了,想再买一些备用,所以来到卖感冒药的区域开始选择,这时过来一个推销员。

推销员:"你好,请问有什么可以帮到你?"

景辞:"你好,是这样的,我家里没有感冒药了,可是我经常感冒,一感冒就觉得浑身疼痛,想买一些放在家里备用。"

推销员:"这样的话我觉得 A 比较适合,因为这个药的一大特点就是可以缓解感冒的疼痛,而且见效很快……现在购买的话还可以送一包退热贴哦。"

景辞:"这个的价钱怎么样?"

推销员:"这种药在同类产品中是比较便宜的,和其他的比起来还便宜一块多。"

景辞:"那好吧,我就买这个。"

推销员:"谢谢。对了,如果你想提高一下自己的免疫力,避免少感冒,可以尝试一下 B 这个药。"

景辞:"我之前也吃了一些提高免疫力的药,但不起作用啊。"

推销员:"是这样的,这种药是中药性质的,药性比较温和,不伤身体,而且还有滋补的成分,可以更好地调理身体……"

景辞:"那好吧,那我就买一个回去试一试。"

提问:此案例的成功运用了什么模式?试简单分析。

一、埃德帕模式内涵

埃德帕模式是"迪伯达"模式的简化形式,它适用于有着明确的购买愿望和购买目标的顾客。"埃德帕"是 IDEPA 的译音,每个字母分别为 I(identification 结合)、D(demonstration 示范)、E(elimination 淘汰)、P(proof 证实)、A(acceptance 接受)。

二、埃德帕模式步骤

埃德帕模式的步骤如图 7-3 所示:

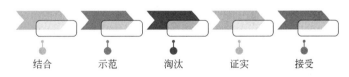

图 7-3 埃德帕模式步骤

在采用该模式时直接提示哪些产品符合顾客的购买目标,这一模式比较适合于零售推销。

1. 把推销的产品与顾客的愿望联系起来

一般来说,人们总希望从购买活动中获得一定的利益,包括在一定程度上增加收入、减少成本、提高效益。推销人员应对上门主动求购的顾客热情接待，主动介绍商品，使顾客认识到购买商品所能获取的一定利益，紧紧扣住顾客的心弦，使顾客主动接近推销人员，这种效果是其他接近方法所无法收到的。在实际推销工作中，普通顾客很难在推销人员接近时立即认识到购买商品的利益，同时为了掩饰求利心理，也不愿主动向推销人员打听这方面的情况，而往往装出不屑一顾的神情。如果推销人员在接近顾客时主动提示商品利益，可以使商品的内在功效外在化，尽量满足顾客需求。

在向顾客展示利益时，推销人员应该注意下述问题：商品利益必须符合实际，不可浮夸。在正式接近顾客之前，推销人员应该进行市场行情和用户情况调查，科学预测购买和使用产品可以使顾客获得的效益，并且要留有一定余地。

2. 向顾客示范合适的产品

当产品可以进行示范时，那么证实的常用办法是示范。所谓示范就是当着顾客的面展示并使用商品，以显示出你推销的商品确实具备能给顾客带来某些好处的功能，以便使顾客产生兴趣和信任。熟练地示范你推销的产品，不仅能吸引顾客的注意力，而且更能使顾客直接对产品发生兴趣。示范最能给人以直观的印象，示范效果如何将决定推销成功与否。因而，示范之前必须周密计划。

3. 淘汰不宜推销的产品

有些产品不符合顾客的愿望，我们称之为不合格产品。需要强调指出，推销人员在向顾客推销产品的时候，应及时筛选那些与顾客需要不吻合的产品，使顾客尽量买到合适的产品，但也不能轻易淘汰产品，要做一些客观的市场调研及分析。

4. 证实顾客的选择正确

即证明顾客已挑选的产品是合适的，该产品能满足他的需要。

5. 促使顾客接受产品

推销人员应针对顾客的具体特点和需要进行促销工作，并提供优惠的条件，以促使顾客购买推销的产品。

案例解答

案例导入中的成功推销是正确运用了埃德帕模式

1. 通过对话（询问有什么可以帮到他）了解顾客的需求，在摸清顾客需求的基础上可以更好地推销产品。

2. 向顾客展示产品，细说产品的特点，重点突出符合顾客需求的优点（缓解疼痛），而且还附加购买产品后所获得的赠品（退热贴），增加顾客的购买欲望。

3. 推销员向顾客推销本来不打算买的产品（B药品），推销员准确地抓住了顾客的潜在需求，刺激了顾客的购买欲望。

4. 顾客提出疑问（以前用过别的药，但不起作用），这也是一次更好地向顾客展示产品优点的适当时机，同时还可以更进一步地了解顾客的需要。

5. （药性温和等）这是筛选不适合推销产品的过程，推销员把推销的重点放在顾客有需求的推销品上，而这些都是建立在了解分析顾客心理特征的基础上。

埃德帕模式多用于向熟悉的中间商推销，也用于对主动上门购买的顾客进行推销。无论是中间商的小批量进货、批发商的大批量进货，或是采购人员亲自上门求购，还是通过电话等通信工具询问报价，只要是顾客主动与推销人员接洽，都是带有明确的需求目的的。在该模式的操作过程中，有两方面的问题需要注意。

一是推销员应为顾客示范合适的产品，力求有效结合顾客的需要。如果顾客带来进货清单，可按清单上所列品种示范，尽量让顾客参与其中。如果有新产品、潜在畅销产品、进销差价大的特殊品等，推销人员应主动为顾客示范，推销成功的概率也比较大。

二是适时淘汰不适合顾客的产品，主要指淘汰那些不适应顾客需要，与顾客愿望距离较大的产品。主动淘汰这一部分产品，实现产品优化，可以使顾客更容易买到合适的产品。在产品示范与商务沟通过程中，推销人员应尽量了解顾客进货的档次、数量和目标市场消费者的需求特点，做到示范和淘汰的产品都恰到好处。

第四节　费 比 模 式

> **导入案例**
>
> 　　药店同时购进两种功能相同的药品，两者成分、功能等相差无几，价钱也一样，摆在柜台上很少有顾客问津。后来，该店经理在标价上出了个主意，他把其中一种药的标价从 30 元提高到 50 元，另一种药的标价仍是 30 元。两种药放在一个柜台里，结果标价 30 元的药很快销售一空。调研顾客为什么会购买这款药，顾客回答："价格便宜"。其实药的价格并没有降低，只是一种心理上的错觉。
> 　　提问：案例中运用的是什么推销模式？

一、费比模式内涵

"费比"是 FABE 的译音，FABE 则是英文字母 feature（特征）、advantage（优点）、benefit（利益）、evidence（证据）的第一个字母的缩写。费比模式是指企业或销售人员把产品的优点、给顾客带来的各种利益等通过列举的方式直观地展示给顾客，从而有效地提高推销效率和节约购买成本的一种推销方式。

二、费比模式步骤

与其他几个模式相比，费比模式有一个显著的特点，即事先把产品特征、优点及能够带给顾客的利益等列选出来，印在宣传单上或写在卡片上，这样就能使顾客一目了然，更好地了解有关的内容，节省顾客疑问的时间，减少顾客异议的内容。正是由于费比模式具有重点突出、简明扼要的特点，在推销实践中显示了计划性和有效性，受到不少推销人员的大力推崇。费比模式的步骤如图 7-4 所示：

1. 向顾客详细介绍产品的特征

推销人员见到顾客后，要以合适的语气、准确的语言向顾客介绍产品的特征。介绍的内容包括：产品的性能、构造、作用、使用的简易及方便程度、耐久性、经济性、外观优点及价格情况等。如果是新产品的话则应更详细地介绍，如果产品在用料或加工工艺方面有所改进的话，亦应介绍清楚。如果上述内容复杂难记，推销人员可事先制作成宣传单或卡片，以

图 7-4 费比模式步骤

便在向顾客介绍时方便将材料或卡片交给顾客。因此，提前制作好宣传单或卡片成为费比模式的主要特色，也是该模式成功的关键。

2. 充分分析展示产品的优点

推销人员应寻找出推销产品区别于其他产品在外观设计、功能特点、使用方法、售后服务以及产地、品质等方面的独特特征，进行差异化的推介说明，以便激发消费者兴趣和便于记忆。在产品展示过程中，要充分地挖掘产品的优点，简明扼要地介绍给顾客，不要拖泥带水和面面俱到。如果是新产品，务必把区别于老产品的内容说明清楚。当面对的是具有专业知识的顾客，则尽量以专业术语进行介绍，并力求用词简练准确。

3. 尽可能列举产品给顾客带来的利益

顾客购买产品追求的是使用价值、声誉价值以及消费者剩余（高的性价比）等，所以，分析产品对顾客的价值和利益是费比模式中最重要的一环。推销人员应在了解顾客需求的基础上，把产品能带给顾客的预期利益尽可能地讲清楚，给消费者一个购买的理由。不仅要讲产品功能的利益，更要讲产品给顾客带来的内在的、形式的及附加的利益。在对顾客需求偏好了解不多的情况下，应边讲边观察顾客的专注程度与态度，在顾客表现关注的方面要特别注意多讲、细讲、多举例说明。

4. 以事实依据说服顾客购买

推销人员应以发生在身边的真实的数字、人证、物证、例证等作为有说服力的证据，解决顾客的各种异议与疑虑，使顾客相信购买该产品是正确的、明智的、合算的，从而产生从众的购买和消费行为，如顾客所认识的某某人用了效果如何，顾客所知道的某单位用了怎么样，对消费者都非常具有说服力。

第五节 顾问式销售模式

一、顾问式销售模式内涵

顾问推销是市场营销观念的一种扩展，是一种全新的销售概念与销售模式，具有丰富的内涵以及清晰的实践性。它是指销售人员以专业销售技巧进行产品介绍的同时，运用分析能力、综合能力、实践能力、创造能力、说服能力完成客户的要求，并预见客户的未来需求，提出积极建议的销售方法。

顾问式销售模式是站在专业角度和客户利益角度提供专业意见和解决方案以及增值服务，使客户能作出对产品或服务的正确选择和发挥其价值，在这个过程中同时建立了客户对产品提供者的感情及忠诚度，有利于进一步开展关系营销，达到较长期稳定的合作关系，实现战略联盟，从而形成独具杀伤力的市场竞争力。

也就是说，在这种销售模式下，推销员以消费者顾问的身份出现，在尽可能满足消费者正当需求的原则指导下，通过推销员和消费者的有效沟通，由推销员向顾客提供有效解决问题的方案，进而达到推销目的。推销工作就是尽可能地满足顾客的需求。由于顾客本身所具有的知识的局限性，在选择商品过程中，并不一定知道哪种商品是自己的最佳选择，能够给自己带来利益最大化。因此，推销员如能为顾客提供有用的信息，帮助消费者做出明智、合理的决策，就会取得推销的成功。

由于顾客的购买行为可分为产生需求、收集信息、评估选择、购买决定和购后反应五个过程，因此，顾问式销售可以针对顾客的购买行为分为挖掘潜在客户、拜访客户、筛选客户、掌握客户需求、提供解决方案、成交、销售管理等几个步骤来进行。

> **课堂讨论**
> 在从事顾问式销售过程中，如果掌握一定的技巧会事半功倍，那么有哪些技巧呢？

二、销售特点

顾问推销具有以下几个特点：

1. 将顾客看成被服务的人，而不是售卖的对象

在顾问推销模式中，服务是推销员的主要职责，而商品仅是推销员实现服务价值的载体，因此，顾客不是仅仅购买商品的人，而是一个需要服务的对象。服务的提供是连续的，包括需求发现、产品选择、需求满足和销售服务等过程。

2. 不采用高压或强势推销方式对消费者实施强买强卖

在顾问推销中，推销员是以建议者的面目出现的，通过双向信息沟通，提高消费者的信息掌握程度，帮助消费者做出正确的决策，其购买决策权还在消费者手中，推销员仅起辅助作用。因此，购买过程中并不存在违背消费者本意的行为出现，即没有强买强卖现象。

3. 关注产品，强调信息指导

企业或推销员对产品给予了较大的关注，在产品创新、产品改进和产品满足消费者需求程度等几方面投入较多的精力，而信息沟通和信息指导在整个推销过程中也起到关键作用。推销员满足消费者在购买过程中的自我决策心理，问题都是通过协商解决的，而不是推销员特意追求对消费行为的操纵。

4. 强调售后服务

虽然价值在交换过程中实现了转移，但买卖双方的关系并没有因销售行动结束而中止。大多数商品需要售后服务，在顾问推销中，售后服务是增加消费者满意度的有效手段，所以推销员对售后服务都比较重视。

三、顾问推销模式的价值

经过几十年的发展，顾问推销理论已趋向成熟，也更加重视推销过程中满足消费者需求的方法。本章前面提到的爱达模式、迪伯达模式、埃德帕模式和费比模式都是顾问推销的典型模式。许多企业与推销员采用这种推销理念，取得了良好的业绩。

传统销售理论认为，顾客是上帝，好商品就是性能好、价格低，服务是为了更好地卖出产品；而顾问式销售认为，顾客是朋友、是与销售者存在共同利益的群体，好商品是顾客真正需要的产品，服务本身就是商品，服务是为了与顾客达成沟通。可以看出，顾问式销售将销售者定位在客户的朋友、销售者和顾问三个角度上。因此，如何扮演好这三种角色，是实

现顾问式销售的关键所在。

作为现代营销观念的典型代表，顾问式销售有着现代营销观念的很多特征。现代营销强调买方需求，即通过产品与创意，传递产品和与产品有关的所有事情，来满足顾客需要。而顾问式销售的出发点也在于顾客的需求，更加专注对顾客的信息进行研究、反馈和处理。在销售过程中，经销商在厂商和用户中起到桥梁作用，实现信息流的有效传递，一方面将厂商信息有效地传递给用户，另一方面，经销商作为产品流通中最接近消费者的一个环节，最了解用户需求，应该实现对用户需求的有效收集和反馈，及时地反馈给厂商。

一般说来，顾问式销售给顾客带来的最大好处就是使顾客在收集信息、评估选择和购买决定这三个过程中得到一个顾问，从而减少购买支出；同时，通过面对面的感情直接接触，给顾客带来情感收入。顾问式销售给企业带来的利益在于能够最大程度地引起消费需求，增加企业销售机会，同时让顾客产生好的购后反应。"一个满意的顾客是企业最好的广告。"顾问式销售使企业和顾客之间建立了双赢的销售关系。

顾问式销售贯穿于销售活动的整个过程。顾问式销售不是着眼于一次合同的订立，而是长期关系的建立。顾问式销售在实务中的应用，不仅要求销售人员能够始终贯彻以顾客利益为中心的原则，而且要求销售人员坚持感情投入，适当让利于顾客。这样，一定能够达到双赢效果，使公司的发展得到良性循环。

作为现代营销的先进理念，开展顾问式销售对专业的销售人员也提出了一定的要求。对销售人员来说，销售就是一种职业生涯，是一种做人的挑战，是一种激烈竞争，是一种自我管理，所以专业的销售人员在力量、灵活性及耐力等方面要具有较高的素质。

 课后习题

一、单项选择

1. 爱达推销模式的第一步是（　　）。
   A. 引起顾客的注意　　　　B. 唤起顾客的兴趣
   C. 激发顾客的购买欲望　　D. 促使顾客采取购买行动

2. 迪伯达模式的要点在于（　　）。
   A. 先谈推销的产品　　　　B. 先谈顾客的问题
   C. 边谈顾客边谈产品　　　D. 不谈产品也不谈顾客

3. 顾问式销售可以针对顾客的购买行为分为挖掘潜在客户、拜访客户、（　　）、掌握客户需求、提供解决方案、成交、销售管理等几个步骤来进行。
   A. 询问客户　　B. 了解客户　　C. 筛选客户　　D. 环境考察

4. 以下哪一个不是顾问推销具有的特点（　　）。
   A. 不采用高压或强势推销方式对消费者实施强买强卖
   B. 关注产品，强调信息指导
   C. 强调售后服务
   D. 将顾客看成售卖的对象

二、多项选择

1. 使用爱达模式应该具备的条件有（　　）。
   A. 顾客必须完全了解产品及价值　　B. 顾客必须信赖推销员和他所代表的公司

C. 顾客必须有购买欲望，要争取圆满结束洽谈
D. 要了解清楚谁有购买决策权

2. 迪伯达模式的步骤分别按顺序为（   ）。
A. 发现顾客的需要和愿望　　　　B. 把顾客的需要与推销的产品结合起来
C. 证实推销的产品符合顾客的需求　D. 激起顾客的购买欲望

3. 埃德帕模式适用于（   ）的顾客。
A. 有明确的购买愿望　　　　B. 有购买目标
C. 没有购买愿望　　　　　　D. 没有购买目标

4. 与其他几个模式相比，费比模式有一个显著的特点，即事先把（   ）等列选出来，印在宣传单上或写在卡片上，这样就能使顾客一目了然，更好地了解有关的内容，节省顾客疑问的时间，减少顾客异议的内容。
A. 产品特征　　　　　　　　B. 优点
C. 能够带给顾客的利益　　　D. 推销员的个人简介

三、简答题

1. 试述爱达模式的含义与内容。
2. 试述迪伯达模式的含义与内容。
3. 什么是费比模式？举例说明。
4. 顾问式推销模式强调什么？它和前几种模式相比有何不同？

 实训演练

儿童药品推销情景展示

【实训目的】
熟练掌握各种推销模式在药品销售中的实践应用。

【实训背景】
小葵花金银花露是一种用于治疗小儿痱毒，暑热口渴的药物。其主要作用是清热解毒，主要成分是金银花，添加有蔗糖、枸橼酸、苯甲酸钠。服用时要遵医嘱，服药期间饮食宜清淡，不可同时服滋补性的中药，体虚大便溏者慎服。金银花露是一种饮料，有去火的作用，就相当于凉茶一样，可以喝，但建议有症状及时就医，看看是否需要药物治疗。

小葵花金银花露的包装有国家专利保护，专利号为 ZL 2016300428086（瓶身上有显示），包装中的瓶盖采取抽拉式，符合儿童口腔结构以及类似奶嘴的吸吮方式，流畅而不松垮，同时防止儿童在饮用时呛到，增添乐趣的同时也保障了安全和卫生，如此特别的运动瓶盖设计既保证干净又便于饮用，获得了行业的认可及消费者的好评。其次，瓶身采用无毒无味、可耐 90℃ 高温不变形的材料；瓶身造型为葫芦形，符合儿童的心理特点，同时也易于儿童手握；瓶身颜色为橙黄色，吸引眼球，自带流量。每一个细节、每一份专注都是靠近成功不可缺少的态度与精神，同时也成就了金品质小葵花金银花露！

【演练实施】
1. 运用所学的推销理论设计情景展示儿童药品销售。
2. 团队参与，共同商讨。

【考核评价】

考核项目	要求	分值	实际得分
时间	时间控制良好(15分钟)	10分	
语言	声音洪亮,语音规范	10分	
	语速恰当、自然流畅	10分	
内容	宣传正能量	5分	
	表达内容全面	5分	
	逻辑性强	5分	
体态	精神饱满	5分	
	能较好地运用姿态、动作、手势、表情	5分	
形象风度	衣着整洁、仪表大方	5分	
知识点	能准确运用所学章节知识点	40分	
合计		100分	

第三篇

药品市场营销技术综合训练

> **思政与职业素养**
>
> 举案说法，加强反腐倡廉教育和财务法律相关教育，净化药品营销的灰色地带，自觉抵制金钱和利益诱惑。在营销过程中，不行贿，不受贿；廉洁自律，做到医人先医己，治病先守正。

第八章 医院销售

> **导入案例**
>
> 医院市场终端及营销策略
>
> 在整个药品市场中,75%以上的销量产生在医院,医院已经成为企业必争之地。很多 OTC 药品是通过医生的处方带动它在其他零售市场的销售,例如,拜耳的"达喜"、强生的"泰诺"、施贵宝的"日夜百服灵"都是使用了这个方法。国内药业品牌的销售起落较大,而合资药厂如西安杨森、北京诺华等产品销售一般比较平稳,原因就在于医生处方是建立药品品牌的第一因素,而国内企业的 OTC 销售更重视广告,合资企业对医生的宣传工作做得很到位。联邦制药公司还设立了"联邦医学教育奖学金",在未来的医学工作者中间大造声势。很显然,有远见的企业都把医院当作药品销售的基础。

第一节 医院销售概述

一、医院等级划分

医院等级划分标准,是我国依据医院功能、设施、技术力量等对医院资质进行评定的指标。划分标准在全国是统一的,不分医院背景、所有制性质等。按照《医院分级管理标准》,经过评审,将医院分为 3 个等级,每级再细分为甲、乙、丙 3 等级,其中三级医院增设特等,因此医院共分三级十等。医院等级分为一、二、三级:

一级医院是直接为社区提供医疗、预防、康复、保健综合服务的基层医院,是初级卫生保健机构。其主要功能是直接向人群提供一级预防,在社区管理多发病、常见病、现症患者,并对疑难重症做好正确转诊,协助高层次医院搞好中间或院后服务,合理分流患者。

二级医院是跨几个社区提供医疗卫生服务的地区性医院,是地区性医疗预防的技术中心。其主要功能是参与指导对高危人群的监测,接受一级转诊,对一级医院进行业务技术指导,并能进行一定程度的教学和科研。

三级医院是跨地区、省、市以及向全国范围提供医疗卫生服务的医院,是具有全面医疗、教学、科研能力的医疗预防技术中心。其主要功能是提供专科(包括特殊专科)的医疗服务,解决危重疑难病症,接受二级转诊,对下级医院进行业务技术指导和培训人才;完成培养各种高级医疗专业人才的教学和承担省以上科研项目的任务;参与和指导一、二级预防工作。

一、二、三级医院的划定、布局与设置，要由区域（即市县的行政区划）卫生主管部门根据人群的医疗卫生服务需求统一规划而决定。医院的级别应相对稳定，以保持三级医疗预防体系的完整和合理运行。

依据医院的综合水平，我国的医院可分为三级十等，即一、二级医院分别分为甲、乙、丙3个等级。三级医院分为特、甲、乙、丙4个等级。医院分等的标准和指标的主要内容见表8-1。

表 8-1 医院分等的标准和指标

标准	指标
医院的规模	包括床位设置、建筑、人员配备、科室设置等4方面的要求和指标
医院的技术水平	即与医院级别相应的技术水平,在标准中按科室提出要求与指标
医疗设备	医疗设备的技术先进性、数量等
医院的管理水平	包括院长的素质、人事管理、信息管理、现代管理技术、医院感染控制、资源利用、经济效益等7方面的要求与指标
医院质量	包括诊断质量、治疗质量、护理质量、工作质量、综合质量等几方面的要求与指标

我国现行的医院分等标准，主要是以各级甲等医院为标杆制订的。甲等医院的标准，是现行的或今后3～5年内能够达到国家、医院管理学和卫生学有关要求的标准，是同级医院中的先进医院标准，也是今后建设新医院的标准。

二、医院目标客户组成

医院内目标客户包括药剂科、临床科室、医务科和患者四大类，各科室职能不同，对药品营销工作的影响不同。

1. 药剂科

药剂科的主要职能是负责临床用药的选购、储存、调配以及临床药学的研究和药物咨询等工作。科室组成人员主要有药剂科主任、采购员、库房主管、门诊药房主管，这些都是医药代表的目标客户。

（1）药剂科主任 负责进入医院的药品评审、监控医院药品销售渠道及流通主要环节、保证临床用药的整体水平，是监督制药企业药品推广工作的关键人物。大医院药剂科一般分为中药药剂科和西药药剂科，分别管理中药品种和西药品种。

（2）采购员 负责商业进药渠道管理。根据每月进药品种、数量、金额、时间制订药品采购计划。

（3）库房主管 负责药品库房的日常管理，统计每月用药情况，掌握药品具体发往部门、数量及时间，如门诊药房、住院药房、急诊药房的具体领药时间、方式与数量等。

（4）门诊药房主管 负责将药从药库提到药房，在宣传和引导患者选择药品上具有相当权力。药房发药员（特别是门诊药房发药员）直接与患者打交道，可推荐产品给患者。

2. 临床科室

（1）临床科室主任 是本科室日常工作主持者，负责医疗、科研、教学等多方面工作，对临床用药有直接的指导作用。科室主任临床实践丰富，都有自己的用药习惯和对不同公司产品的看法，而且这种看法还会影响本科室的其他人员。经常主持或参与科研课题，重视新药或药品临床使用的研究进展。

（2）**主治医生**　是住院患者的直接负责者，在科室中承担具体的工作，是科室主任治疗意图的执行者与修订者。既学习前辈经验，又有自己的治疗观念与用药习惯。关注专业领域的研究发展动向。

（3）**住院医生**　多为初级医生，具体执行主治医生的诊疗方案，最了解患者病情，掌握药物的疗效、不良反应等第一手资料。

（4）**护理人员**　工作为执行各级医生的医嘱，监护患者的诊治过程，对患者的疾病情况进行随时的观察与记录。大多数药品的不良反应是由护理人员发现的。

3. 医务科

负责安排全院的日常诊疗工作，确定各项业务活动的时间、内容等。医药企业与医院的各项合作一般均是由医务科统一协调安排的，如临床试验、健康咨询活动、学术研究会等。

4. 患者

患者有门诊患者和住院患者两种。在某些情况下，患者也可影响医务人员开处方。药品销售人员可将患者使用的产品宣传资料发放给相关患者，也可起到促进销售的作用。

三、药品进入医院销售的途径

1. 学术推介

药品进入医院销售一般可通过举办医院推广会和学术会议推介。

医院推广会可分为针对整个区域内所有医院的和针对具体某一家医院的推广会。针对整个区域内所有医院的推广会的组织，一般由企业先派药品销售人员到所要开发市场的区域对当地的药学会、医学会、卫生局等部门进行公关联络，尽量请到这些社团、机关的相关领导，以这些部门的名义举办"××新产品临床交流会"的形式举办推广会。可以给这些单位相应的会务费，以便能够顺利谈妥。邀请当地比较有名的专家教授、相应临床科室的主任在会上讲话以示权威性。时间、地点确定好以后，将该区域内大中小型医院的院长、药剂科主任、采购、财务科长和相对应科室的主任、副主任以及有关专家请到，进行产品的交流，以达到产品进入医院的目的。针对某家具体医院的产品推广会，主要是企业通过对医院相关人员的公关后和医院联合召开产品介绍会，向药剂科人员、临床科室人员、药事委员会成员介绍产品，使他们认识产品，从而使产品顺利进入医院。

企业通过参加相应的学术会议推介产品。一般每个地方的药学会、医学会、卫生局等部门，每年均要组织多次学术会议、培训之类的活动，企业可通过这些机关部门事先了解到组织相应活动的时间、地点、内容，主动去联络，出一定的赞助费用，成为协办单位。企业在会上可请一位或几位专家教授对产品进行介绍推广，以便进入部分医院。

2. 关系推介

（1）**通过医院代理单位协助使产品进入医院**　生产企业和医院的关系，往往没有相应医药代理单位与医院的关系好。由于他们是某些医院的长期供货单位，业务多，人员熟，通过他们做医院工作，往往少走很多弯路，产品能比较顺利地打进医院。

（2）**由医院的药事委员会或相关成员推荐**　医院的药事委员会是医院为完善进药制度而成立的专门班子，一般由会长和多名成员组成。新产品进入医院必须经药事委员会批准。因此应先调查清楚药事委员会成员的情况（如姓名、电话、住址、家庭情况等），再由药品销售人员具体联络，以新产品推广研讨会的名义邀请他们参加企业组织的座谈会。会前应多与各成员联络，尤其是一些比较权威的专家教授、会长等，会上有针对性地详细介绍产品的功效和特色，会后再进行进一步沟通、联络，以便促使他们能够写下产品推荐条，从而使产品进入医院。

（3）**医院临床科室主任推荐** 在做医院开发工作时，若感到各环节比较困难，可先找到临床科室主任，通过沟通、联络，使他们对企业和产品有充分的了解，由他主动向其他部门推荐企业的产品。一般情况下，临床科室主任点名要用的药，药剂科及其他部门是会同意的。此外，医院开发工作本身也应该先从临床科室做起，先由他们提写申购单后，才能去做其他部门的工作。

（4）**由医院内知名的专家、教授推荐** 在做医院工作的过程中，若各环节工作不知如何开展，可先沟通较好接触的专家、教授，让他们接受产品，接受销售人员，接受企业，进而向其他部门推荐。

（5）**地方的医学会、药学会推荐或相应的成员推荐** 每个地方的医学会、药学会均与当地的医院有着广泛的联系，可以对这些社团或对其内部的某些成员进行必要的沟通、联络，然后由他们将企业的产品推荐给医院。

（6）**通过间接的人际关系使产品进入医院** 对医院的各个环节做了详细的调查后，若感觉工作较难开展，可以从侧面对各环节主要人员的家庭情况和人际网络进行了解。了解清楚医院相关人员的详细个人资料，以及与他最密切的人（朋友、孩子、亲属），然后有选择性地去间接接触访问，通过他们引荐或向相关人员介绍企业和产品的特色，间接地将产品打入医院。

3. 传媒推介

通过电视、报纸杂志，特别是医疗卫生专业学术报纸杂志等传媒，广泛宣传产品的功能、疗效及临床经验等，先声夺人，因势利导，以广告传播的形式使产品进入医院销售。通过各种广告传播，使医院里来看病的患者指名要产品，医生要产品，从而达到进入并实现销售的目的。

4. 行政推介

通过行政手段使产品进入。可以到医院的上级部门，如卫生局或政府部门进行专题汇报，从而由他们出面或间接出面，最终使产品打进医院，进行销售。

5. 试销进入

通过产品在医院试销后逐步进入。先将产品放到医院下属药店或专家专科门诊部试销，从而逐步渗透，最终得以进入销售。总之产品进入医院，成为临床用药，需要一定的程序和方法，需要销售人员充分利用天时、地利、人和的各种优势。

第二节 售前准备

一、信息收集

对一家医院的首次拜访是医药销售过程中的重点和难点，若进行顺利，会让你潜意识期待下次的拜访，若不顺利，则会让你有挫败感，并把难度想象的可能比实际更高，所以，我们应该尽可能收集对方信息，做好准备以利于业务的顺利推进。医院信息收集主要有以下方面。

1. 患者情况

至少掌握目标医院每一个门诊医生最近一个月的患者情况，主要包括患者数量、疾病组成、新老患者比例、年龄和性别构成等因素。从中筛选出对自己有用的具体信息，可依次计算自己的最大潜在销量。

2. 医院情况

通过各种途径查找目标医院的一些资料，比如电话、地址、医院规模；医院的组织结构，年营业收入范围；院长、药剂科主任籍贯等信息。通过各种途径查找目标科室的一些信息，比如科室关键人物、医生之间关系、医生的专业特长、医生日常工作安排、门诊医生工作时间安排等信息。依据之前得到的信息，综合评估潜力销量，做好客户分级，细化销售策略，选择重点客户。

3. 竞争情况

收集目标科室所有竞争产品，包括完全同类竞品和非完全同类竞品。分别了解其作用机理、每个月用量、使用者构成、医生使用这些产品的原因等，结合目标患者的诊疗过程，确定自己的机会大小。

获得信息的主要来源：一是利用网络信息，可以登录医院网站、招标信息、行业交流网站等；二是展会、学术论坛、其他交流会上通过收集名片得到的信息；三是深入医院门诊打听到的消息。

二、制定工作目标

好的目标符合以下要求（图 8-1）。

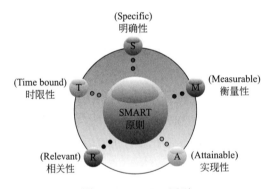

图 8-1　SMART 原则

1. 明确性（specific）

明确性就是要用具体的语言清楚地说明要达成的行为标准。明确的目标几乎是所有成功团队的一致特点。很多团队不成功的重要原因之一就是目标定地模棱两可，或没有将目标有效地传达给相关成员。

目标设置要有项目、衡量标准、达成措施、完成期限以及资源要求，使考核人能够很清晰地看到部门或科室月计划要做哪些事情，计划完成到什么样的程度。

2. 衡量性（measurable）

衡量性就是指目标应该是明确的，而不是模糊的。应该有一组明确的数据，作为衡量是否达成目标的依据。

目标的衡量标准遵循"能量化的量化,不能量化的质化"。使制定人与考核人有一个统一的、标准的、清晰的、可度量的标尺,杜绝在目标设置中使用形容词等概念模糊、无法衡量的描述。

3. 实现性(attainable)

目标是要可以让执行人实现、达到的。

目标设置要坚持员工参与、上下左右沟通,使拟定的工作目标在组织及个人之间达成一致。既要使工作内容饱满,也要具有可达性。可以制定跳起来"摘桃"的目标,不能制定跳起来"摘星星"的目标。

4. 相关性(relevant)

相关性指实现此目标与其他目标的关联情况。如果实现了这个目标,但与其他的目标完全不相关,或者相关度很低,那这个目标即使达到了,意义也不是很大。

目标设置要与本职工作相关联。

5. 时限性(time bound)

时限性指目标是有时间限制的。

目标设置要具有时间限制,根据工作任务的权重、事情的轻重缓急,拟定出完成目标项目的时间要求,定期检查项目的完成进度,及时掌握项目进展的变化情况,以便对下属进行及时的工作指导,以及根据工作计划的异常情况变化及时地调整工作计划。

三、制定拜访计划

1. 确定路线

拜访路线的安排会影响实际的拜访次数及时效,因此拜访路线最好以区域划分,将同一路线的客户,甚至将同一栋大楼内的客户安排在一起。

2. 确定拜访对象

要进行业务访问,首先要确定访问对象,即确定与对方哪些人接触。确定约见对象时应注意:

① 应尽量设法直接约见客户的购买决策人,或者是对购买决策具有重要影响的人物。

② 为能顺利地约见主要人物,应尊重有关的接待人员。在言行中把他们当作同等重要的人,向他们寻求合作与支持。

③ 和从未谋面的客户的第一次见面,可以把认识、投石问路与约定谈话时间等作为目的,留下印象。

④ 查看其他业务人员过去有没有访问过这位客户,如果曾经被拒绝,应想好对策。

3. 确定拜访话题

确定拜访话题,即为进一步交往寻找借口。为了认识一个对你的业务工作有意义的人,应把约见当作进一步交往的机会,如慕名求见、当面请教、代转口信等,使约见更富人情味,拜访对象更乐于接受,使见面省去了纯推销的尴尬。

4. 确定拜访时间

尽量使拜访时间有利于达到访问目的,这是约定拜访时间的一条基本准则。即使是拜访同一个对象,拜访的目的不同,拜访的时间应该有所不同。确定访问时间的时候应注意：

① 尽量替客户着想，最好由客户确定或由客户主动安排时间。

② 应根据访问对象的特点确定见面时间，避免在客户最忙碌时约见。

③ 应根据不同的拜访目的选择拜访的日期与时间。

④ 见面的具体时间应考虑到交通、地点、路线、天气以及人物活动规律后再确定。

⑤ 讲究信用，并做好应对发生意外情况的处置工作。应严守信用，克服困难，准时到达约见地点。如果出现意外情况，要设法通知客户，推迟约会或者另行约见。如果一时无法及时通知客户，则应在事后说明失约的原因，并表示歉意。

5. 确定访问地点

选择拜访地点的基本原则是方便客户，有利于业务开展。一般可选择下列场所：

(1) **工作地点** 应按约见对象的要求去选择合适的地点。须准备好各种通行证件，包括对方的名片、约见信、自己的名片、工作证、身份证及其他各种有关证件。

(2) **居住地点** 应该彻底调查了解客户居住地点、居住环境和居住条件等。

(3) **社交场合** 可把公共娱乐场所作为约见地点，如咖啡厅、茶室等。

(4) **公共场所** 如展览厅、订货会、洽谈室等。

(5) **其他场所** 也可设法选择其他地点约见拜访客户。

四、拜访预约

可采用电话预约、电子邮件预约和传真预约等手段。

1. 电话预约

① 做好准备。应提前了解客户的姓名、职位、公司名称及营业性质，预想好打电话给客户的理由、说话内容、可能碰到的问题，以及如何应付客户的拒绝。

② 接电话者无论是客户的秘书，或是其他工作人员，均须一视同仁。

③ 要取得对方信任。

④ 如需介绍产品，应该告诉你的客户你推销的是什么，站在客户的角度，激发他们的兴趣。

⑤ 结束电话时，要对客户给予真诚的谢意。

⑥ 电话预约时要注意说话速度不宜快；多问问题，尽量让客户说话；要有时间概念；要勤于做记录；尽量不要先说出价格。

2. 电子邮件预约

① 尽量发送 HTML 页面的电子邮件，这样既能保证信件的美观性，又能使其他信息可以通过链接显示出来，便于客户查看。

② 在信的开始写清楚接收者的姓名，并诚挚地问好；落款处写上自己的名字。

③ 不要把同一个邮件同时抄送给许多人。

④ 页面设计应简单、大方。

⑤ 写清信的标题和你的姓名。标题可以是产品名称或接近客户的目的。

3. 传真预约

医药业务员可制作较为规范的传真函，要有明确的接收人、抬头、日期、结尾、请求回复的选项等，并保证传真准确递到目标客户手中。

> **课堂演练**
>
> 假如你是一位药品销售人员，从事某公司某产品的销售。一天，你打电话想约见某医药公司的采购经理，然而被前台秘书挡住了。你该如何做？

第三节 拜访客户

一、精彩开场白

营销人员与准顾客交谈之前，需要适当的开场白。开场白的好坏，几乎可以决定这一次访问的成败，换言之，好的开场，就是营销员成功的一半。

1. 问候式开场白

与准客户见面时，能否精彩地开场是医药代表销售是否成功的一个重要因素。医药代表见到客户后，应该先问候对方，用表示赞赏与极感兴趣的语气应答，措辞不要直接涉及自己的身份与公司，不妨先与潜在客户寒暄或者问候一番。

> **典型示范**
>
> 医药业务员："您是雷鸣先生吗？"
> 潜在客户："是的，我是雷鸣。"医药业务员："太好了，终于见到您了！"

医药销售人员还可以采用下列措辞，强化开场白的效果。
"非常感谢您接见我！"
"很高兴与您见面！"
"受到您的接见真是意外，您是那么忙！"
"我有幸拜读了有关贵公司的……"

2. 目的性开场白

由于时间紧迫，问候式开场白可能过于耽误时间，无法达到拜访的目的。可采用目的性开场白，通过简短的一句话，说明拜访的目的，以便获得客户对讨论目的的共识，从而围绕拜访目的进行沟通。

（1）3个要点
① 设定拜访目标。
② 侧重于产品的某个特性能为客户带来的利益作为产品介绍的开始。
③ 以客户的需求为话题导向。

（2）语言结构
① 提出一个已知的或假设的客户对药品的需求。
② 指出自己推荐的产品的某个特性及带给客户的相应利益来满足该需求。

> **典型示范**
>
> 医药业务员："李医生，您治疗不宜口服用药的消化道出血患者，普通的口服抑酸剂使用不方便，患者不易接受。A产品通过静脉给药，起效迅速，患者容易接受。"

3. 开场白注意事项

① 养成良好的说话习惯，表达要清楚明了，谈话氛围要轻松愉快，考虑要周到。要多听，以便获得更多的谈话资料；适时表达你的意见，有效地获取对方对你的好感；重视身体语言。

② 准确表达，传达信息，达到目的，有效地促成业务。

③ 谈话措辞要得体。开场中应尽力避免类似的话：

"我来是为了……"

"我只是想知道……"

"我来只是告诉您……"

"我到这里来的目的是……"

"很抱歉，打扰您，但……"

"我今天正巧路过……"

二、探询与聆听

探询就是提出问题，聆听则是获取信息的过程。医药销售人员需要运用有效的探询技巧和聆听技巧，来发现客户的真实需求。

1. 有效探询的技巧

(1) 封闭式问题 是指只能回答"是"或"不是"的问题。封闭式问题常用字眼："是不是""哪一个""有没有""对吗"等。

如张教授，您有没有收到我们公司上周寄出的最新资料？王主任，您是否把 A 药品作为难治性感染首选的抗生素？

封闭式问题易使客户产生紧张情绪，显得缺乏双向沟通的气氛，一般多用于重要事项的确定，如协议或合同等。医药代表在面对面拜访中使用要格外慎重。

(2) 开放式问题 是让客户了解自己探询的目的，容许客户有思考的余地，并且诱发其详细说明，不是迅速以一句话回答。

如医生，您今天看了多少患者？医生，处理复合感染的患者时，您常遇到什么问题？

一般谈话从开放式问题开始。开放式问题简记为"5W1H" Who? When? What? Why? Where? How?

2. 有效聆听的技巧

(1) 眼睛注视对方

① 注视着说话者，不仅能表现出你的注意力，而且还有助于你感知到说话者通过脸部表情和身体语言所表达出的各种情感。

② 有效的聆听，一般都持续地注视着说话者。在交谈过程中，谈话者可能会向四处环视，但当他的眼睛转向聆听者时，目光产生了接触，说话者立即会感到他的聆听者是全神贯注。

③ 如果交谈的对象不能注视着你，可能会使你感到尴尬。

(2) 身体前倾、不时肯定

① 身体稍稍向说话者的方向倾斜一些，一般说明有兴趣聆听谈话。

② 双臂交叉抱在胸前，或身体后倾远离说话者，则传递着防御的信息。

③ 当我们完全被说话者的言语吸引时，在某种程度上会采取与谈话者相同的身体姿势。

(3) 用提问把话题引向深入 作为一名聆听者，做出一些简洁的表示或提问，就会在没有搅乱谈话者思维的情况下,传递你对他的兴趣和注意:"后来呢?""真的吗?""我理解"等。

（4）**产生同感**　可以说一些证明谈话者情绪的简单的话,并利用面部表情或那些能表现出你的认可、关心和同情的语调,传递与顾客有相同感受的情绪。如"那一定让你遭受挫折了。""我能看出来这使你感到很为难。"这些句子绝对没有包含判断谈话者情感正确或恰当与否的意思。聆听者可以不同意谈话人的情绪,但应该承认这种情绪存在的事实。

（5）**复述与打断**　倾听的主要目的就是理解所有的交谈内容。简述你所听到的东西,就能展现你的理解程度,就能纠正你对谈话内容的误解。如果谈话的主题属于技术的范畴或难以理解,就需要多次地简述,以防你在陌生的事实中失去线索。"我能打断你一会儿吗?我想知道我是否已准确地理解了你的说话内容,你刚才说……"不用担心这样的打断不礼貌,相反顾客也许会很欣赏这种打断,因为这说明你很有兴趣准确地理解所交谈的内容。

三、产品呈现

> **知识拓展**
>
> **FAB 销售法**
>
> 特性（feature）:就是药品的性能,是可以用感官和相关研究资料来证实的药品的特征,是不可以想象出来的。药品的疗效、耐受性、副作用、服用方法、化学成分、外观、颜色、剂型、包装等都是药品的特性。
>
> 功效（advantage）:是药品的特性有什么作用,如药物的适应证等。
>
> 利益（benefit）:是医生或患者能够从产品及其服务中获得的价值或好处。安全性、方便性、经济性、效果性、持久性等都是药品的利益。

在专业的药品介绍中,医生需要的不只是了解药物的特性,更重要的是这些特性将为他的临床治疗解决什么问题。医药代表应根据医生的利益需求,把握适当的机会,进行药品的呈现。

1. 多种表述与展示

特性是不可以想象的,但是利益是需要想象的,必须是能够针对医生或患者的心理获益,去充分地想象它能够给医生和患者带来什么样的益处,而益处是需要靠语言渲染的,所以在展示利益时,需要通过多种表述与展示使得利益形象化,使得医生能够感受到利益的真实存在,以达到拜访的目的。

2. 反复强调

在展示利益时,还需要反复强调,让医生明晰地了解产品可能会带来的好处。只说一次可能不足以引起医生心中的共鸣,因此需要第二次强调。当医生刚有些兴趣时,医药销售人员还要做第三次、第四次反复的强调,直到医生接受为止。

3. 要有侧重点

医药销售人员在呈现利益时,一定是根据销售对象、科室的特点进行呈现,所以要有侧重点。如果是在病房里,你考虑的侧重点应该是患者在使用以后如何能够尽快治愈出院;而若是在门诊,就应考虑如何方便使用,所以在不同的科室、不同的地点、不同的时间,以及面对不同的医生,都要有不同的侧重点。

4. 对老医生使用新方法

在展示的过程中,有着很多年工作经验的医药销售人员有时会出现这样的疏忽,认为医生已经非常清楚自己销售的产品,也非常清楚产品的特性带来的利益,所以不用再介绍了。其实,这种想法是错误的。对于老客户,对于已经使用你销售的产品的医生还是需要反复强调。当然,使用的手法可以不同于刚接触的医生,医药销售人员可以对老客户使用一些新方法,让医生有一种新的感觉。

5. 避开竞争对手的优势

只要是化学药品都会有它的优势和局限。作为医药销售人员,既要懂得如何认识产品的缺陷,在医生面前合理地解释,更要懂得如何展示产品的优势所在。

有的医药销售人员在介绍产品的过程中,一味地说产品如何好,但是对于缺陷却闭口不谈。如果在使用过程中出现问题,极易使医生产生不信任的感觉,而且很难改变,之后再想要医生开处方,其难度就可想而知了。所以,身为一名负责任的医药销售人员,要懂得适时、恰当地向医生说明所销售产品的局限性,用真诚的态度获得医生的支持。

6. 不要回避局限

有时药品的优劣之处是显而易见的,这时医药销售人员在介绍时,完全没有必要刻意隐瞒,因为你即使不说,医生也是知道的,所以如果销售人员主动说出来,反而会获得医生的信任。同时,一味地回避局限,不但会使医生产生一些错误的期望值,而且还很容易让医生产生误会,比如说认为你不能提供充分的产品资料,或者你刻意在隐瞒一些风险。这样一来,医生对你的信任度就大大降低了。

7. 负正解释

既然不能回避药品的缺陷,但是又希望医生能够处方本公司的产品,那么,在告知医生产品的缺陷时,就要注意方法、技巧,首先就是要注意学会避重就轻。

避重就轻不是说要你隐瞒缺陷不说,而是采用"负正解释"法来抵消医生的不满。所谓"负正解释",就是先说出这个产品的缺陷,然后再根据这个缺陷进行补充,以此证明这个缺陷并非不能弥补。

比较以下两个句型:

① 我们的产品疗效非常好,只不过使用起来比较不方便而已。
② 虽然我们的产品使用不太方便,但是疗效是非常好的。

这两个句型,哪句话听起来比较舒适?经过心理学家的分析,第二句话听起来比较容易让人接受。

四、处理顾客异议

顾客异议是销售过程中顾客对人员、活动、商品、交易条件等所提出的疑问和反对意见。客户对销售人员提出"异议"是很自然的,问题是销售人员如何了解异议的意义和作用,并将之变成一块敲门砖,化阻力为助力。顾客异议的类型主要有以下几种:

1. 价格异议

价格异议是顾客最容易提出来的,因而也是最常见的一种异议。OTC 药品的个人顾客提出价格太高的异议比较容易理解,因为他们一般对药品的价格较为敏感,价格与他的切身利益有直接关系。医药公司、医疗机构采购人员虽然不是自己直接使用药品,表面上看价格高低对当事人没有什么影响,并且价格越高对他们经营越有利,如果他们也提出价格问题,其背后的原因就比较复杂了。顾客也会出于在日常生活中养成的防备心理考虑，用价格高作为挡箭牌。

2. 产品异议

产品异议也是医药公司与医疗机构采购人员中常见的异议。它是顾客对药品来源于哪家企业、哪个品牌，甚至于从哪个销售人员手中购买产生的不同看法。在销售过程中，顾客常会这样说："我们医院已经有了同类产品，并且有好几种了""我们公司与××企业签订有独家代理合同"，甚至"我与××企业的业务员是老朋友了"等等。因为市场容量有限，同类产品之间竞争非常激烈，每家医药企业做终端的力度都不小，有时顾客的异议的确是事实，此时需要销售人员在肯定竞争产品、肯定顾客过去的采购决策的基础上，合理展示自己的产品及利益，寻找时机，先一点一点地挤入市场，再提高占有率。

3. 时间异议

时间异议常见于顾客在接受销售时提出过了某个采购期限，如"我们采购计划于上周做好，你得等下一次订计划再说了"或"你们提申请晚了，药事委员会审查已经结束了"。另一种类型是在销售过程中有意拖延时间，如："让我们再考虑一下，研究之后再告诉你！""我们不能马上决定，以后再说吧！"之类。有时是顾客愿意购买销售药品，但由于种种原因，希望往后拖延一定的购买时间，有的是由于备货过多还未消耗完毕。有时是顾客尚未做出购买决策，但也有时仅是顾客的一种借口。

4. 决策权异议

销售过程中，顾客有时常会用："此事我做不了主""这事我没权力决定""此事你要找院长""我不管这样的事"之类的话拒绝销售人员。药品组织购买行为中参与人员较多，程序规范、相互关系复杂，有时顾客说的也是实情。但有一条是肯定的，那就是如果顾客接受了你本人，建立了融洽的销售关系，他就不会这么简单推托，而是会告诉你该去找某某某，甚至为你引见。

典型示范

例如医生对医药销售人员推荐的药品并不感兴趣，他并不关心医药销售人员的药品是否满足他的需要。他会说："我对我目前使用的镇痛药感到很满意"或"我们的药品很好，至今还没有听到有患者抱怨过。既然没有什么不好的地方，为什么还要换成你们的药呢？"。

分析原因：

1. 医生很满意目前使用的竞争对手的产品或服务。
2. 医药销售人员推介的产品利益和医生的需要并不对应。
3. 医生没有时间与你洽谈，他可能正专注于自己的工作。
4. 医药销售人员与医生的关系不够融洽，医生缺乏对于医药销售人员的信任。
5. 医生认为不需要医药销售人员的产品或服务。

采用对策：

1. 如果是医药销售人员推介的产品利益与医生的需要并不对应，那么医药销售人员要分析一下医生真正的需要是什么，并根据他的需要再次提出相应的产品利益。

2. 如果医生对于医药销售人员的产品没有兴趣是因为他还没有意识到正在使用的药品可能存在的问题，那么医药销售人员就要帮助医生分析目前他使用的产品可能带来的某种缺陷，而这种缺陷正好是医药销售人员推介的产品所能弥补的。

3. 如果医生对医药销售人员的产品没有兴趣是因为他对目前使用的竞争对手的产品相当满意时，那么医药销售人员就要将自身的产品优势讲给医生听，让医生发现并认识到你的产品能满足竞争对手的产品无法满足的需要。

五、促成交易

1. 直接成交法

根据谈话的进展，医药销售人员发现医生对自己推介的产品认可，从而直接要求医生处方自己所销售的产品或服务的一种方法。

比如：您也认为××产品镇痛效果不错，是否可以开始给您的患者处方呢？

2. 引荐性成交法

有的医生态度犹豫是因为担心新药的安全性，即便看到临床文献也不能完全消除疑虑。如能让这位医生所熟悉的权威人士推荐，他一般会很快做出决定的。

比如：王教授一直在用，没有一例出现不良反应，您可以试用几例吗？建议您试用两例，我下个星期再来拜访您。

3. 试验性成交法

对医生来说没有获得足够的经验就大量使用某种新药是不合理的，制药企业也需要在药品上市之后通过几起临床试验收集更广泛的安全性证据。

比如：根据这项临床方案，您可以选30例患者试用吗？

4. 假设性成交法

可在假定顾客已经同意购买的基础上，通过与他讨论一些具体的问题而促成交易。

5. 有效选择成交法

可以为客户设计一个有效成交的选择范围，使客户只在有效成交范围内进行选择。

比如：可以向客户说"您要A型还是B型""首次给您送1箱还是3箱"等。

6. 最后机会成交法

直接向客户提示最后的成交机会，使对方感到如果不即时成交将可能失去好机会。

7. 评估成交法

取出一张纸，在中间划条线，左边写上有利点，右边写上不利点，等待客户的许可。特别是在与客户之间有过多次接触，彼此间已经建立了比较好的人际关系时，采用此法更容易让对方下定决心。

当协议无法达成时，医药销售人员又该怎么办？协议无法达成时，通常是医生没有真正了解医药销售人员提供的利益和需求的异议。这时，医药销售人员需要做的就是继续询问。当了解到医生真正的障碍时，医药销售人员要在确定医生真正需求的前提下，重新呈现产品的特性，将产品的特性转化为医生所需要的利益，用产品的利益满足客户的需求。

第四节 售后服务

一、围绕产品销售的服务

医药产品的售后服务含义也很广，凡与所销售药品有连带关系且有益于顾客的服务，均属于药品的售后服务。这包括药品销售的维护和药品资料的提供两方面：

1. 药品销售的维护

医药产品竞争力除了包括其传统的科技水平、功效利益要素外，越来越多添加了形象及售后服务的成分。医药企业与产品形象相辅相成，通常先由一个企业生产出一个好产品、好产品带响了这个企业，好企业再推出更好的产品。同样，形象、售后服务也是相辅相成的。售后服务最主要的目的是维护药品的形象与信誉。管理规范的医药企业，在销售之前就开始重视售后服务，因为在类似或相同商品销售的竞争条件中，售后服务逐渐成为客户选择的重要因素。因此，药品的售后服务也就代表了企业与药品的形象与信誉。一般药品信誉的维护工作有下列几种。

(1) 药品品质的保证 销售人员在完成药品销售之后，为了使顾客充分获得"购买的利益"，必须常常做些售后服务，例如药品本身质量是否符合国家批准的文件要求，药品作用过程中有无异常现象发生，这不仅是对客户道义上的责任，也是维护本身信誉的必要行动。

(2) 服务承诺的履行 销售人员在说服客户购买的当时，通常会强调与药品有关的服务，有些是针对个人、有些是针对组织的，这些服务的承诺，对交易能否成交是极其重要的因素，而履行这些承诺则更为重要。往往有些销售人员推介说服时，漫不经心地向客户承诺某种服务，之后却不信守承诺或因业务忙而忽略掉了，结果与客户发生误会或不愉快。

2. 药品专业资料的提供

使顾客及时了解药品相关情况的变动情况，是销售人员的一种义务。在说服一位客户以前，销售人员通常须将有关药品的简介、使用说明及各项文件资料递交给客户参考，而在客户购买之后，却常疏于提供最新资料，这样是不妥的。

销售人员要有一个基本的认识，那就是开拓一位客户远不如维持一位客户来得重要，"打江山容易坐江山难"。维持客户的方法，除了使其产生对企业与药品的信心之外，销售人员能继续供给客户有关药品的最新资料，亦是一项有力的售后服务。所谓商品的资料，包括以下两种：

(1) 商情报道资料 有许多商品，其销售资料常以报道性的文件记载，销售人员用它作为赠送客户、联络感情的工具，是最好不过的。这样的做法更可以让客户对商品有持续的好感，在商品资料的不断供给之下，由于间接宣传效果，往往又可以导引出更多的客户。

(2) 药品本身的资料 医药科技日新月异，新的发现、新的动态、新适应证、禁忌或者新的不良反应等，企业及推销人员有义务及时向顾客通报，既能更好地指导合理用药，也可避免出现不良后果，这样对顾客与企业本身都有利。

3. 现场销售指导

对于OTC药品及小型医疗器材的销售，特别是全新产品或针对专业性较强的展示，销售人员还必须亲临销售现场指导店员销售，或者合理解答顾客的提问，处理顾客异议，或者实际操作。这样专业的示范既可增加顾客的信心，也能增强所销售产品的竞争力。此时对推销人员的专业素养要求较高,因为在外人眼中其药学专家的印象已经多于普通销售人员。

4. 妥善处理退换货要求

按照企业的退换货制度,妥善处理顾客的退换货也是售后服务的重要内容。因为药品通常有运输、保存、有效期等的特殊要求,建立药品召回制的呼声越来越高。至少针对顾客非主观因素造成的退换货要求,企业应认真对待,因为这是后续销售的前提。

二、技术支持与推广

科技含量越高,技术支持与推广的要求就越高。在新药面前,顾客(采购医生、患者)总有一个接受过程,因此专业的学术推广成为新药销售的主要工具。

1. 专业技术讲座

专业的药品学术活动主要是满足医生对于用药知识的需求。医生职业是终身学习的职业,随着新的诊断和治疗技术的不断发展,他们必须不断学习,包括关注新药品的进展和上市新药的临床应用,以不断提高治疗水平和学术地位。根据最新医院用药调查报告显示,医生了解新药的渠道主要是依靠企业销售人员的学术推广和专业媒体,75.6%的医生表示他们通过企业销售人员的学术推广获取了新药知识;76.2%的医生表示他们通过专业媒体获取了新药知识。此外,对于药品不良反应的监测,从医生到企业的学术推广人员再到企业,由企业传递给管理部门,也是一条非常重要的途径。

医院推广会可分为针对整个区域内所有医院的和针对具体某一家医院的推广会。此过程通常由企业专门机构或专人负责筹划,销售人员的工作是负责具体组织、协调安排等工作。

2. 辅助促销活动

医院促销的工作方向:以建立、联络感情为主,介绍公司、产品为辅。如涉及相应科室较多,要根据自己的人力、物力,抓重点科室,抓重点医生。

(1)对医护人员的促销 当产品进入医院药房后,必须积极开展医生、护士、专家、教授的临床促销工作。此时与医生交流、沟通感情是首要的,宣传产品可放在第二位,因为医院已经接受了本产品。谈话技巧会影响交谈效果,医生能否成为您的朋友对产品销量会产生直接影响。

(2)对药房工作人员的促销 通常针对药剂科主任、采购人员、门诊和住院部药房的药房人员的促销活动,可由医药销售人员面对面交流。也可由企业出面进行较高规格的学术推广等促销活动,增加感情交流,建立良好的业务合作关系,从而打开"销量快车"之门,提高公司和产品形象,促进产品销量的提高。

三、客户关系的维护

融洽的客户关系既是产品销售的前提,也是规范销售活动的直接结果。从本质上讲,对客户所做的售后服务就是要维系良好的客户关系。就实质上的功能来看,优良的售后服务,无论是对销售人员个人或是其销售机构都是极为有益的。诚然,所谓客户的维系,是兼有销售人员自身以及企业产品生产销售部门等多方面与客户的维系,此种维系工作系售后服务的主体,售后服务是否圆满,是否充分地做好了与优良客户间的维系工作起到关键作用。

1. 感情联络

药品售后服务的绝大部分内容,实际上就是在做与客户感情联络的工作,由交易而发生的人际关系,是一种很自然而融洽的关系。人们常常会因为买东西而与卖方交上朋友,销售人员及其推销机构同样可因为与客户的交易促成了深厚的友谊。此时客户不但成为药品的用户，而且也变成了企业的拥护者与销售人员的朋友。通常与客户感情联络的方法有以下几种：

（1）拜访

① 经常去拜访客户是很重要的事，拜访不一定非要推销，主要是让客户觉得销售人员在关心他、关注他，也愿意对所销售的药品负责。

② 销售人员的拜访不一定有任何目的，也许只是问好，也许是顺道拜访。

③ 在拜访行动上有一个原则，那就是尽可能把拜访活动做得自然一些，不要使客户觉得销售人员的出现只是有意讨好、没事找事。

④ 不能因拜访而对客户的工作、生活造成干扰，这就失去了感情联络的宗旨。

（2）邮件电话联络

① 书信、邮件、电话都是日常联络感情的工具，销售人员利用书信的机会亦不少，如有些新的资料要送给客户时，可以书信方式附上便笺；逢年过节或客户个人、家庭及工作上有婚喜大事时，致函示意，贺年、贺节、贺生日等等，通常客户对销售人员函件会感到意外和喜悦。

② 用电子邮件、电话与客户联络所发挥的效果是不可忽视的，简短问候的电话，会使客户觉得很高兴，但用词要适当，问话要得体，不能显得太陌生，也不能表现得太肉麻离谱。

（3）赠送宣传品

① 赠送宣传品是药品销售中一种常见的辅助手法，目前医药企业对其客户一直做着很周到的服务，非常重视宣传品的制作。一有什么纪念品，销售人员就应该立刻赠送给老客户，纪念品的价值不一定很珍贵，主要是一种感情联系。

② 赠送纪念品这种方式基本上可产生两种功能：一是可以起到促销的作用，也就是激发消费者的购物欲；二是可以借着它作为再次访问及探知情报的手段或借口，这是成功销售的捷径。

2. 完善情报信息

市场信息对于企业经营的重要性不言而喻，对药品销售也至关重要。相关情报搜集，除了销售准备阶段外，许多隐秘性的资料必须通过面谈阶段才能获得。信息资料的动态性要求销售人员时刻关注并不断更新顾客资料，许多聪明的推销人员充分利用各种售后服务与客户联系接触的机会，以实行其搜集情报的目的。因此也可以说，销售人员应该把握任何一次售后服务的时机，尽量去发掘有价值的客户，或有益的销售情报资料。

（1）进一步了解客户背景 在与客户进行感情联系时，无论何种场合，或是拜访当时，或于电话洽谈，或于办公室，或在任何其他场所碰面时，销售人员都该很巧妙地询问或观察了解客户的背景，包括他的家庭背景、职业背景以及社会关系、兴趣爱好，甚至个人禁忌与习惯。这样做的目的绝不是出于任何不良动机来收集顾客的隐私，而是可以在日后的交往中尽量做顾客喜欢的事、避开顾客不喜欢的活动。

（2）连锁推销

① 老客户可以成为销售人员的另一个义务"推销员"。一位以真诚热情打动客户的销售人员，碰见一些热心而乐于助人的客户，往往一切事情的沟通都会进行得很顺利。

② 每一个人都有自己的社交范围，有时因为爱好，有时因为工作。销售人员请客户连锁介绍，由客户口中道出的"情报"，一定具有较高程度上的参考价值，特别是在专业性的

同行之间。

③ 在销售人员售后服务的每一种场合，除了以售后服务的热忱让客户感觉有所便利外，应该向客户探讨一些有利于连锁推销的情报，或者请客户在某一地区、某一领域，代为打听有价值的消息、代为推荐或引见。借连锁推销以获取情报，在做法上必须极度谨慎，有时应适可而止，以免引起对方的反感。

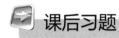课后习题

一、单项选择

1. （　　）是跨地区、省、市以及向全国范围提供医疗卫生服务的医院，是具有全面医疗、教学、科研能力的医疗预防技术中心。

　　A. 一级医院　　　B. 二级医院　　　C. 三级医院　　　D. 一级甲等医院

2. "您要 A 型还是 B 型"，这种属于（　　）。

　　A. 直接成交法　　　　　　　　B. 有效选择成交法

　　C. 最后机会成交法　　　　　　D. 评估成交法

二、多项选择

1. 三级医院的主要功能是（　　）。

　　A. 提供专科（包括特殊专科）的医疗服务，解决危重疑难病症

　　B. 接受二级转诊，对下级医院进行业务技术指导和培训人才

　　C. 完成培养各种高级医疗专业人才的教学和承担省以上科研项目的任务

　　D. 参与和指导一、二级预防工作

　　E. 直接为社区提供医疗、预防、康复、保健综合服务的基层医院

2. 在药剂科，医药代表的目标客户主要有（　　）。

　　A. 药剂科主任　　B. 采购员　　　C. 库房主管

　　D. 门诊药房主管　　　　　　　E. 患者

3. 临床科室主任主要职能是（　　）。

　　A. 本科室日常工作主持者，负责医疗、科研、教学等多方面工作

　　B. 对临床用药有直接的指导作用

　　C. 科室主任临床实践丰富，都有自己的用药习惯和对不同公司产品的看法，而且这种看法还会影响本科室的其他人员

　　D. 经常主持或参与科研课题，重视新药或药品临床使用的研究进展

　　E. 监护患者的诊治过程，对患者的疾病情况进行随时的观察与记录

4. 药品进入医院销售的途径有（　　）。

　　A. 学术推介　　B. 关系推介　　C. 传媒推介　　D. 行政推介　　E. 试销进入

5. 对医院的信息收集主要包括（　　）。

　　A. 患者情况　　B. 医院情况　　C. 竞争情况　　D. 招标信息　　E. 广告情况

6. 目标符合 SMART 原则包括（　　）。

　　A. 明确性　　　B. 衡量性　　　C. 实现性　　　D. 相关性　　　E. 时限性

7. FAB 销售法指的是（　　）。

　　A. 特性　　　　B. 功效　　　　C. 利益　　　　D. 反馈　　　　E. 竞争

三、简答题

1. 什么是探询？简要描述有效探询的技巧。
2. 简要描述有效聆听的技巧。
3. 什么是负正解释？请举例说明。
4. 与客户感情联络的方法有哪些？请举例说明。

案例分析

医生："你介绍的 A 镇痛药镇痛效果看来不错，但也有些患者有恶心呕吐的不良反应。"

销售人员："谢谢您对我们公司产品的支持，我也和您一样关心 A 产品的不良反应问题，您能告诉我这些患者的表现吗？"

医生："有一个吐得挺严重，家属找了护士长好几次。"

销售人员："哦，是这样，的确部分患者归于对弱阿片类药物敏感，治疗初期可能会出现一过性的恶心、呕吐症状，只要服用胃复安、维生素 B_6 等对症药物就很容易缓解了。当时您有没有给他对症处理呢？"

医生："当然处理了，但没有什么效果，患者家属不停地抱怨，我整个夜班都在跟她解释。"

销售人员："我在其他医院也碰到类似的问题，根据其他医生的经验，通常都是这样处理的，结果都不错。"

医生："可我的患者不同，胃复安、维生素 B_6 一点儿效果都没有。我想可能这个患者并不适合用 A 产品。"

销售人员："我想，您能不能考虑再让患者坚持一天，多数患者在 2～3 天后就完全适应了。您不是也说 A 产品的镇痛效果还是不错吗？"

医生："我已经为说服她的家属头疼了一整天了，再让患者坚持一天，我就该吃 A 产品了。对不起，我想现在就该通知护士下停药医嘱了。"

分析：以上案例销售人员做的对不对？如果你是销售人员会怎么处理医生的异议？

实训演练

医院市场开发

【实训目的】

熟悉医院进药程序和关键环节，掌握医院市场开发的技巧。

【实训背景】

你是某医药公司代表，拟向某医院推销公司产品，经理要求你依据医药调查的结果，制订医药市场开发计划书。根据对该医院长期调研，将本公司产品成功打入某某医院。

经了解，该院在"三八节"有一次街头义诊活动，公司拟向参加义诊的医务人员提供矿泉水或饮料，以拉近与医务人员的距离。

从医院护士、医院附近商铺、邻居等处了解到该院药事委员会权威专家杨主任，名叫杨剑波，48 岁，男，妻子是市一中教师，女儿正上高一，学习成绩一般，特别是英语不好，杨主任性格温和，为人正直，医疗水平高。

从医院网址、专业期刊等查到杨主任要从事心内科方面的研究，发表关于高血压治疗方面的论文多篇。本人无宗教信仰，正打算加入九三学社，富有同情心。

综合各方面考虑，决定派专业知识好、英语基础好的业务员小张接近杨主任。

时间：下个月14日杨主任参加全省心血管用药研讨会期间。

切入点有三点：共同探讨高血压用药方面问题，引起共同话题；目前医改热点，特别是药价虚高等问题讨论；其女儿英语不好，如有可能，主动提出当其女儿的家教老师。

初步制订促成药剂科接受药品计划：

1. 认可，可利用上市会、研讨会、拜访、第三者介绍、演示、试用等途径。
2. 药事委员会通过。
3. 院领导批示。
4. 知名专家力荐。
5. 利润高。
6. 与业务员感情深。
7. 个人利益。
8. 家人、朋友、商业伙伴帮助。

【演练实施】

1. 学生分成若干组，每组7～10人，按操作步骤具体实施医院市场开发工作。
2. 根据实训背景资料制订医院市场开发计划书。
3. 进行模拟操作，并在执行过程中评估和调整方案。

【考核评价】

考核项目	要求	分值	实际得分
医院市场开发计划书	市场开发计划目标明确、策略全面、操作性强	30分	
	计划书格式清晰、内容完整有条理	10分	
	营销对策有创新	10分	
模拟操作	准备充分、节奏好	10分	
	表达清晰准确、有亲和力	10分	
	应对突发事件有准备	10分	
团队合作	全员参加，分工合作，按期完成全部项目	20分	
合计		100分	

第九章 药店销售

> **导入案例**
>
> **香港万宁大药房的综合健康广场**
>
> 　　香港万宁大药房（以下简称万宁）在亚洲城市共有 900 多家分店，其中万宁在中国华东、华南、华北、西南四大区域二十多个城市开设超过 200 家门店。万宁拥有国际化的自有品牌开发团队，产品范围包括药品、健康产品、化妆品、个人护理用品、男士用品、母婴用品、女士用品、时尚精品、各式小吃和饮料等，照顾着不同层次、不同年龄人群的健康与美丽的需求。万宁药店的综合健康广场营销定位及成功经验主要包括以下三方面。一是万宁的品牌定位于"健与美"，它在"健与美"的基础之上经营药品、健康产品、护肤品、个人护理用品、母婴用品等商品，多元化经营模式让顾客觉得其在万宁备受呵护。二是万宁的差异化经营，万宁的另一大特点是商品的差异化开发。对于一些价格敏感的日用品，采取品牌自建及品牌买断的方式进行专营，既保证了利润，又避免与商场超市进行价格战。三是万宁舒适的环境和客户体验。万宁提倡"自内而外的健康美丽"，注重与顾客的情感交流，在硬件的配置以及颜色、灯光和音乐的选择上，都认真考虑顾客的感受。顾客在万宁充分享受健康的产品、体验亲切的环境、感受新颖的创意和时尚的气息，从而使生活更精彩。
>
> 　　问题：请结合本案例学习综合健康广场型药店的营销策略。

第一节　药店营销概述

一、药店的含义与分类

1. 药店的含义

药店终端是指直接向顾客销售药品的药品经营企业，包括药品零售商店、药品零售连锁企业和仅能销售非处方药品的超市、宾馆的药品专柜。药店终端作为直接面向患者销售药品、供药品服务的药品流通的终端环节，其经营条件和经营行为，如人员素质、管理制度、购药渠道、储藏条件、销售登记、用药咨询等，对药品质量和安全合理用药具有重大的影响。因此，开办药店终端必须经过药品监督管理部门批准并发给《药品经营许可证》。

药店的基本特征：①选址于市、区级商业中心，以及百货店、购物中心，或市、区以外的商业地段；②目标顾客以有医疗和保健等目的选购某类药品的顾客为主；③规模则根据国家有关部门规定的标准而定；④商品（经营）结构以销售国家有关部门规定的某类药品为主；⑤药品售卖方式主要采用柜台销售或开架面售方式；⑥其服务功能是药店从业人员应具有丰富的药品方面专业知识；⑦管理信息系统的程度较高。

2. 药店的分类

(1) 根据地理位置划分

① 医院辐射型药店　药店位于医院的周边，药店的顾客大部分是从医院医生那里开具处方后来药店购药的消费者。

② 社区型服务药店　药店位于居民区，主要的客户为社区的居民，消费群体相对稳定。

③ 商业中心地区药店　药店位于城市最繁忙的商业中心或人流量较多的地方，消费群体多样化，随机购药的人群相对较多。

④ 商场里店中店型药店　药店位于大型商场或大型超市里面，这类药店依托商场或超市的旺盛人气，开展营销活动。如同仁堂在全国的药店专柜和"店中店"，经营同仁堂的知名品牌药材。

(2) 根据经营品种划分

① 常用医药产品药店　主要经营常用药品和普通药品，经营的项目相对单一。

② 处方药专卖店　主要经营处方药，主要的服务人群是持医院医师处方前来购药的消费者。

③ 医疗器械专卖店　此类药店主要以经营销售医疗器械为主。

④ 药妆店　此类药店不仅经营药品，而且还经营化妆和美容产品。

⑤ 专业型药店　此类药店专门为消费者提供某类或某几类药品，经营品种比较单一，如糖尿病专业药店。

(3) 根据经营模式划分

① 单体药店　指以个体形式进行独立经营的药店，这类药店一般规模较小，比较分散，多为个人独立投资或者合资经营。

② 连锁药店　指以连锁形式存在的药店，在一个地区通常有很多家分店，甚至跨地区、跨省经营，不断扩展市场。如湖南的老百姓大药房、甘肃的德生堂等。

③ 网上药店　是通过电子商务平台从事药品零售业务的药店，这类药店可以在企业自己建立的网站进行药品销售，也可以利用公共电子商务平台开展药品零售业务，如淘宝网、当当网上的药店等。

(4) 根据经营规模划分

① 大型药店　指销售额较大的药店，多采用超市自选的方式来销售药品，或者是大型连锁药房。

② 中小型药店　指销售额小、面积、销售品种有限的药店，这类药店多为个体经营和单体药店。

(5) 根据营销定位划分

① 综合健康商场型药店定位　向不特定顾客提供多元化的产品，同时强调药物服务的重要性。药店品种多，经营场所面积大，还提供存包服务、导购服务、会员服务等。

② 健康美丽型药店定位　除了经营药品外，还经营保健食品或者化妆品，销售利润很大一部分来源于保健食品和化妆品。

③ 社区型便利店药店定位　经营目标是满足社区居民的日常用药需求，多突出社区特色，如开展免费测量血压、送药上门等延伸服务。

④ 平价型药店定位　以低价取利，薄利多销。多直接从厂家进货，减少流通环节，从而降低医药产品的成本。

⑤ 专业型药店定位　专门致力于提供某一专科药品或某一品牌的药店，不以品种多取胜，注重单一品种，类似于零售业中的专卖商店。

二、药店人员构成

由于药品经营有其特殊性，所以对于药店店员的素质要求较高，技术人员应当占总店员的30%以上。根据我国药品经营管理相关法律法规，药店中从事药品经营、保管、养护、验收的人员需经专业培训，经考试合格后才能上岗。药店人员构成如图9-1。

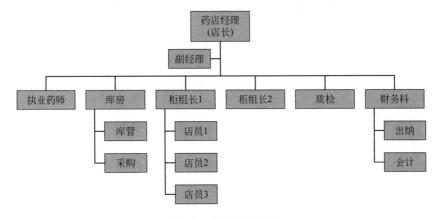

图 9-1　药店人员构成

1. 店长（经理）

店长（经理）负责药店全面的经营管理工作，对药店的销售额和利润负责。药店负责人应具有相应的专业技术职称，对所经营的商品质量负全部责任。

2. 副经理

副经理协助经理对药店进行管理，分管某项主要工作，如采购、仓储、人事、财务或营业工作。

3. 执业药师

执业药师负责全面业务技术指导及商品质量管理，为顾客提供用药咨询，指导顾客合理用药，同时负责处方的审核及监督调配。

4. 柜组长

柜组长负责某一类药品的销售管理工作，一般对本组销售额负责，同时负责管理本组店员。在实践中，柜组长一般对具体销售哪种产品有决定权或主要建议权。

5. 药店销售员

药店销售员负责柜台药品销售、开票工作。由于处于第一线，直接与顾客接触，对顾客购买哪种药品影响力最大，是药店促销活动必须重视的对象。

6. 采购员

采购员负责医药商品的采购，按库管计划采购所需品种，保证所经营的品种不人为断货。在具体实践中，采购新品种时一般按经理指示或柜组长建议并报经理审查批准。如果是连锁分店，一般负责与总店协调进货事宜。

7. 药库保管员

药库保管员负责在库药品的保管及维护。

8. 财务会计

财务会计负责药品销售成本的会计核算等会计事务。

9. 质检

质检负责药店经营全过程药品的质量管理,把握购进药品质量,确保符合标准。

第二节 药店终端工作管理

> **案例分析**
>
> OTC代表与医药代表在工作时间的安排上存在一个显著差别:一个医药代表可能把一整天的时间全部用在2~3家医院,甚至1家医院;而一个OTC代表却要在一天内跑遍至少数十家药店。因此,许多主管就直接将"跑店"作为一项工作任务下达给OTC代表。
>
> 然而,"跑店"仅仅是OTC代表工作的一个表象而已,只是手段而非目的。那么,OTC代表跑药店做什么呢?可以用三大任务来概括:打好铺货基础、陈列产品和店员培训。

一、跑店设计拜访路线

跑店,就是负责零售业务的代表需要每天沿街拜访各个店家,做产品销售。由于各个城市大小不一,药店分布的集中程度也不一样,所以每个城市OTC代表的线路拜访要求也不尽相同。不过,一般而言,城市的药店可分为A、B、C 3个等级。对于A级药店,要求每周至少拜访一次;B级药店,每两周一次;C级药店,每4周一次。每个OTC代表总体负责80~120家药店。

在安排拜访路线时要考虑到以下因素:

① 每条线路的起点和终点,都是你的住处。

② 按不同级别药店的拜访频率,来确定通过每个站点的线路数量。如A级店需每月拜访4次,那么,你就需要安排4条线路通过每个A级店。以此类推,B级店则为2条,C级店为1条。

③ 如果平均每天需拜访10家店,就等于每条公交车线须包括10个站点。当然,根据路程的具体情况,可以在有些路线多安排或少安排些站点。

将各路线连接起来,计算好所花时间,通过合理安排,拜访路线图就完成了。

二、铺货策略

铺货是指对各自管辖的药店零售场所进行一次地毯式拜访,选出有潜力、信誉好、网点优化的目标药店,接着及时把产品铺入零售点。

1. 铺货原则与要求

① 争取具有一定规模和效益的药店全部有货。铺货的形式可采用商业推广会、人员上

门推广铺货等。

② 每次铺货数量应适当，不宜过大，在清楚每月销量后，确定每次药品零售场所的详细铺货量。

③ 选择铺货的药店，其地理位置应在医院、诊所、商场、车站等人流大的地方。

④ 在铺货时，应按地址、药店、日期、品名、数量、值班人、验收签字单等进行详细登记。

⑤ 对于个体药店、小诊所、小药店等终端，在铺货时应采用现款现货的方式结清药款，其他客户也可以采用这类方式。

⑥ 在对个体药店及承包性质的药店铺货时，在价格方面，应略高于对医院的铺货价，防止其降价冲乱价格体系。

2. 药店终端铺货操作中应注意的问题

① 企业应选择具有一定的开拓能力并积极、主动配合的经销商，以便能够有效地完成铺货任务。

② 经销商具有铺货计划的执行能力，即经销商须认真执行铺货计划。

③ 所有参与铺货的经销商必须严格坚持统一的价格体系，即给二级经销商及其他零售点的价差体系事先确定，并严格执行。

④ 对于首次铺货的药店，铺货的药品数量不宜太多，更不能答应代销，以防日后销售不力造成退货。

3. 阶段性铺货

① 先铺当地销售量位于前列的药店、知名的老字号药店、覆盖面广的连锁药店、特定小区及一定区域内最大的药店，其总量约占全部药店总数的 15%～20%。

② 待操作一两个月后再铺具有一定发展潜力和营业规模较大的药店，其总数可上升到 60% 左右。

③ 最后遍地开花，全面铺开，药店总数可上升到 80% 以上。

三、药品陈列技巧

药品陈列工作分为实物陈列和 POP 药盒陈列。实物陈列是陈列的基本形式，药盒陈列是对 POP 广告的一种补充。

1. 陈列点

陈列点又称陈列位，即陈列的位置，只有将药品以合适的形式（考虑数量、价格、空间、组合方式）陈列在适当的位置，才能最大限度地提高销量，提升品牌。一般把产品摆放于货架"黄金档位"，并于"铜层档位"摆放礼盒包装或于货架顶端摆放产品模型，其他产品摆放于铁层档位。所谓黄金档位指药品陈列于货架位置的高 1.3～1.5m 处，出售率占50%；铜层档位 1.5m 以上，出售率占 30%；铁层档位 1.3m 以下，出售率占 15%。一般店员习惯停留的位置、消费者进入药店后第一眼看见的位置、消费者经常经过的交通要道、光线充足的位置都是较好的陈列点。

2. 陈列线

药品实物陈列和 POP 药盒陈列要形成一种线性关系，即有连续性，可以引起患者的购买行为。例如一些药盒在卖场码放得很引人注目，如果正是患者所关心的，则会引起患者的注意，但转了一下没有发现相应的实物药品后，会马上取消进一步查看的念头，转去购买别的药品。

3. 陈列面

① 包装正面面向外（确保消费者对品牌、品名、包装留下印象）。
② 采用堆箱形式的陈列面要稳固（不易翻倒，确保安全）。
③ 多采用集中排列。
④ 至少有 3 个排列面（如一个则较易被品名及价格标签挡住）。
⑤ 留有陈列面缺口（给人感觉药品在热卖中）。

POP 是英文"point of purchase"的缩写形式。point 是"点"的意思，这里的"点"有双重含义，即时间的点和空间的点。POP 广告就是指在购买时或购买地点出现的广告。随着自助式销售方式的普及、消费者流动性的增大以及生产能力的不断提高，POP 广告得到了更广泛的推广。购买地如连锁药店、展销会等使用的能促进销售的店内外展销广告均称为 POP 广告。

四、店员培训

1. 店员培训的内容

店员培训是指 OTC 代表将药品的相关信息传递给终端店员，丰富店员的产品知识，以期在终端销售中增加自己产品推荐率的一种教育培训活动。多数患者缺乏药品相关知识，因此在购药时，对店员介绍的依从性较大，许多消费者会接受店员的销售推荐。店员培训的目的是密切医药企业与终端药店的关系，使店员熟悉产品知识，以提高产品的店员推荐率，特别是第一推荐率。

店员培训的内容应包括：①公司介绍，对公司的介绍有助于公司在店员心中树立良好形象；②产品介绍，包括介绍产品本身和与产品相关的医学基本常识，如产品最突出的卖点，产品与竞争品牌的比较优势（尤其是优于竞争品牌的特性和售后效益），产品的正确使用方法及注意事项，产品可能的副作用及解释，消费者可能问到的问题及解答等；③销售技巧的培训，由专业的培训人员对店员进行专业化指导，学习怎样和消费者初次接触、如何观察消费者的心理、怎样增强推荐的信服力、何时是达成销售的最佳时机、怎样进行产品陈列等。

2. 店员培训的形式

（1）**一对一培训** 由 OTC 代表在日常拜访中进行。

（2）**小规模店员培训会** 当发现自己的产品在某一药店的销量与该店所处的位置、药店规模和实力明显不符时，或自己的产品在品牌、陈列、宣传价格等方面不逊色于竞争产品，而销量明显低于竞争产品时，原因往往在于终端推荐率，此时，应及时召开小规模店员培训会。召开小规模店员培训会应事先征得店经理和柜组长的同意，并与之商定会议的时间、地点和参加人员等。就会议时间来说，一般宜选择在两班店员交接班时。参加人员包括店经理、柜组长、目标店员等。

（3）**店员集中培训** 是以一个城市或城区为单位，采取电影招待会、店员联谊会或店员答谢会的方式进行的店员集中培训。比前两种更经济，但是只适用于当需要在短时间内向相似的对象传达相似的内容，或者比较系统和复杂的内容的情况，如地区促销、新产品推广。可以高效率地向店员传播产品知识，增强企业、业务员与店员的关系。

3. 店员培训的注意事项

企业可以根据公司的实力和区域市场情况灵活选择合适方式，以求最佳效果。无论选用哪种方式，都需注意以下几点。

① 不断创新，大家都在做店员培训，竞争激烈，不创新，企业的声音可能就会被淹没，形象会模糊，因此像产品创新一样，店员培训内容和形式也需推陈出新，才能让人耳目一新，留下深刻印象；

② 长期持续，店员培训应该是一项长期系统的工作，一次信息传播难以使店员永远记住你的产品，应该有组织、有计划地推进；

③ 产品知识培训与销售技巧培训有机结合，让参加培训的人感到物超所值，减弱单纯的产品知识培训功利性太强的缺点，增加参加培训的额外价值，使参加者喜欢参加，愿意再来；

④ 气氛轻松活跃，店员培训一定要在轻松快乐的气氛下进行，才能激发他们的听讲兴趣；

⑤ 语言通俗易懂，尤其在产品知识的讲解中要注意语言的运用，应该通俗、清晰，多用比喻，善于联想，这样才易于店员接受，形成深刻记忆，才能在销售中有效推荐；

⑥ 时间不宜过长，小规模店员培训时间一般应控制在 30 分钟之内，店员集中培训一般控制在 1.5~2 小时；

⑦ 做好回访，店员培训后，OTC 代表还要做好跟进回访工作，再次加深店员对药品和业务员的印象，鼓励他们多推荐，也便于日后开展更深层次的推广活动。

第三节　药店店员销售技巧

一、顾客购买药品的心理变化

顾客购买药品的过程中，其心理活动是一个变化的过程，这个完整的过程中，顾客的心理活动一般经历 8 个阶段：

(1) 注视阶段　在这一阶段顾客希望有一个自由的空间，可以随意地观看药品，顾客还可要求把药品拿在手中，仔细阅读说明书，此时药品最能打动顾客的心。

(2) 兴趣阶段　顾客注视药品，会对药品的疗效产生兴趣，还会注意药品其他方面的介绍，店员此时可以适当提升顾客的兴趣。

(3) 联想阶段　顾客对某一种药品产生兴趣，自然联想服用该药品之后疾病痊愈的情形。在顾客选购时，店员一定要适度提高他的联想力，促使他下定决心购买药品。

(4) 欲望阶段　顾客在产生购买欲望时，极可能又会产生疑问："有没有比这种更好的药呢？"由此进入同类药选择比较阶段。

(5) 比较阶段　顾客的购买欲望产生之后，会多方比较权衡。这时，他对此种药品和其他药品的各项指标产生比较，如适应证、剂型、价格、服用是否方便等问题会使顾客犹豫不决，这时，需要店员就这些问题给顾客提供咨询。

(6) 信心阶段　在经过一番权衡与咨询后，顾客会对该药品产生信心。这一信心来源于三个方面，即相信店员的诚意，相信药品的生产商和品牌，相信某种惯用品。店员从这三个方面进攻，能够全面地帮助顾客建立信心。

(7) 行动阶段　顾客的决心下定之后，就会当场付款购买药品，这时，店员要熟练地开好销售小票，交给顾客，并包装好药品，等顾客付款后来拿，还可以向顾客推荐其他药品，以加深顾客对本店的印象。

（8）满足阶段　顾客在完成购买之后，一般会有一种欣喜的感觉。这一感觉来自两个方面：其一，购买产品过程中的满足感（包括享受到店员的优质服务）；其二，药品使用后的满足感，这种满足会促使顾客再次光临药店。

二、接待顾客的基本步骤

> **导入案例**
>
> **销售动机分析**
>
> 第一种：疾病动机——"我头痛""我要治感冒的药""我想买给小孩治咳嗽的药"……都是明确的疾病，所以来买药。
>
> 第二种：成分（功效）动机——这种情况不多，但仍然是比较主流的情况"我买格列吡嗪""有没有退烧药""我买补血的药"……注意，不仅仅是说成分，有时还会说具体功效，这都是针对一个成分（功效）来买药的。
>
> 第三种：品牌动机——这是最常见的表达方式，"我要买达克宁""我要买感康""我要买芬必得"……这是专指一种药买的，这样的表达十分明确。
>
> 分析：针对不同的销售动机，如何进行顾客接待？如何完成销售推荐？

在了解了顾客的购买心理活动的八个阶段之后，就要有针对性地制定接待顾客的具体步骤。

1. 初步接触

顾客进门之后，店员一边和顾客寒暄，一边和顾客接近，这是"初步接触"。从顾客的心理来说，在兴趣阶段和联想阶段之间最容易接纳店员的初步接触行为。在注视阶段接触会使顾客产生戒备心理，而在欲望阶段接触则会使顾客觉得受到冷落。与顾客接触的最佳时机有以下几个时刻。

① 当顾客长时间凝视某一药品，若有所思时；
② 当顾客抬起头来的时候；
③ 当顾客突然停下脚步时；
④ 当顾客的眼睛在搜寻时；
⑤ 当顾客与店员的眼光接触时。

此时，优秀的店员一般会以三步骤与顾客初步接触：与顾客随意打个招呼，直接向顾客介绍他中意的药品，询问顾客的购买意愿。

2. 药品提示

让顾客了解药品的详细说明，即所谓"药品提示"，对应于顾客心理过程的联想阶段和欲望阶段之间。此时，主要使顾客了解几个方面。

① 药品使用过程；
② 药品的禁忌证；
③ 药品的疗效；
④ 提供几种药品让顾客选择（仅供选择应用）。

3. 揣摩顾客的需要

顾客的购买动机不同，需求自然不同，所以店员要善于揣摩顾客的需要，明确顾客要买什么样的药品、治疗什么病，才能向顾客推荐最合适的药品，帮助顾客做出明智的选择。揣摩顾客的需要，应从几个方面入手。

① 通过观察顾客的动作和表情来探测顾客的需要；
② 通过向顾客推荐一、两种药品，观看顾客的反应，以此了解顾客的愿望；
③ 通过自然提问询问顾客的想法；
④ 善意地倾听顾客的意见。

4. 应用专业知识说明

顾客在产生购买欲望之后，并不能立即购买，还需进行比较、权衡，直到对药品充分信赖之后，才会购买。在此过程中，店员要利用专业知识向顾客介绍药品，说明时语言要通俗易懂，有针对性，打消顾客的疑虑。

5. 劝说引导

在讲解了药品相关知识后，顾客开始决策，店员要把握机会，及时劝说引导以达成购买。劝说应从几个方面进行。

① 实事求是地劝说；
② 迎合需求地劝说；
③ 辅以动作地劝说；
④ 用药品本身的质量劝说；
⑤ 帮助顾客比较、选择地劝说。

6. 成交

顾客在对药品和店员产生了信赖之后，就会决定采取购买行动。此时，需要店员做进一步的说明和服务工作，打消顾客的一丝疑虑，此步骤称为"成交"。当出现以下八种情况时，成交的时机就出现了。

① 顾客突然不再发问时；
② 顾客的话题集中到某个药品上时；
③ 顾客不讲话若有所思时；
④ 顾客不断点头时；
⑤ 顾客开始注意价钱时；
⑥ 顾客开始询问购买数量时；
⑦ 顾客关心售后服务时；
⑧ 顾客反复不断地问同一个问题时。

在成交的时机出现时，店员应采用四种方法。

① 不给顾客再看新的药品；
② 缩小药品选择的范围；
③ 帮助顾客确定所要的药品；
④ 对顾客想买的药品作一些简要的重点说明，促使其下定决心。在这一过程店员应注意方式，不能用粗暴、生硬的语气催促顾客，不要使顾客有强迫推销的感觉。

7. 收款、包装

顾客在决定购买后，店员要填写收银小票，并交给顾客，请顾客到收银台付款，然后包装好药品。收银时应唱收唱付，声音要清楚准确，态度友好。

8. 送客

待顾客付款后，店员应将药品双手递给顾客，并向顾客诚挚地道谢，顾客走时，要道别。

案例分析

当一位顾客到药店购买几种常用药品的时候，人刚走进药店，药店里的店员就跟了过来，像保镖一样在顾客的周围"护驾"，只要顾客的目光稍作停留，店员马上就问：

"您要这种感冒药吗？"

"您看这种消炎药好吗？"

问得顾客心烦意乱，只想快点离开药店。

分析：如果你是店员应该怎么做？

三、店员接待技巧

课堂讨论

药店药品销售搭配原则

第一类搭配原则： 外用＋内服 西药＋中成药 对症＋对因＋预防＋保健	第二类搭配原则： 品牌＋非品牌＋保健品 品牌＋高毛 西药＋中成药＋维生素

组合销售能够提高销售额，帮助你成为金牌店员。试分析口腔溃疡如何进行搭配销售。

---

1. 运用微笑服务

微笑应是发自内心的，真诚的笑，通过微笑使顾客感受到温情，能与顾客实行情感的沟通。微笑是店员必备的基本素质，但是不能在实际工作中生搬硬套。

2. 讲究语言艺术

"温语慰心三冬暖，恶语伤人七月寒。"店员主要靠语言与顾客沟通交流，他们的语句是否热情、礼貌、准确、得体，直接影响顾客的购买行为，并影响顾客对药店的印象。优秀的店员说出的话应该具有逻辑性，层次清楚，表达明白，言语生动，语气委婉；讲话突出重点；不讲多余的话，不啰唆；不夸大其词，不说过头的话；在任何情况下都不能侮辱、挖苦、讽刺顾客；不与顾客发生争执；说话因人而异；不能使用服务忌语。

讲话还要注意多用请求式，少用命令式；多用肯定式，少用否定式；多用先贬后褒的方法；讲话还要配合适当的表情和动作。

3. 注意电话礼貌

有些顾客会打电话到药店里，或要求送药，或需要咨询，或投诉，如果接电话的店员敷衍了事，或一问三不知，甚至极不耐烦，这会极大地损害药店的信誉。接电话的具体规则如下：

① 接通电话后，要先自报家门："您好，这里是××大药房××分店，我是×××。"
② 接到找人电话要尽快转给被找者，找不到时要解释清楚，并尽量留言，必要时记在纸上。
③ 当自己无法明确答复时，要请对方稍候，问明白了再做答复。
④ 需要对方等待时，需向对方说："对不起，请您稍等一下。"
⑤ 结束通话时要注意礼节，要有致谢语和告别语。

4. 熟悉接待技巧

店员每天要面对各种各样的顾客，采用灵活多样的接待技巧，满足顾客的不同需要，使他们高兴而来，满意而去。优秀的店员接待不同身份、不同爱好的顾客的方法如下：
① 接待新上门的顾客要注重礼貌，以求留下好的印象。
② 接待熟悉的老顾客要突出热情，使他有如久逢挚友的感觉。
③ 接待性子急或有急事的顾客，要注意快捷，不要让他因购买药品误事。
④ 接待精明的顾客，要有耐心，不要现出厌烦。
⑤ 接待女性顾客，要注重推荐新的药品，满足她们求新的心态。
⑥ 接待老年顾客，要注意方便实用，要让他们感到公道、实在。
⑦ 接待需要参谋的顾客，要当好他们的参谋，不要推诿。
⑧ 接待自有主张的顾客，要让其自由挑选，不要去打扰他。

5. 掌握展示技巧

熟练地展示药品可减少顾客挑选的时间。店员在展示药品时一定要尽量吸引顾客的感官，激发他的购买欲望。店员要双手把药品递给顾客，不能单手或把药品直接放在柜台上，同时要有适当的言语表示。

6. 精通说服技巧

顾客在选购药品时，他的心理不是一成不变的，店员能给出充足的理由让他对某种药品产生信赖，会得到顾客的认同，并做出购买的决定。一般说来，只要在顾客对药品提出询问和异议的情况下，才需要店员对他进行说服和劝导。在顾客对店员推荐的药品提出异议时，店员必须回答他的异议，并加以解释和说明，这个过程，实质上就是说服过程。说服顾客有以下方法：

(1)"是，但是"法 这是回答顾客异议的一种方法，其核心是，一方面店员要对顾客的意见表示同意，另一方面店员又要解释顾客产生意见的原因及顾客看法的片面性。"是，但是"法可以在不和顾客发生争执的情况下，委婉地指出顾客的看法是错误的。

如有一个顾客走进药店，来到维生素柜台，顾客对店员说："我想买一盒维生素给小孩吃，但是我听同事说她给孩子吃过，但没什么效果。"店员和颜悦色地解释："是的，您说得很对，很多人给孩子服用复合维生素后，效果并不明显，这是由于小孩的身体各项机能并不很完全，效果不能很快地显现。但是，由于小孩不能充分地从食物中摄取生长发育所需的维生素，合理地补充复合维生素将会有助于您的小孩健康成长。根据专家的指导，连续服用肯定是有效果的。"

(2)"高视角，全方位"法 当顾客对药品的某个方面提出缺点，店员则可以强调药品的突出优点，以引导顾客不要过于纠结某个与其无关的缺点。当顾客提出的异议基于事实依据时，可用此法，但需注意不能误导。

如一对夫妇走进一家药店，他们想为老人买降压药，妻子看了一种药，但显然心存疑虑。店员解释道："这种国家级降压新药，降压效果有效"。顾客问道："是很快，但是这种降压药能否降压平稳呢？有什么副作用？"聪明的店员会根据药品的功效事实信心十足地解释说："我们咨询过这方面的专家，经过大量的临床证明，它（药品）的降压效果很平稳，而且副作用轻微，您可以放心。"

(3)"自食其果"法　采用这种方法，实际上是把顾客提出的缺点转化为优点，并作为她购买的理由。

如一位顾客正在挑选一种小孩用复合维生素，看了很久未下决心，最后坦率地对店员说："这种维生素质量很好，32元一瓶，价钱有点贵。"店员应能理解顾客的忧虑，就对她说："这种维生素含有儿童生长发育所必需的多种维生素，而且口味儿特别受小朋友喜欢，细算一下，每天才花一元钱，就能给孩子带来健康的身体，应该不算贵，您说是吗？"

(4)"问题引导"法　通过向顾客提问题的方法引导顾客，让顾客自己解除疑虑，自己找出答案，比让店员直接回答问题的效果还好些。

如一位顾客走进药店，对店员说："我想买一盒白天不困的感冒药。"店员说："这种日夜百服咛分为日片和夜片，日片无嗜睡作用，夜片让您安心休息，您觉得可以吗？"顾客有点犹豫，不大情愿地说："我想是不是吃起来有点麻烦。"店员可以耐心解释道："可是，这总比您一整天昏昏沉沉的好吧。"

(5)"示范"法　就是操作药品的表演，用这种示范来演示给顾客，具体的示范表演比单纯用语言说明更能让顾客信服。

如在药店的医疗器械柜台前，有一位顾客上前问道："这种治疗仪会不会用几天就坏了？"店员颇有信心地说："不会的，这种治疗仪采用新材料制成，耐腐蚀，耐酸碱，效果很好，不信，我给你试试看。"说着，店员拿给顾客演示，使他亲身感受治疗仪的好处，这样顾客是能够信服的。

(6)"介绍他人体会"法　就是利用使用过该药品的顾客"现身说法"来说服顾客，一般说来，顾客比较愿意听使用者对药品的评价。

如一位女顾客正在观看一种减肥药，她将信将疑，向店员询问道："我用过很多减肥药，似乎没什么作用，这种能好使吗？"店员很体贴地说："您的心情我很理解。许多顾客用过这种减肥药，据她们反映，效果很好。就在几个星期前有一位张小姐买了这种减肥药，开始也担心不起作用，前几天，她又来我们店买了几瓶，说使用后效果很好，还向朋友推荐呢。您不妨也试试看。"

(7)"展示流行"法　通过揭示当今药品流行趋势，劝说顾客改变自己的观点，从而接受店员的推荐。常用于年轻、追求流行时尚的顾客。

如一位年轻的女士想给自己买感冒药，她来到一家药店，已经挑选好一会儿，始终犹豫不决。这时另一位店员走过来说："您看看这种新的感冒药，很多人用了都说好，对您会更好一些。"一句话，使女顾客改变了主意，欣然买下。

(8)"直接否定"法　当顾客的异议来自不真实的信息或误解时，应使用"直接否定"法。如果不对顾客加以纠正，顾客从其他渠道得到真实的信息后，自会对你不信任，因为他会认为你也不懂，他也不会再来买药了。

如一位顾客在选购感冒药，有些迷惑不解，就问店员："这种药中含有氢溴酸右美沙芬，这是不是PPA？我记得药监局已经禁止销售这类药了。"店员不同意他的看法，直截了当地说："我明白您的意思，的确药监局禁止销售的药品中有几个复方右美沙芬，致使不少消费者误认为右美沙芬是禁药，但事实上，右美沙芬不是PPA。导致复方右美沙芬被禁用的原因是这些药品含有PPA，而避免PPA才是选择感冒药的关键，我给您推荐的日夜百服咛绝不含PPA。"

7. 创新包装技巧

这个技巧主要适用于中草药的包装，包装时要注意以下几点：

① 包装速度要快，包装质量要好，包好的药品安全、美观、方便。
② 包装之前，要当着顾客的面，检查药品的质量和数量，使顾客放心。
③ 包装时要注意保护药品，防止药品被碰坏和污染。
④ 包装操作时不要边聊天边包装，不要出现漏包、松捆，不要单手把药品交给顾客。

8. 做好退换服务

药店在一定的原则下，视具体情况允许退货换药，无缘无故退换的顾客不多。相反，允许退货使得顾客增加了购买信心，这对于提高药店的信誉，吸引顾客上门有很大的作用。在退换的过程中，店员应做到以下几点：

① 端正认识，深刻体会处理好退换货是体现药店诚意的最好途径。要意识到顾客的信赖是千金不换的财富。
② 要以爱心对待顾客，不怕麻烦，不能推诿，要急顾客之所急。
③ 在退货过程中，要向顾客表达歉意，并保证不发生类似的事情。

案例分析

场景1：一天，李大爷拿着两盒拉米夫定（贺普丁）片，找到营业员小王说："我早上在你们药店买了两盒贺普丁，没想到竟有一盒是假的！"说着从口袋里拿出药店售药的票据。小王仔细看了一下李大爷拿来的两盒药，发现其中有一盒包装粗糙。李大爷指着包装粗糙的那盒药说："这盒是假的，你们药店卖假药坑人啊！"小王发现那盒真药与药店店堂中正在出售的药品批号相同，而假药却是另外一个批号，可药店根本就没有出售过该批号的药品。小王向李大爷解释："这盒药不是我们药店出售的。"谁知李大爷一听就来了气，说："你们药店卖假药还抵赖，我要去投诉你们！"面对此景，小王应如何做？

场景2：早上药店刚开始营业，老客户刘大妈就急匆匆地走了进来，找到营业员小林，拿出购药凭证，说前几天她在这里买了10瓶治疗冠心病的新药，现在还有5瓶没有使用，要求退货，并且药店要补偿她的损失。经询问，原来刘大妈昨天晚上看到新闻里通报了几家药品生产企业涉嫌发布违法药品广告，而她所购买的药品就在其中。小林了解情况后，耐心向刘大妈解释："大妈，药品发布广告违法，不能证明该药品有问题，所以这药不能退，也不能补偿您的损失。"刘大妈听了很生气："你们卖了假药还不退货，我去投诉你们。你们这么不把消费者的健康当回事，我以后再也不到这里买药了。"面对此景，营业员小林该怎么办？

场景3：王阿姨是高血压病患者，经常自己在家里测量血压。家里原来的血压计坏了，就到A药店买了一个"表"式血压计。一个月后，王阿姨的女儿带着血压计来到A药店要求赔偿。原来前几天王阿姨发现自己的血压降下来，便擅自将降压药减量，直至停药。可没几天她便感觉眩晕，走路时差点摔倒，家人急忙把她送到医院，检查后发现王阿姨的血压到了180/150mmHg，只得住院治疗。她女儿回到家，检查血压计时发现，血压计的指针不能指到"0"，而是指到右边的"300"。她以A药店出售劣质产品造成身体伤害为由，要求A药店赔偿医药费。面对此景，A药店应如何做？

场景4：一天，药店里来了一位青年男子，要买某某胶囊，而药店正巧没有这种药。店员小胡快言快语："那是治疗肝炎的药吧，我在电视上见过广告。我们药店没有，您可以看看别的。"小胡拿起一种中成药说："这也是治疗肝炎的，很多患者反映说该药效果不错，副作用较小……"不等小胡说完，顾客已变了脸色，他打断小胡说："我问的是有没有某某胶囊，你说那么多干什么？"小胡连忙打住。这位顾客又接着问有没有某消食片，恰好药店也没有这种药，想到顾客刚才的态度，小胡不敢贸然回答，在她发愣的时候，顾客又嚷开了："你这营业员是怎么当的？怎么一问三不知啊？哪有这样对待顾客的？"小胡小声嘟囔了一句："我也是好心给你介绍，干嘛发这么大火？"没想到顾客的嗓门更大了："你不知道得肝病的人火气大吗？连这个都不懂还卖药，该不是滥竽充数吧？"他这一嚷，其他顾客不知发生了什么事，都围上来看热闹。面对此景，小胡应如何做？

场景5：店员小刘在一家药店工作已经5年了，因为业务熟、服务好，结交了不少老顾客，经常有老顾客找她买药，有时也会来找她唠唠家常。可慢慢地小刘感觉出不方便，有的老顾客一来就聊半天，家长里短说个没完。若不陪顾客聊天，怕让顾客说"怠慢"他们，好像自己"势利眼"；而若陪顾客聊天，就会耽误接待其他顾客，而且聊天时间长了的话，店长也有意见，说她这样做影响不好。小刘很犯难，一看到老顾客进店就头疼，不知道该怎样接待他们。小刘该怎么办？

第四节 药店营销策略

一、药店促销策略

药店促销指综合运用人员销售、广告、销售促进、公共关系以及直接营销等工具组成的药店营销传播组合。药店的促销对于药店经营十分重要，有利于向顾客传递有关药店和医药产品的信息，有利于抵御竞争者的促销活动，有利于有效地刺激消费者购买。药店常用的促销策略有以下8种。

1. 赠送营销策略

赠送医药产品或赠券。即将医药产品分为小包，赠送给有意向购买此药的顾客，让顾客提前感知药效，同时可以增加顾客对于药店的好感，激发顾客的购药欲望，也可采取赠券活动，比如买满100元医药产品，赠送10元代金券，可供消费者下次购买医药产品时使用。

2. 会员卡营销策略

会员制营销的关键是建立会员忠诚度,是一种深层次的关系营销。众多药店都已经启用会员积分制,积分可以兑换礼品,会员卡还能享受医药产品的会员价格等优惠,药店可以通过设立适合的会员分级管理,提供差异化服务,不同等级的会员可以享受不同层次的优惠折扣。如北京普生大药房通过高入会费、低会员价的方式为会员提供增值服务,会员只需每年缴纳 100 元的会费,不仅可以享受低价购买医药产品的优惠,还能享受免费健身及积分送公园年票、免费体检等服务。

另外,药店还实行联合会员制,提升会员服务,如北京金象大药房与众多领域的企业联合实施会员制营销,实现会员信息共享,会员享受更多实惠,如洗衣店 8.5 折、汽车保养 8 折等。

3. 社区促销策略

社区促销就是让药店的销售人员走进社区,针对社区居民开展一系列的医药产品宣传和药学服务。这样做一方面可以为药店树立更好的形象,确保客源稳定和增长;另一方面可以通过加强与社区居民的交流,与居民拉近感情,促进销售。具体促销手段可以是免费为社区居民量血压、讲授一些医药学知识等。

4. 体验促销策略

体验促销主要指药店为满足消费者的体验需求,针对消费者开展的免费体验活动。如医疗保健器械营销采取的最直接的方式就是体验促销,让消费者亲自感受医疗保健器械的功效。另外,药店的设计装修、医药产品的陈设摆放和药店服务人员的精神面貌也是体验促销的内容之一。

5. POP 广告促销策略

POP(point of purchase)又叫作店头陈设,常用于短期促销,有户外招牌、橱窗海报、店内台牌、价目表、吊旗,甚至是立体卡通模型等多种形式的广告物。POP 广告的表现形式丰富多样,色彩强烈,可以将医药产品的特性及说明传达给消费者,有效地吸引消费者的关注,唤起其购买欲望。

6. 主题促销策略

药店可根据全年的主要节假日和药店的实际情况来实施促销活动。药店的节假日营销方案可以定位在每年的"十一"长假、中秋佳节和重阳节等节日进行,促销各种保健品、部分医药产品、老年人用品等产品,提高药店的销量和扩大药店的影响力。主题促销策略成功实施的关键在于选择促销主题以及促销的形式,让顾客感觉到真正的实惠。如深圳海王星辰连锁药店有限公司在其店庆日实施会员享受全场 8.5 折的优惠活动。

7. 团购促销策略

团购是药店根据薄利多销的原则,给顾客提供低于零售价的团购折扣和优质服务,并且能够在最短的时间内获得最高的人气。药店可以借助第三方团购平台,拿出部分医药产品与一些知名团购网站合作,如拉手网、窝窝团购、大众点评网等。如金象大药房网上药店专门推出了"金象团"的团购频道,"金象团"提供一些折扣健康医药产品。当然,团购药品要符合法律、法规要求。

8. 换购活动

药店可以与药品生产企业联手实施医药产品的"换购",将"过期药品换购"变成药店的常规便民服务。"换购"不仅能够获得客户的喜爱偏好，建立忠诚度，更能够在摊销药店换购成本的同时，扩大药店的知名度。如广州白云山和记黄埔中药有限公司秉承其"爱心白云山、公民白云山"的企业理念，启动"家庭过期药品（免费）回收机制"和"永不过期"药店工程，不仅帮助顾客解决了过期药品的难题，同时又提高了企业形象和企业知名度。

另外，药店也可以开展一些促销竞赛活动，让药店内部员工积极参与进来，对于成绩优异的员工，给予奖励。

> **案例分析**
>
> "金象"的多元促销
>
> 从1999年开始，北京金象大药房就开始面向广大购药群体发放有效期为一年的金象会员卡，会员在金象购物可享受9折优惠。直到2003年，金象又在原有会员卡的基础之上，推出了10万张"吉祥""长寿"两种价值10元的终身会员卡。而"金象"的许多中老会员，都以能够成为"金象"的会员为荣。原来，"金象"的会员除了可以享受购药9折的优惠外，还可以根据不同的积分水平，免费享受金象的增值服务，如定时定期进行健康体检、代客煎药、电话购药24小时内送药上门、参加金象健康大课堂、健康咨询、自动擦鞋机便民服务、免费赠送报纸等。除了以上服务外，"金象"还和其他企业实施联合会员制，只要是金象的会员，就可以享受更多行业的优惠，如海底世界门票8.5折，洗衣店8.5折、汽车保养8折等。此外，金象还经常开展一些联谊活动，拉近药店与会员、会员与会员之间的距离，增进彼此的感情。同时，也培养了会员对"金象"的认同感和忠诚度。最终使"金象"不断发展壮大。
>
> 问题：请结合本案例学习药店促销策略。

二、药店展示营销策略

好的药店展示能很好促进药品的销售，提高药店的市场竞争力。同时药店货架中的有利位置也是许多医药企业争夺的焦点，往往最畅销产品和利润率最好的产品陈列在最有利的位置。药店提供给顾客的服务是无形的，可以通过药店卖场的有形展示，助推药店的无形服务。药店展示主要包括药店环境展示、形象设计、药品陈列设计以及销售人员展示。

1. 药店环境展示策略

温度、湿度、通风情况、整洁度等构成了药店的环境，一个好的药店环境，会增加顾客的流量。如在炎热的夏天，消费者会更倾向在凉爽的药店买药，药店应配备加湿器、空调等设备，在必要时采取措施将药店的温度与湿度调整到规定的范围内。一般来说，药店营业场所温度应该保持在0~30℃，同时要整洁、卫生、光线好，保持空气清新，消除不良气味，也可以播放一些舒缓的轻音乐，以营造舒适轻松的气氛。

2. 药店形象设计策略

药店形象设计主要包括：

① 药店的店面设计，包括药店的招牌设计、门面设计、照明设计等。一个光亮、整洁、色彩搭配得体和照明舒适的店面设计，是刺激消费者视觉的环境因素和最容易被消费者察觉的有形服务。

② 药店的照明设计，药店的照明设备也不可忽视，药店的灯光可以凸显药品陈列的形状和外观，吸引顾客的注意力，不同的灯光颜色给人不同的感觉，而暖色系的灯光给人温暖热忱的感觉，富于亲和力，药店可采用一些暖色系的灯光衬托药店环境。

③ 药店货架及柜台的布局设计，药店的布局要能够引导顾客逛遍药店的各个角落，需要根据药店的大小来设定便于顾客触摸药品货架的高度以及货架之间的通道宽度，方便顾客购药。

3. 药品陈列设计策略

药品陈列是药店促销的重要手段之一，药店可以通过药品陈列提高顾客对医药产品的了解，并加深其记忆，激发顾客的购买欲望以达到促进销售的作用。药品陈列设计应注意：

① 药品陈列应与药店文化相匹配，凸显药店的特色，树立良好的药店形象。

② 药品陈列应方便消费者购买。

③ 药品陈列应规范合理，突出药品的特性，便于顾客选择、购买。

④ 药品陈列应重视黄金视线原则的应用，即重点销售药品应陈列在与顾客的视线齐平或仰角 15 度视线投射到货架上的范围内，即在顾客的"黄金视线"范围内，黄金视线陈列的药品容易被顾客发现、取放和选中。

⑤ 药品陈列的货架应整洁干净，能够使顾客产生愉悦的感觉。药店的货架陈列需经常改变药品陈列方式，这样能够使顾客耳目一新，给顾客一些新鲜感和增加顾客对药店的好感。

⑥ 药品陈列应遵守先进先出原则，以避免药品滞留过期。

⑦ 药品陈列应遵守最大化陈列原则，当药品陈列的空间多于竞争者品牌时，更能吸引顾客，也能使之产生购买倾向。

⑧ 药品陈列应遵守相关性原则，药品的陈列要按照医药产品的疗效和用途的关联性来进行陈列，关联性陈列的目的是使顾客购买医药产品能产生连带性，在增加药店销量的同时也方便顾客购药。

⑨ 橱窗陈列。药店可以利用一些畅销或促销药品或药品空盒，采用不同的组合方式将药品生动地展现给顾客，激发顾客的购买欲望。橱窗陈列必须整洁有创意且富有美感，符合药店的整体形象及药店的促销和宣传信息。

⑩ 药品陈列应遵守堆头陈列原则，堆头陈列指医药产品单独陈列所形成的药品陈列方式。堆头陈列比货架陈列更能够集中地、突出地展示医药产品，堆头陈列的形状可以是平面型、梯形、圆柱形等造型，目的是吸引顾客的注意力。另外，药店收银台陈列、柜台陈列等也很重要。收银台端架陈列要丰满、美观，能激发顾客的购买欲望。药店的柜台陈列一般是陈列一些不开架自选销售的处方药或名贵药材。

4. 药店销售人员展示策略

药店销售人员展示是通过销售人员的服务活动来展示药店形象，提高顾客的满意度。药店销售人员的外貌、语言及服务态度等都可以影响消费者对药店服务的期望和判断。当顾客进入药店时，销售人员应做到以下几步：第一，与顾客主动接触，询问顾客的需求；第二，针对顾客的需求，推荐相应的医药产品，并介绍医药产品的特点、性能、价格等；第三，真诚地回答顾客所提出的疑问，并向顾客进行比较、推荐，以激发顾客的购买欲望；第四，礼貌微笑送客。

三、药学服务营销策略

提供安全有效的药学服务，确保合理用药，已成为社会对药店的必然要求。为此，药店必须建立科学规范的服务体系，实现从以售药为中心向以药学服务为中心的转变，科学地指导消费者选购药品，开展合理用药咨询业务，加强与消费者的交流和沟通，让消费者安全、有效、经济合理地使用药品。

1. 核心服务

核心服务指向顾客提供最基本的医药学专业咨询服务，药店的核心服务是将适当的药品，以适当的剂量，在适当的时间，经适当的给药途径，给适当的患者，使用适当的疗程，达到适当的治疗效果。做好核心服务，药店药师应该了解患者的基本情况，科学介绍用药方法。药店实施药学服务是一个新的课题，是高度专业化的服务过程，必须以专业知识和技巧来保证药品使用获得满意的结果，药店提供药学服务的人员必须具有医药专业的教育背景，具备扎实的专业知识和药学服务工作实践经验，并具有药事管理与法规知识及高尚的职业道德。同时，还应具备较高的交流沟通能力。药店的营业员在与消费者交谈时，应该尽可能多地使用通俗易懂的专业术语来为顾客服务，使顾客能够很好地理解。药店营业员需要向顾客交代清楚药品的最佳用药时间、服药方法以及医药产品的储存条件等。

2. 感知服务

感知服务是药店提供给患者服务的基本形式，是核心服务借以实现的形式，顾客在药店进行购药，不仅仅是消费"医药产品"，还消费服务。药师的态度、行为举止、沟通和表达能力是否让顾客满意和感到亲切，这些因素能促进顾客满意度的提升。

3. 延伸服务

延伸服务指顾客在获得其核心服务和感知服务的同时，附带收获的各种利益的总和。延伸服务可以深化并提升药学服务的内涵，还可以展现企业的特色并使本企业与竞争者区分开来。如为患有高血压、糖尿病、高血脂等慢性疾病的顾客提供较为全面的跟进服务，药店可以在顾客同意的基础之上，建立患者的用药档案，其中包括患者的一般资料信息、家庭病史、嗜好、过敏史、历次用药记录等。患者用药档案的建立可以保障患者能够更好地安全、有效用药，并能体现企业的精神，提升顾客价值和满意度。

4. 特色服务

药店可以定期或不定期地开展一些健康讲座、专家义诊等活动，增强客户预防疾病和保健的意识。药店可以开展富有特色的服务项目，如开展免费送药上门等服务，与消费者建立稳定持久的关系，并进行跟踪服务，留住老顾客，发展潜在的消费人群。药店还可设置"顾客健康服务区"，配备必要的体温计、体重秤、休息椅、饮水机、健康刊物等，为顾客提供方便。如经营中药饮片的药店可提供免费中药加工服务，包括中药的碾磨、切片、制丸、煎煮等。

课后习题

一、单项选择

1. 当发现自己的产品在某一药店的销量与该店所处的位置、药店规模和实力明显不符时，或自己的产品在品牌、陈列、宣传价格等方面不逊色于竞争产品，而销量明显低于竞争产品时，原因往往在于终端推荐率，此时，应及时召开（　　）。
　　A. 一对一培训　　　　　　　　B. 小规模店员培训
　　C. 店员培训　　　　　　　　　D. 学术推广
2. 向顾客提供最基本的医药学专业咨询服务是药学服务营销策略中的（　　）。
　　A. 核心服务　　B. 感知服务　　C. 延伸服务　　D. 特色服务
3. 药店定期或不定期地开展一些健康讲座、专家义诊等活动属于（　　）。
　　A. 核心服务　　B. 感知服务　　C. 延伸服务　　D. 特色服务
4. 当顾客的异议来自不真实的信息或误解时，药店销售员应使用（　　）。
　　A. "直接否定"法　　　　　　　B. "是，但是"法
　　C. "展示流行"法　　　　　　　D. "问题引导"法

二、多项选择

1. 按照经营品种划分，药店分为（　　）。
　　A. 常用医药产品药店　　　　　B. 处方药专卖店
　　C. 医疗器械专卖店　　　　　　D. 药妆店
　　E. 专业型药店
2. 药店店长（　　）。
　　A. 负责药店全面的经营管理工作　　B. 对药店的销售额和利润负责
　　C. 应具有相应的专业技术职称　　　D. 对所经营的商品质量负全部责任
　　E. 负责在库药品的保管及维护
3. 店员培训的内容是（　　）。
　　A. 公司介绍　　　　　　　　　B. 产品介绍
　　C. 销售技巧培训　　　　　　　D. 铺货技巧
4. 店员培训的形式包括（　　）。
　　A. 一对一培训　　　　　　　　B. 小规模店员培训会
　　C. 店员集中培训　　　　　　　D. 学术推广
5. 药店展示策略包括（　　）。
　　A. 药店环境展示策略　　　　　B. 药店形象设计策略
　　C 药店陈列设计策略　　　　　D. 药店销售人员展示策略
　　E. 团购促销策略

三、简答题

1. 什么是铺货？铺货的原则与要求是什么？
2. 简述店员培训的注意事项。
3. 什么是"是，但是"法？请举例说明。
4. 什么是药店促销？常用的药店促销策略有什么？

案例分析

甘肃至仁同济专业药房连锁有限公司以药学服务提升企业的竞争力

　　甘肃至仁同济专业药房连锁有限公司创建于1999年4月，目前公司在省内已拥有三十多家连锁门店，在全省范围内形成了比较合理的销售网络，经营品种近万种，经营面积近万

平方米。公司始终坚持专业化的发展道路，建立了专业化的管理团队、管理流程和服务体系。公司通过"请进来讲授、走出去感受"等培训方式，开发企业内部人力资源，全面提高员工的专业素质和服务技能，提升企业的信誉和服务质量。公司坚持以消费者为中心的价值观念和服务理念，把顾客的利益始终放在首位，为顾客提供人性化和个性化的专业服务，以优质的专业服务提升企业品牌的知名度、美誉度，从而提高了顾客的满意度和忠诚度。公司建立了科学规范的专业服务体系，实现了从以售药为中心向以药学服务为中心的转变，通过科学指导消费者选购药品，开展合理用药咨询业务，加强与消费者的交流和沟通，让患者安全、有效、经济合理地使用药品。以合理用药为核心的药学服务赢得了消费者的信赖，也为公司创造了良好的经济效益和社会效益。

分析：请结合本案例，分析药店的药学服务营销策略可以采用哪些措施？在实施的过程中需要注意什么问题？

第十章 药品促销技术

> **导入案例**
>
> 哈药集团砸出 12 亿元的广告费,实现销售收入 64 亿元,居全国医药行业第一位。在大量广告密集的投放之下,在媒体和消费者的议论之中,哈药集团和哈药模式被人们记住了。为了超越同质化的产品竞争、释放过剩的产能、维系企业和社会的稳定,哈药集团确立了"使经营能力大于生产能力"的指导思想。 正是在这种思想的指导下,加之当时的媒体费用还比较低廉,投入 1000 万,就能实现大面积轰炸,投入上亿元,消费者只有关掉电视才能躲过广告,内外部因素的交织,从而诞生了以密集广告强势拉动大普药销售的哈药模式。 10 余年来,哈药集团一直稳居中国医药百强榜前列足以证明这一点,盖中盖、严迪、护彤、三精等品牌也早已深入中国百姓的心扉。
>
> 案例思考:案例中哈药模式成功的原因是什么? 其他医药企业能否复制哈药模式?

第一节　药品广告促销

一、药品广告的概念与特点

广告是促销组合中的重要组成部分,是现代企业进行促销的最重要的手段。药品广告在树立药品企业的形象、促进销售等方面具有无可替代的作用。进行药品广告促销必须符合国家在药品广告方面的有关规定,在全面分析产品特性、广告媒体的特征、消费者的广告心理活动过程等影响因素基础上,制定相应的广告策略、广告方案,然后进一步按照一定的程序实施。

1. 药品广告的概念

《中华人民共和国广告法》中所称的广告,是指由商品经营者或服务提供者承担费用,通过一定媒介和形式直接或间接地介绍自己所推销的商品或所提供的服务的商业广告。除了为促进产品销售而进行的商业广告,还有公益广告,如政府、学校、慈善组织等非营利性组织和社会机构为实现自身的功能,向各种公众对象实施的不以直接获取经济利益为目的的广告。

广告的本质属性是一种信息传播活动,是确定的组织或个人为了一定的目的,依靠付出费用,在规定的时间内,按照要求,由指定的媒体,将真实信息传播出去的一种信息传播活动。任何广告活动都应具备五个要素，即广告的传播者、接受传播的受众、传播信息的内容、传播媒体、传播的目的。

药品广告是指药品生产企业或药品经营企业承担费用，通过一定的媒介和形式介绍具体药品品种或功效，直接或间接地进行以药品销售为目的的商业广告。简单来说就是宣传推销药品的广告。药品广告主要包含了以下几层含义：

① 广告发布者是营利性药品企业。
② 通过非人员渠道，即一定的媒体进行传播。
③ 需向媒体支付一定的费用，免费宣传不属于广告，有别于新闻信息传播。
④ 最终目的是促进药品的销售，获得利润，兼有树立企业形象的作用。

2. 药品广告的特点

（1）单向性 广告促销属于单向沟通。医药企业通过广告宣传向消费者及客户传递信息，但却无法直接得到消费者的反馈信息。因此要求医药企业广告的内容清楚明了，易于理解，便于广大消费者和客户接受。同时，医药企业还应通过其他渠道了解消费者和客户的反馈信息，收集用户的意见和建议，以利于企业不断改进工作。

（2）间接性 广告促销必须借助于媒体去影响消费者或客户。广告促销的这种间接性对医药企业选择广告媒体提出了更高的要求。医药企业若想取得较好的促销效果，就应该选择消费者喜爱的媒体。例如治疗老年性疾病的药品广告，通过老年杂志、报纸或老年电视节目等传播，效果就比在其他媒体或节目中传播更好一些。

（3）广泛性 广告促销的媒体大多是新闻媒体，而新闻媒体传播信息的最大特点之一就是范围广泛。所以，广告促销的范围比其他促销形式要广得多。药品企业可以通过广告把相关药品的信息同时传播给广大的消费者和客户，造成广泛的影响。

（4）简练性 广告促销是借助媒体传播来实现的。由于媒体的信息载量十分有限，所以药品企业在设计和制作广告时应不断提炼、精益求精，力求广告形式简洁、内容精练、篇幅短小精悍，寥寥数语就能把药品企业和药品产品的信息传递给消费者和客户，并给他们留下深刻的印象。

3. 药品广告的功能

（1）传递信息、指导消费 如新药在市场上首次出现，可运用通知型广告进行宣传，告知临床医师或消费者新药与市售药相比在剂型、疗效和安全性等方面有了哪些新改进，告知使用方法和消除使用风险的方法，在对比的基础上突出说明新药的利益，消除顾客的疑虑，以促进顾客的购买行为。

（2）说服顾客、创造需求 使顾客对本企业品牌产生信任、偏好和信赖，并且愿意持续购买，此类广告亦称为说服型广告。菲利普·科特勒说："满意的顾客就是最好的广告。"为了说服现实顾客和潜在顾客坚信他们做出的购买决策是正确的，可以通过医药产品广告表现顾客对产品使用后的满意程度，从而影响顾客对产品的态度，此类广告又称为增强型广告。

（3）刺激需求、促进销售 通过提醒顾客注意本企业的产品来促进销售，这类广告被称为提醒型广告。此类广告出现的频率很高，其目的是让顾客随时可以想起本企业的医药产品，刺激顾客对产品或服务的重复购买行为。

（4）塑造品牌、提高附加值 通过有计划、有目的、有效而反复的广告宣传，可以确立企业标志、企业风貌、商标的良好形象，以利于人们对其产生好感和品牌的建立。因为产生偏爱和偏好，消费者愿意付出更多的钱去购买，可以增加产品的附加值。

（5）树立形象、提高竞争力 树立企业的良好社会形象，可赢得社会和民众的理解、支持和信任，极大提高企业的影响力，进而提升企业的市场竞争力。

二、药品广告的媒体与选择

> **课堂讨论**
> 　　一家生产普药的医药企业，准备进行产品广告宣传，你如何为其选择合适的宣传媒介？

1. 药品广告的类型

根据不同的标准，广告可以分为多种类型。

（1）按发布广告信息的方式分 影像广告是指通过电影、电视、录像、光盘等传媒而发布的广告。这是最常见的广告之一，具有费用高、范围广、速度快、影响面大、收效大等特点。听觉广告是通过各种声音而发布的广告，主要是通过广播、电台来完成。图文广告是指通过各种报纸、杂志、广告牌、广告栏、路牌、汽车、建筑物、物体等载体发布的图文类广告。

（2）按广告诉求的方式分 理性诉求广告是指以说服的方式、有理有据地论述商品或服务的优点和长处，让消费者自己作出判断或选择性的广告。感性诉求广告是指用动之以情、晓之以理的方式感染消费者，促使消费者购买商品或接受服务的广告。

（3）按广告的直接目的分 商业性广告是指通过广告直接刺激消费者，使消费者购买商品或接受服务的一种广告方式，这种广告要有立竿见影的宣传效果，要迅速提高商品或服务的知名度。公关性广告是指以树立组织良好形象、提高组织的声誉（知名度和美誉度）、增进公众对组织的信赖和支持为目的，从而促进组织整体目标的实现的一种广告方式。

（4）按直接接受的公众分 消费者广告是专门针对各种消费者的广告，主要是宣传一些消费品。经销广告是生产厂家向经销商发出的广告，或批发商为了促成大批业务而发出的广告。工业广告是指工业企业或商业企业向工厂发出的广告，主要是为了销售工厂必需的一些商品（如原材料、零部件等）的广告。专门广告是指针对特定公众范围、不宜扩大的广告，如为了宣传民族用品、妇女用品、地区性用品而发布的广告。

（5）按产品类型分 OTC药是消费者可自我选择的药品，适合于广告宣传的OTC药品，一般具有以下特点。首先是产品本身疗效明显，副作用少，患者不通过医师或药师诊断和帮助，自己可以诊断并自行购买、判断药品的疗效。其次是药品所涉及的疾病和症状是常见病，并且容易反复患病，如胃炎、过敏、感冒、肌肉关节疼痛等。最后，价格要适宜，使大多数患者都能接受，才比较容易通过广告达到销量增加。

处方药是凭处方购买，处方药广告有严格规定。保健品是多数药店的经营品种，但不是药品，保健品广告不得含有适应病症、功能主治等内容。

2. 选择广告媒体

医药企业应根据各个媒体之间的优缺点，结合企业与产品的特点，选择成本效益比最佳的宣传媒介。

（1）考虑目标公众规模，达到最佳的成本效益比 衡量目标公众规模的标准有：发行量，即登载广告的实体物体的数量；目标受众，即接触到媒体的人数（如果媒体是可传阅的,那么目标受众就要比发行量大很多);有效受众,即接触媒体的具有目标特点的目标人选;接触广告的有效公众,即实际看到广告的具有目标特点的人们。

(2) 考虑广告的时机形式 一般需要考虑的因素有:①购买者流动性,指新顾客在市场上出现的速率,流动性越大,广告越是应该连续不断;②购买频率,指某一时期内购买者平均购买产品的次数,购买频率越高,广告越是应该连续不断;③遗忘率,指购买者遗忘某种品牌的速率,遗忘率越高,广告越是应该连续不断。下表描述了主要媒体的概况(表10-1)。

表10-1 主要媒体的概况

媒体	优点	缺点
报纸	覆盖面广、地区特征明显、可信度高、灵活性强、传播及时	周期短、保存性差、不利于复制、可传阅性差
杂志	周期长、保存性好、可信度高	等待期长、绝对成本高
广播	人文选择性高、可复制成本低、受众广泛	覆盖面小、周期短、难以记忆、只有声音无图像、缺乏表现力
电视	传递速度快、覆盖面广、声音图像并存	绝对成本过高、黄金时间受限制
户外	展露时间长、成本低、到达率高	表现形式单调、难以吸引注意力
互联网	互动性强、成本低、反馈及时	容易被过滤、落后地区不适用

3. 医药企业选择广告媒体应综合考虑以下因素

(1) 药品特征 不同特征医药产品,使用范围、价格等不同。所以在广告媒体选择上,要使广告媒体适应产品的特性。如处方药主要在医院中使用,故其信息传递主要是在专业期刊杂志上进行;而对OTC药品主要适用于广大普通消费者,故其最适合的广告宣传媒介是电视和报纸。

(2) 消费者特征 做广告必须有的放矢,要了解消费者的消费习惯、购买力、偏好、对媒体的信赖程度等。如老年人爱听广播,小朋友爱看动画片等。

(3) 媒体特征和费用 媒体的覆盖范围直接影响到消费者信息的接收效果。因此,想在全国范围内进行促销,就要采用全国性的媒体进行宣传;若仅想在某地区进行促销,从成本效益最优化的角度考虑,最适合采用地方媒体。不同广告媒体,因其覆盖范围不同,其收费也会有很大的差异。在进行媒体选择的时候,既要考虑到企业所要求的效果,又要考虑到企业的经济实力,切莫因大批量资金投入广告,而把企业拖垮。

(4) 竞争对手广告策略 医药企业在选择广告媒体时,除了遵守相关的规定外,还应充分掌握竞争对手所采取的广告策略,采取相应的广告策略,发挥自身的优势。

三、药品广告的设计原则与效果评估

> **课堂讨论**
> 你认为可以用哪些方法来衡量药品广告效果?

1. 药品广告方案设计的原则

药品是一种特殊产品,其质量关系到广大消费者的生命安全,不负责任的药品广告会误

导消费者，产生不良的社会效应。医药广告应提高策划创意的水平，科学规范地传播医药产品信息，促进医药产品销售，指导消费者合理用药。药品广告设计应遵循以下原则：

(1) 真实性原则 这是药品广告的首要原则。所传播的药品必须以药典或药品说明书为依据；讲究信誉；药品广告的信息内容必须真实；医药产品广告的形式必须真实。我国《广告法》明确规定："广告应当真实、合法，符合社会主义精神文明建设的要求""广告不得含有虚假的内容，不得欺骗和误导消费者"。

(2) 合法性原则 法律对药品广告的要求比一般产品高得多。在做药品广告时，不但要遵守一般广告的法律法规和从业原则，而且必须遵守我国认可的国际性准则和针对药品的法律法规。例如，广告的内容必须合法，不得含有不科学的表示功效的断言或保证；不得利用国家机关、医药科研单位、学术机构或者专家、学者、医师、患者的名义和形象做广告等。

(3) 经济性原则 经济效益是企业生存和发展的基础。企业的一切营销活动都必须围绕着经济效益来开展，广告促销也不例外，也要讲经济效益，即用尽可能少的广告费用，取得尽可能大的广告效果。企业在设计、制作广告和选择广告媒体时，一定要从实际出发，本着节约的原则，少花钱，多办事，从而提高广告的经济效益。

(4) 可及性原则 广告的目的就是让目标消费者接收到广告信息，进而促进销量。因此，必须根据药品所要沟通的目标消费者，有针对性地设计不同的广告内容。

(5) 科学性原则 药品广告设计的科学性体现在药品广告的计划完整性和策划创意的科学性，不能违背药学和医学的基本原理和常识，不能违背生物学与生理学的客观事实，广告传播的手段和制作技术要具有先进性与科学性，广告设计的程序要规范化。

(6) 艺术性原则 广告应具有艺术性，能给人以美感。因为只有美的东西，才会对人们产生较大的影响力，人们才愿意接受，所以广告必须把有关药品和劳务的经济信息和人们喜闻乐见的艺术形式有机地结合起来，成为一件美好的艺术品，给人以启迪和教益。当然，艺术性要建立在信息真实性的基础上。

2. 衡量广告效果

衡量广告效果主要从传播效果和促销效果两方面来评估。传播效果是指企业与社会公众之间信息沟通的效果，促销效果是指产品促销的效应。

(1) 广告传播效果的测定 测定广告的传播效果，主要是测定消费者对广告信息的知晓度、了解度、偏好度等。它可分为事前测定和事后测定。

① 事前测定的方法

a. 直接评分法：邀请有经验的专家和部分消费者对各种广告的吸引程度、可理解性、影响力等进行预先评分和比较。

b. 调查测试法：在广告播出前，将广告作品通过信件、明信片或以调查形式邮寄给消费者或用户，根据回信情况判断准备推出的广告的效果。

c. 实验测试法：选择有代表性的消费者，利用仪器测量人们对于广告的心理反应，从而判定广告的吸引力。

② 事后测定的方法

a. 识别测定法：测定消费者是否能识别出已经看过的广告的程度。

b. 回忆测试法：通过请一部分消费者了解他们对广告的商品、品牌和企业等的追忆程度，从而判断广告的吸引程度和效果。

(2) 广告促销效果的测定

① 单位费用促销法　用来测定单位广告费用促销商品的数量或金额。单位广告费用促销额（量）越大，表明广告效果越好；反之越差。

$$单位广告费用促销额(量) = 销售额(量) / 广告费用$$

② 单位费用增销法　用来测定单位广告费用对商品销售的增益程度。单位广告费用增销量（额）越大，表明广告效果越好；反之则越差。

$$单位广告费用增销量(额) = [报告期销售量(额) - 基期销售量(额)] / 广告费用$$

③ 广告费用增销率法　此法用来测定计划期内广告费用增减对广告产品销售的影响。广告费用增销率越大，表明促销效果越好；反之则越差。

$$广告费用增销率 = (销售量增长率 / 广告费用增长率) \times 100\%$$

④ 广告费用占销率法　此法用来测定计划期内广告费用对产品销售量的影响。广告费用占销率越小，表明促销的效果越好；反之则越差。

$$广告费用占销率 = (广告费 / 销售量) \times 100\%$$

⑤ 弹性系数测定法　即通过销售量变动率与广告费用投入量变动率的弹性系数大小来测定广告效果。

$$E = (\triangle Q / Q_0) / (\triangle A / A_0)$$

式中：Q_0 代表广告前销售量；$\triangle Q$ 代表广告后销售量增量；A_0 代表原广告费用；$\triangle A$ 代表广告费增量；E 代表弹性系数，即广告促销效果。

如果 $E > 1$，则广告效果优；如果 $E < 1$，则广告效果不佳，甚至有负面作用。E 值越大，表明广告的促销效果越好。

四、药品广告的管理

鉴于药品的特殊性，世界各国政府对药品广告都采取了严格的管制。发布药品广告，应当遵守《广告法》《药品管理法》《反不正当竞争法》《药品广告审查办法》及《药品广告审查发布标准》等有关法律法规。

1. 审批机构

省、自治区、直辖市药品监督管理部门是药品广告审查机关，负责本行政区域内药品广告的审查工作。国家食品药品监督管理部门对药品广告审查机关的药品广告审查工作进行指导和监督。广告审批机关在同级广告监督管理机关的指导下，对药品广告进行审查，县级以上工商行政管理部门是药品广告的监督管理机关。

2. 审批程序

申请药品广告批准文号，应当提交《药品广告审查表》，并附与发布内容相一致的样稿（样片、样带）和药品广告申请的电子文件，同时提交相关的证明文件。药品广告的内容必须经过省级药品监督管理部门的审核批准，并取得药品广告批准文号或医疗器械广告审查批准号后才能发布。在药品生产企业所在地和进口药品代理机构所在地以外的省、自治区、直辖市发布药品广告的（以下简称异地发布药品广告），在发布前应当到发布地药品广告审查机关办理备案。

3. 审批标准

下列药品不得发布广告：麻醉药品、精神药品、医疗用毒性药品、放射性药品；医疗机构配制的制剂；军队特需药品；国家食品药品监督管理总局依法明令停止或者禁止生产、销售和使用的药品；批准试生产的药品。

处方药可以在食品药品监督管理部门指定的医学、药学专业刊物上发布广告，但不得在大众传播媒介发布广告或者以其他方式进行以公众为对象的广告宣传。不得以赠送医学、药学专业刊物等形式向公众发布处方药广告。处方药名称与该药品的商标、生产企业字号相同的，不得使用该商标、企业字号在医学、药学专业刊物以外的媒介变相发布广告。不得以处方药名称或者以处方药名称注册的商标以及企业字号为各种活动冠名。

第二节 药品营业推广促销

一、药品营业推广的概念与特点

1. 药品营业推广的概念

药品营业推广是指医药企业运用各种短期诱因鼓励消费者购买和中间商购买、经销或代理企业产品或服务的促销活动，常用作新药推广或淡季销售。

2. 药品营业推广的特点

营业推广是一种短期的促销方式，相对于其他的促销方式，药品营业推广有以下几个显著特点：

（1）**针对性强、促销效果明显**　药品营业推广是一种以激励消费者购买和调动经销商经营积极性为主要目的的辅助性、短暂性的促销措施。大都是通过提供某些优惠条件，调动有关人员的积极性，刺激和引导顾客购买。因而药品营业推广见效快，对一些消费者具有较强的吸引力。

（2）**无规则性和非经常性**　药品营业推广不能频繁使用，否则会降低其促销效果。大多数药品营业推广方式是无规则和非经常性的，它只是辅助或协调人员推销及广告活动的补充性措施。大多数公司采用推销人员或广告去推销商品，或采用广告和人员推销相结合的促销方式，几乎没有一家公司单凭药品营业推广去维持经营的。

（3）**短期效果**　药品营业推广一般是为了尽快地批量推销产品获得短期经济效益而采取的措施。如若按长期推销模式运作，则容易使消费者产生逆反心理，反而无法达到促销的本意。

（4）**风险性**　企业运用营业推广主要是通过各种工具促使消费者尽快购买其产品，虽然短期内促销效果明显，但是如若操作不当，容易使顾客产生逆反心理或使顾客对产品产生怀疑，这种做法有时会降低产品的身份和地位，甚至给人以产品质量低劣的印象，从而有损产品或企业的形象。因此，选择药品营业推广形式时应慎重。

二、药品营业推广的目标与方式

> **课堂讨论**
> 　　在OTC药品的促销中，可以采用哪些药品营业推广方式？

1. 药品营业推广的目标

（1）**药品营业推广能达到的目的**　加速新产品进入市场，劝说消费者重复购买，鼓励消费者增加购买，有效抵御竞争者，带动关联产品销售。

（2）**药品营业推广不能实现的目的**　建立品牌忠诚度不能单靠营业推广，营业推广不能挽回衰退的销售趋势，营业推广不能改变"不被接受"产品的命运。

(3) 药品营业推广可能产生的负面影响 可能会降低品牌忠诚度，可能提高价格敏感度，可能得不到中间商充分支持，可能导致在管理上只重视短期效益。

2. 药品营业推广的方式

药品营业推广策略的选择，应当根据其营销目标、产品特性、目标市场的顾客类型以及当时当地的有利时机灵活加以选用。

(1) 针对消费者的药品营业推广 主要适用于OTC药品的促销，主要目的是激发消费者更大的购买欲望。其主要工具有：

① 赠送样品　企业在新产品上市时，为了吸引目标消费者率先使用，可以采取赠送样品的方式。赠送的方式主要有现场赠送、上门赠送和邮寄赠送三种。

② 折价券或积分卡　这类工具主要是对购买一定数量的消费者，为刺激其购买某种产品或增加购买量所采用的一种形式。

③ 有奖销售　是指购买一定量的药品后，按照一定的形式给予一定的奖励。但是需要注意的是，奖励应符合企业和产品的特性，切勿让奖励喧宾夺主。

④ 现场交易会　医药企业把自己的产品在销售现场进行讲演和咨询，把医药产品的新特点和使用效果介绍给消费者，同时针对消费者所关心的问题给予现场的解答，消除他们的疑虑，促进销售。

⑤ 商品示范　通过参与和举办各种形式的药品展览和陈列，边展边销，突出、集中、重点地介绍某些产品，并配以优惠的价格，有效刺激消费者的购买。

(2) 针对中间商的药品营业推广 主要是指医药企业对医药批发企业、零售商或代理商及医疗单位等进行的促销活动，其主要目的是鼓励目标客户购买更多或尝试新产品。

① 购买折扣　为激励中间商购买更多的医药产品，对一次购买数量较多或在某段时间内购买较多药品的中间商给予一定的折扣奖励。

② 推广津贴　为鼓励中间商能够提供较好的陈列位置和更大的陈列空间，对其给予一定费用补贴或广告费的支持；对于路途较远的中间商，给予路费的补偿，以鼓励其购买本企业产品。

③ 销售竞赛　如果在同一市场上通过多家中间商来销售本企业的产品，可以根据各销售商的销售业绩，通过销量竞赛，对优胜者给予不同的奖励。

④ 药品交易会　医药企业在这类交易会上，可集中大量的品种，形成对促销有力的现场环境，可以给予目标消费者一个直观的印象。

⑤ 人员培训　企业为了增强产品在零售终端的销售效果，可以对中间商的员工进行专门的销售理论和销售技巧的培训。

(3) 针对医院的药品营业推广

① 折扣　在药品销售过程中，医药企业根据购买单位的销售额，在年底或不定期地返还不同比例的现金或产品的行为。

② 学术支持　指对医护人员在科学研究方面给予一定的经济支持。在学术支持之下，医院的销售就会出现一个意想不到的效果。

③ 公司礼品　这类工具能有效地树立起企业和产品形象，同时为企业与医院客户之间的关系提供有力的保证。

(4) 针对推销人员的药品营业推广 主要是鼓励推销人员积极开展推销活动，刺激他们去寻找更多的潜在用户，努力增加产品的销路。

① 红利提成 就是企业按推销人员完成的药品销售额或利润给予一定的提成。销售多的提成就多,销售少的提成就少。药品企业常用这种方法鼓励推销人员大力推销药品。

② 推销奖金 指企业为鼓励推销人员完成或超额完成推销任务,而给予的一定数额的奖金。如完不成任务,则无法得到奖金。

③ 推销竞赛 指企业组织推销人员开展的以提高推销业绩为中心的推销比赛。推销竞赛的内容包括推销数额、推销费用、市场渗透、推销服务等,规定奖励的级别、比例与奖金(品)的数额,用以鼓励推销人员。对成绩优良、贡献突出者,给予精神奖励、奖品、奖金、记功、授予称号、晋升、加薪、旅游等。

三、药品营业推广方案的制订与实施

1. 制定营业推广方案

营业推广的工具很多,企业在具体应用时不是仅选择某一种,而是在分析多种因素的基础上,组成一个营业推广方案。

(1) **刺激规模** 刺激规模的大小必须结合目标市场的数量、规模以及内在结构,并根据推广收入与刺激费用之间的效应关系来确定。

(2) **参与者的条件** 针对顾客或经销商的特点,选择反应积极并易产生最佳推广效果的顾客或经销商作为主力参与者。

(3) **推广的持续时间** 若推广时间过短,消费者来不及反应;若推广时间过长,则消费者会产生厌倦情绪。一般来讲,理想的营业推广持续时间约为每季度使用三周时间,其时间长度约为平均购买周期的长度。

(4) **分发的途径** 常用途径有包装分送、商店分发和邮寄广告等三种。

(5) **推广时机** 企业应综合分析药品的生命周期、市场竞争环境、购买心理及消费者收入等情况,制定营业推广方案,并实施。

(6) **推广总预算** 推广预算是药品营业推广中最重要的影响因素之一。一般拟定的方法有:从基层做起,营销人员根据所选用的各种促销办法来估计总费用;按照习惯比例来确定各项促销预算占总促销预算的比例。

2. 营业推广方案的实施

(1) **方案预试** 营业推广方案一般是在经验基础上制定的,但是市场的内外部营销环境是随时在变化之中的,所以在实施前必须经过预试,以明确推广工具是否恰当、刺激规模是否合适、实施方法效果如何等。一般预试的方法有:请消费者对几个方案进行评价和评分,或者在有限地区内进行试用性测试。

(2) **方案实施和控制** 对每一项营业推广方案应该确定其实施和控制计划。实施计划必须包括前置时间和销售延续时间。前置时间是开始实施这种方案前所必需的准备时间。销售延续时间是从开始实施此方案,到95%的产品被消费者购买为止所用的时间。

趣味阅读

药品促销活动方案

1. 物料到位

物料主要包括商品、赠品、宣传品。首先根据季节、节日、地区、常见疾病和畅销产品,进行数据分析,找出常见疾病对应的畅销产品、重点产品,进行充分备货。

再根据活动制订的销售目标和买赠档位，测算赠品种类和数量，并准备到位。准备好活动宣传所需横幅、音响、录音、POP、海报、喊话器等宣传品。

2. 氛围到位

店内店外氛围到位，拉拱门、挂横幅、招牌干净、做主题橱窗、做喷绘写真、厂家门口撑伞摆台义诊宣传、店内悬挂相应活动和产品POP等。一定要确保卖场营销氛围足够，员工面带微笑，热情服务；商品丰富丰满陈列，重点产品用POP、爆炸卡、云彩卡提示。这些是氛围到位，让顾客进店感觉很美，愿意多停留一会儿，增加与店员互动时间。

3. 宣传到位

以店为中心分小区、分时段、分小组发放宣传单，发单界定统一的欢迎语，界定动作，界定表情，制作活动录音、买赠录音、抽奖录音、养生录音，店外音响播放，拱门、横幅、门口义诊、会员电话、会员短信、电子字幕等。

4. 培训到位

每个店员对活动方案了如指掌，一定要让全体店员演练出来，不只是简单培训和背诵。

5. 注重三个统一

统一使命、统一语言、统一动作。使命就是明确每天销售指标、客单价、交易次数目标、重点产品目标，然后交代每个店员想尽一切办法让每个顾客拿一份礼品走。语言就是统一从第二档开始说，为了提升客单价。比如说第一档买满48元送两包洗衣粉，第二档买满88元送不锈钢盆一个。要求全体员工对顾客说一句话："您好，今天我们做活动，买满88元送不锈钢盆一个！"规范就是要求全体店员在营业时间里全程抬盆，盆内装好既定物品（一张DM单、一包第一档赠品洗衣粉、一个第三档赠品水杯），每一个细节必须到位。如果是连锁总部，统一对店长培训，店长统一对店员培训，总部到门店抽查。

药店做促销活动通常是三分策划、七分执行，可见重要的是执行到位。若药店在执行促销活动的过程中能够把活动真正地执行到位，那促销活动也就成功了。

第三节　公共关系策略

一、药品企业公共关系的概念与特点

公共关系是企业促销的重要手段之一，但其并不是直接推销某个具体的产品，而是利用公共关系，将企业的经营目标、经营理念等传达给社会公众，使公众充分了解企业，增进企业与公众的关系，树立企业的整体形象及声誉，为开拓目标市场创造良好的条件，从而间接促进企业产品的销售。公关活动经常利用新闻报道进行，公众一般对新闻报道没有对广告那样的戒心，比较容易接受，而且费用也比广告促销要少，所以新闻报道越来越受到企业的重视。当然，新闻单位和个人绝对不能为了私利，为假冒伪劣的药品和药品企业的违法行为进行宣传，绝对不能利用宣传工具损害广大消费者的利益。

1. 药品公共关系的概念

公共关系源自英文（public relations，PR），意思是与公众的联系，因而也叫公众关系，简称公关。从市场营销学的角度来谈公共关系，只是公共关系的一小部分，即企业为了使社会广大公众对本企业产品有好感，在社会上树立企业声誉，选用各种传播手段，向广大公众制造舆论而进行的公开宣传的促销方式。

药品公共关系是指药品企业通过各种活动改善与社会公众的关系，促进社会公众对企业或组织的了解、信任与支持，以提升企业形象，达到促进药品销售的目的。与普通社会组织不同的是，药品直接与公众生命安全密切相关，公众因缺少专业的医药知识，较为依赖医生和专业机构，也更注重医药企业的声誉和公信力。因此，传播负责任的企业形象、赢得公众的信任，是医药企业公共关系的首要目标。

药品公共关系的内容包括企业形象宣传、企业与社会公众之间的交往与沟通等活动。公共关系有六个基本特征：以公众为对象、以美誉为目标、以互惠为原则、以长远为方针、以真诚为信条、以沟通为手段。

2. 药品公共关系的特点

（1）一定社会组织与其相关的社会公众之间的相互关系 一是公关活动的主体是一定的组织，如企业、机关、团体等。二是公关活动的对象，既包括药品企业外部的顾客、竞争者、金融界、新闻界、政府各有关部门及其他社会公众，又包括药品企业内部的职工、股东。这些公关对象是药品企业公关活动的客体。所以，药品企业的公共关系可分为内部公共关系和外部公共关系。企业内部的公共关系包括职工关系和股东关系，主要是增进企业内部的团结，提高凝聚力；企业外部的公共关系包括企业与所有外部公众的关系。从营销学角度研究的公共关系，主要指外部的公共关系。企业与公关对象关系的好坏，直接或间接地影响着企业的发展。三是公关活动的媒介是各种信息沟通工具和大众传播渠道，作为公关主体的药品企业，借此与客体进行联系、沟通和交往。

（2）其目标是为企业广结良缘并在社会公众中创造良好的企业形象和社会声誉 良好的形象和声誉是药品企业无形的财富，是药品企业富有生命力的表现，也是公关的真正目的所在。药品企业以公共关系为促销手段，利用一切可以利用的途径和方式，让社会公众熟悉企业的经营宗旨，了解企业的产品种类、规格及服务方式等，使企业在社会上享有较高的声誉并拥有良好的形象，促进企业产品的顺利销售。

（3）一种信息沟通、创造"人和"的艺术 公共关系是药品企业与其相关的社会公众之间的一种信息交流活动。药品企业通过公关活动，沟通企业上下、内外的信息，建立相互间的理解、信任与支持，协调和改善企业的社会关系环境。所以，公共关系追求的是药品企业内部和企业外部人际关系的和谐统一。

（4）一种长期活动 公共关系着手于平时努力，着眼于长远打算。公共关系的效果不是急功近利的短期行为所能达到的，需要连续的、有计划的努力。药品企业要树立良好的形象和声誉，不能拘泥于一时一地的得失，而要追求长期的、稳定的战略性关系。

趣味阅读

公共关系与广告的比较

公共关系具有不可替代的优越性，主要表现在：

1. 从推拉策略看，公共关系是"拉"，巧妙地拉近与消费者的关系；广告是"推"，是直接推品牌和产品的卖点和价值。

2. 从表达方式上看，公共关系"软"，温婉、客观、不动声色；广告相对要"硬"，直截了当，不厌其烦。

3. 公共关系的作用是为产品和品牌建立良好的舆论环境，从某个侧面入手扩大其影响力并形成口碑；广告的作用一般是正面地直接输出品牌或产品信息，比如核心价值、定位等。

4. 公共关系容易建立美誉度，广告可以快速建立知名度。

5. 从成本来看，在很多时候，公共关系费用较低，更具成本效益，而广告费用越来越高，干扰广告效果的因素增多，广告受众越来越少，导致广告效果减弱，因此越来越多的医药企业开始转向了公共关系促销。

二、药品企业公共关系的方式与促销功能

1. 药品企业公共关系方式

药品企业公共关系的活动方式，是指以一定的公关目标和任务为核心，将若干种公关媒介与方法有机地结合起来，形成一套具有特定公关职能的工作方法系统。按照公共关系的功能不同，药品公共关系的活动方式可分为五种：

(1) 宣传性公关 是运用报纸、杂志、广播、电视等各种传播媒介，采用撰写新闻稿、演讲稿、报告等形式，向社会各界传播企业有关信息，以形成有利的社会舆论，创造良好气氛的活动。这种方式传播面广，推广药品企业形象效果较好。

(2) 征询性公关 这种公关方式主要是通过开办各种咨询业务、制订调查问卷、进行民意测验、设立热线电话、聘请兼职信息人员、举办信息交流会等各种形式，连续不断地努力，逐步形成效果良好的信息网络，再将获取的信息进行分析研究，为经营管理决策提供依据，为社会公众服务。

(3) 交际性公关 这种方式是通过语言、文字的沟通，为药品企业广结良缘，巩固传播效果。可采用宴会、座谈会、招待会、谈判、专访、慰问、电话、信函等形式。交际性公关具有直接、灵活、亲密、富有人情味等特点，能深化交往层次。

(4) 服务性公关 就是通过各种实惠性服务，以行动去获取公众的了解、信任和好评，以实现既有利于促销又有利于树立和维护药品企业形象与声誉的活动。药品企业可以以各种方式为公众提供服务，如消费指导、消费培训、免费修理等。事实上，只有把服务提到公关这一层面上来，才能真正做好服务工作，也才能真正把公关转化为药品企业全员行为。

(5) 社会性公关 社会性公关是通过赞助文化、教育、体育、卫生等事业，支持社区福利事业，参与国家、社区重大社会活动等形式来塑造医药企业的社会形象，提高药品企业的社会知名度和美誉度的活动。这种公关方式公益性强，影响力大，但成本较高。比如江西仁和药业冠名的"仁和闪亮新主播"就是借助湖南卫视的娱乐媒体平台，巧妙地将企业精神和产品名称融入其中，在节目热播的同时让自身的企业文化价值和产品信息也得到传播，其主打产品"闪亮滴眼露"销量随之增长了八倍。

2. 药品企业公共关系的促销功能

(1) 信息沟通功能 信息情报是药品企业生存发展必不可少的资源。因此，药品企业公关的重要功能之一就是与公众进行有效信息沟通，不仅要了解社会公众对企业和产品的了解

程度、是否满意等信息，还要及时发布有利于企业发展、提高企业形象的信息，并消除那些不利于企业发展的信息。

（2）**宣传功能** 通过公共关系进行企业宣传比广告、人员推销等手段更为有效，因为药品企业通过一些公关活动更有利于社会公众了解企业情况，更能获得社会公众的信任、支持。公关活动是追求长期的效应，进行潜移默化的影响、感化，不断加深社会公众对企业和产品的理解和支持。当企业所面临的环境恶化，能通过危机公关的手段和社会公众保持及时交流，消除信息交流的盲区，在社会公众心目中树立一种负责任的企业形象。

（3）**参谋决策功能** 药品企业公关活动所面对的对象是社会公众，所了解的信息主要是社会公众的相关信息，有利于企业及时掌握各种环境的变化，有利于企业决策者综合各种因素进行科学决策。

（4）**协调功能** 公共关系是药品企业的一项系统工程，要协调企业内部资源与外部环境的和谐发展。企业运用各种有效沟通手段，为融洽与各方的关系、协调各种冲突、求得顺利发展，创建一个良好的环境。同时，企业还要解决好内部思想统一的问题，只有内部思想统一，才能对外宣传口径一致，有利于企业形象的提高。

三、药品公共关系与危机公关策略

> **课堂讨论**
> 如果药品或服务质量出现问题，如何利用公共关系方法化解危机？

1. 药品公共关系主要策略

（1）**宣传型公共关系策略** 运用各种传播沟通媒介，将需要公众知道和熟悉的信息广泛、迅速地传达到组织内外公众中去，以形成对企业有利的公众舆论和社会环境。这种策略具有较强的主导性、时效性、传播面广、容易操作等特点。选择这种策略时，必须强调应坚持双向沟通和真实客观的原则。应用这种策略的常见做法是做公关广告、开展新闻宣传和专题公关活动。

（2）**交际型公共关系策略** 运用人际交往，通过人与人的直接接触，深化交往层次，巩固传播效果，实际上就是运用感情投资的方式，与公众互利互惠，组织建立广泛的社会关系网络。这种策略的特点是直接、灵活、富有人情味。常见的做法有招待会、座谈会、茶话会、宴会、交谈、拜访、信函、馈赠礼物等。应用这一策略时一定要注意不能把一切私人交际活动都作为公共关系活动。

（3）**服务型公共关系策略** 以向公众提供优质服务为传播途径，通过实际行动获得公众的了解和好评。它的突出特点是用实际行动说话，因而极具说服力。常见的做法有：增加服务种类、扩大服务范围、完善服务态度、扩展服务深度、提高服务效率等。应用这一策略时要注意：言必信、行必果，承诺一定要兑现。

（4）**社会型公共关系策略** 这是一种以各种社会性、文化性、公益性、赞助性活动为主要内容的公共关系策略，其目的是塑造组织良好的社会形象、模范公民形象，提高组织知名度和美誉度。这一策略的特点是文化性强、影响力大，但活动成本较高。因此，运用这一策略时要注意量力而行。常见做法有：为灾区捐款；赞助文化、体育活动；利用重要机会组织一些大型活动，邀请嘉宾，渲染气氛等。

(5) **征询型公共关系策略** 围绕搜集信息、征求意见来开展公共关系活动的公共关系策略，目的是通过掌握公众信息和舆论，为组织的经营决策提供依据。其特点是长期、复杂，且需要耐力、诚意和持之以恒。常见做法有热线电话、有奖征询、问卷调查、民意测验等。

(6) **维系型公共关系策略** 是指企业在稳定发展过程中，要保持与社会公众的关系，以保持良好的社会形象所进行的公关活动。要有一定的回报率，长期播放公益广告，以及长期支持某项公益事业或活动，以期达到潜移默化的效果。

(7) **改进型公共关系策略** 此种公关形式是指当企业定位发生改变时，要及时通过公关宣传活动，向社会公众准确传达企业新的定位，以利于社会公众了解、支持企业的新定位和新形象。

(8) **进攻型公共关系策略** 当处在不利的环境中时，企业必须主动通过调整与社会公众的关系来消除危机带来的不利影响。企业建立危机处理组织，统一对外宣传声音，提高对危机事件的处理效率，及时向外界公布处理结果，并给予相关受害者一定补偿或相关责任人一定惩罚，都有助于平息社会公众的质疑与抱怨。

2. 药品危机公关策略

药品企业的内外部营销环境，在任何时期都是错综复杂、变幻莫测的。无数惨痛事实表明，危机是常态而非偶然。如何利用公共关系方法化解危机、重塑形象、开拓市场，已经成为药品营销人员必须直面的重要课题。

(1) **危机的含义** 从公共关系的角度看，所谓企业危机即凡直接或间接对企业形象构成威胁的一切事件，都叫危机事件。由危机事件所造成对企业的影响，称为危机。

(2) **药品企业常见的危机事件** 药品或服务质量问题、顾客误解、债务或合同纠纷、产品滞销、原料短缺、火灾、地震等。危机事件往往具有不可预测性、突发性、异常性、巨大性和持续性等特点。

(3) **危机的四个阶段** 危机的产生和发展是有一定规律性的。通常它具有潜伏期、爆发期、处理期和善后期四个阶段。

① 潜伏期 是危机因素的积累阶段，这是一个量变的过程，由于它在程度上还未对现实造成明显的影响，所以往往不为人们所注意；

② 爆发期 是指当危机因素的积累达到一定的程度，而通过某个随机事件爆发出来，这是一个质变的过程。对于这个爆发时刻的来临，人们事前往往不可预测，它具有突发性，往往给企业带来巨大的、异常的和持久的不良影响；

③ 处理期 是针对危机事件本身采取一系列的处理措施，就事论事地加以解决的过程。企业营销部门必须及时发现问题，及时加以处理，任何拖延、抵赖或隐瞒，只会给企业带来更大的损害；

④ 善后期 是针对危机事件所造成的广泛的不利影响和暴露出的问题，采取一系列的处理措施加以根治的过程。

(4) **引起危机的原因** 探寻危机的原因，采取不同的措施去处理危机是有效处理危机的必由之路。按照危机的产生根源，可以将危机的原因划分为经营内部危机和经营外部危机两类。外部危机是以经营环境的危机因素为基础的外部压力，是企业外部经营环境方面的危机；而内部危机则是由于内部管理不善等原因，形成内在意外事故的可能性，它是经营管理本身的危机。

还可以将产生企业危机的原因归纳为自然原因、社会原因、人的原因和物的原因。自然原因往往是人们不能加以控制，是一种不可抗力的原因。社会原因是指由国家政策、法律、国际关系、消费趋势、技术进步、供求关系等经营者无法控制的环境因素变化，对企业经营造成的不利影响。人的原因主要指决策失误或营销人员具体操作过程中产生的失误。物的原因主要有原材料、产品、设备等造成的质量事故，原材料和产品的交货期延误等。

(5) 危机的管理

① 危机防范　危机管理的根本工作是预防。第一应加强危机公关意识，经常对企业员工进行危机及其处理的教育和训练。明白只有尊重公众利益、建立良好的公共关系，才能最大限度降低危机发生的概率，并且在应对危机时表现出责任和担当，才能赢得同情和谅解。第二应建立危机公关的预警和应对系统，如建立企业危机管理团队、新闻发言人制度并对于一些可以预测的经常性危机，事先备好相应处理措施。此外，尽早发现危机事件的苗头，在其潜伏期采取必要的措施，重视并及时处理好客户投诉可以有效防范危机。

② 危机处理　危机一旦发生，首先就应照章办事，例行处理，临危不乱，以最小的代价将危机的损失减轻到最小限度。危机处理的关键是实事求是，企业本着积极负责的态度解决危机，绝不能推诿。因为，即使确实是产品问题，只要企业始终以公众利益为先，"主动"赢得公众的谅解和尊重，一般来说媒体和公众都是宽容并予以接纳的。其次反应要迅速，第一时间掌握事实真相，并快速予以回应，表明态度和解决问题的具体办法，掌握事件处理的话语权。此外，要与媒体、大众保持良好的沟通。在处理过程中，企业应关切目标受众的利益诉求，同时也要在情感上给予支持和抚慰，多为消费者着想，避免与受害者产生不必要的摩擦，尽力谋求圆满解决的方案，以求获得媒体与社会舆论的公正对待。

③ 危机修复　危机发生一至两周后，一般会由于新话题的产生、媒体视线的转移等，表面上危机得以慢慢平息，此时危机进入后危机时期。这时应进行后危机修复工作，一般分两步走，先做好自身修复，再做好信誉重建。所谓自身修复，顾名思义就是对危机中暴露的问题进行全方位的排查改进。医药产品是关系公众生命健康的特殊商品，应坚决杜绝侥幸心理，彻底排查改进。同时，重新建立企业信誉度，企业可以通过合法的广告、公益捐赠等途径重新获得公众的认可和信心。药品企业可以利用自己特有的医学优势，选择专业范畴和员工技能所及的社会健康项目，来帮助人们提升健康以及教育质量。

只有经历过市场衰退而自己却保持不败的企业，才是真正成功的企业。在目前国家严打医药商业贿赂、"看病难、看病贵"、医患矛盾突出、"新医改"政策等大背景下，药品行业的任何一点偏差或问题，都可能造成一场社会风波。因此，作为药品企业，对危机的正确认知、预警、判断、处理和后危机修复，将直接帮助企业在危机中力挽狂澜，转危为机。

四、药品公关促销方案的策划与实施

1. 公共关系调查

公共关系调查是开展公共关系工作的基础和起点，为企业制定合理决策提供科学依据。公关调查的内容主要包括企业的形象和地位、公关环境、社会公众心理及消费行为等多个方面。

2. 公共关系策划

公共关系是一项长期性的工作，合理的策划是公关工作持续高效的重要保证。

(1) 确定工作目标　有了明确的公关促销目标，就有了奋斗方向，也可以较好地实行目标管理。根据公众心理活动与购买行为过程，公关促销目标有以下内容：

① 以知晓为目标（或以信息传播为目标）　即主要通过信息传播，让公众知晓医药企业的政策、行为、产品和服务，知晓某一事实或问题的性质。

② 以联络感情为目标　主要通过正常的公关活动和频繁的交往、赞助等活动，来联络与加深企业与相关公众之间的感情。

③ 以改变态度为目标　企业不仅要通过传播交往，而且要通过利益调节和劝说活动，才能改变公众原有的态度，或形成对企业更有利的态度。

④ 以改变消费者行为为目标　在企业原有工作的基础上，进一步通过宣传、劝说和激励，引起公众产生对本企业的有利行为，当然最主要还应该是其购买行为。

(2) 制定行动方案　围绕公关促销目标，应有多种行动方案可供选择。方案中应包括主题、项目、策略与时机等多种内容。

① 设计主题　公关促销活动主题是对公关活动内容的高度概括，具有重要的指导作用。围绕公关促销的总目标，往往可以设计成几个主题，如提升企业形象、拓展产品知名度、促进产品销售等。

② 确定公众细分策略　同一主题既可能面对所有公众，也可能由于特殊的促销目标和资源限制，只是面对部分公众。因此，企业往往要确定公众细分策略。首先要进行公众细分，按一定细分变数进行细分，从而划出许多种类的公众；其次，要鉴别公众的权利与要求、公众需求和消费心理的共同点和特殊性；最后，确定目标公众。目标公众是指企业将之作为自己营销公关活动主要对象的那部分公众。通常有三种策略可供选择。

a. 普遍性目标公众策略，即以一切公众，或某一大类的全部公众（如全部消费者）为目标公众；

b. 选择性目标公众策略，即选择几个部分公众（如青年男性患者、某类疾病患者）作为目标公众，此外公关主题既可以相同，也可以不同；

c. 集中性目标公众策略，即以一部分公众（如青年男性消费者）为目标公众。显然，以上三种策略与市场细分策略有着内在联系。

③ 选择公关活动模式　要把公关主题表达出来，必须借助于一些公关活动模式，还要选择传播媒介，把握好策略与时机。公关促销活动模式就是公关活动方式。

a. 宣传型公关，即运用大众媒介或其他方式，开展宣传活动；

b. 交际型公关，即在日常销售人际交往中开展公关工作的一种模式；

c. 服务型公关，指以提供优势服务（特殊、免费性的服务或日常优质服务）为主要手段的活动模式；

d. 社会型公关，即通过举办各种社会性、公益性、赞助性活动来树立良好医药企业形象的模式；

e. 征询型公关，即以采集公众意见、建议来提高医药企业知名度、美誉度的活动模式。

(3) 编制预算　公关促销要花费一定人力、物力和财力。编制预算可以验证方案的可行性，并保证方案的实施。通常可以用销售额提成法、投资报酬法、目标作业法来确定预算总额。

3. 公关促销的实施

公关促销计划的实施就是将策划所确定的内容变为现实的过程。实施环节是最为复杂多变的环节，计划不可能十分详尽周到，突发事件会经常发生。这就要求公关实施人员在实施过程中完善计划，制定具体实施方案、协调各方面关系并对计划的实施加以控制，充分发挥实施人员的灵活性和创造性。

4. 公关促销的评估

公关促销评估主要是效果评估。与一般公关效果评估一样，它的评估标准也包括接受、了解信息的目标公众数量，改变观点、态度的公众数量，发生期望行为、重复期望行为的公众数量等等。比较特殊的评估标准主要是消费者的惠顾率和具体购买动机。惠顾率可以反映重复购买本企业产品的人次，而重复购买能在一定程度上反映出公关促销的效果，即企业信誉的吸引力。具体购买动机是复杂的，如果消费者购买本企业医药产品是因为企业信誉卓著，或是为了回报本企业的优良服务，则也反映了公关促销的效果。

第四节 药品电子商务营销

> **课堂讨论**
> 某连锁药店的门店200多家，覆盖区域主要在本省范围内，根据该连锁药店自身特点，应该建立怎样的O2O（Online to Offline）模式？

一、药品电子商务的概念

药品电子商务是指以医疗机构、医药公司、银行、药品生产商、药品信息服务提供商、第三方机构等以营利为目的的市场经济主体，凭借计算机和网络技术（主要是互联网）等现代信息技术，进行药品交换及提供相关服务的行为。

药品电子商务大致可分为四个方面：①电子广告；②药品信息服务，因特网不仅提供丰富的药品信息资源，而且可以在网上建立药品信息咨询站点，开设远程用药教育课程，方便执业药师面向公众，提供药品信息服务；③网上购物、电子贸易，通过因特网实现市场宣传、订货、支付和药品传输等服务；④电子银行。

> **知识扩展**
> **互联网药品交易服务资格证书**
>
> 互联网药品交易服务资格证书是由国家食品药品监督管理总局给从事互联网药品交易服务的企业颁发的互联网药品交易服务机构资格证书，互联网药品交易服务机构的验收标准由国家食品药品监督管理总局统一制定。互联网药品交易服务机构资格证书由国家食品药品监督管理部门统一印制，有效期五年。
>
> 《互联网药品交易服务资格证书》A证、B证和C证。
>
> A证：必须是医药B2B（Business to Business）第三方平台，服务方式是为药品生产企业、药品经营企业和医疗机构之间的互联网药品交易提供的服务，国家药监局审批。
>
> B证：医药企业才能申请，服务方式是药品生产企业、药品批发企业通过自身网站与本企业成员之外的其他企业进行的互联网药品交易，由各省、直辖市药监局审批。

> C证：是连锁药店申请开设网上药店所需的证书，服务方式是向个人消费者提供药品，由各省、直辖市药监局审批。
>
> 2017年1月21日，国务院印发了《关于第三批取消中央指定地方实施行政许可事项的决定》，在第28项中提出，"取消互联网药品交易服务企业（第三方平台除外）审批"。2017年4月6日，原国家食药监总局正式发文取消互联网药品交易B证、C证审批。未来医药电商的数量可能快速增长，积极推动着整个医药电商行业的发展。

二、药品电子商务模式

我国最早出现的药品电子商务模式是第三方B2B电子商务模式。随后，大型医药生产、经营企业纷纷建立起了B2B、B2C（Business to Customer）交易系统，争夺电子商务市场。经过十几年的发展，按照建设主体和交易双方的不同，可以将目前的药品电子商务分销渠道分为以下几种模式。

1. 药品电子商务B2B模式

（1）第三方建立的B2B网站和系统　是指由专业的第三方机构提供的一个网上交易场所，是多个卖家对多个买家的交易模式。在线交易的药品都是按照国家相关规定进行过资质审核，或在招标项目中中标的品种。卖方或者买方均只需要登录一个网上交易平台即可完成整笔订单的交易，所有交易过程均被相关政府管理部门实时监管。这一模式是由独立于买卖双方的第三方搭建的电子商务平台，实现药品生产、经营企业和医疗服务机构直接交易的电子商务模式。

由于买方在交易平台上面对的是多个卖方，所以不会对某个或某几个药品生产、经营企业过度依赖而影响购药行为。而对于各个卖方而言，在交易平台上交易更加公平和公开，而不会由于部分企业垄断了渠道而被迫失去市场份额。从产业链整体看，集合了大量卖方和大量买方的交易平台，对于买卖双方的谈判能力都有所提升。大量买方的集合可以实现较大的药品需求，从而可以向卖方要求更低的价格；而卖方由于有了较大销售量的保障，虽然单价降低，但整体利润将得到提升。由此可见，这是一种双赢的商业模式，而价格的降低最终将传导到患者，进而缓解"看病难、看病贵"的问题。

（2）卖方建立起的B2B网站或系统　主要是由大型药品生产、经营企业建立的，用于销售自己产品的B2B平台，通常以交易系统的形式存在，而很少建设成对公众开放的网站。其主要功能是实现买卖双方的直接交易，减少交易成本，提高交易效率；或者是进行供应商之间的货物流转和交易管理。因为这类B2B系统是由某一卖方建立的，实现的是一对一或一对多的交易（即一个卖家对一个买家，或一个卖家对多个买家），所以对于一个买家而言，如果要采购多个卖家的产品，就需要登录多个系统操作，或再通过其他途径才能完成所有交易，如果买家希望通过尽可能少的系统来完成所有的药品采购工作，则会促使其他的卖家供货给指定的卖家，然后再从指定的卖家购买药品；或者只从这个指定卖家处购买药品。这也是目前许多大型药品经营企业纷纷斥巨资为医院提供交易管理平台的原因。

趣味阅读

九州通医药网：垂直 B2B 交易平台

九州通医药电子商务交易平台是九州通医药集团旗下以医药批发、现代医药物流为主的大型 B2B 医药交易网站，为医药行业提供商品采购、物流配送等服务。2000年，九州通就成立了电子商务公司，获得《互联网药品交易服务资格证书》(B2B 模式)。截至 2015 年 6 月，九州通医药网已在全国 37 个城市开启 B2B 线上服务，并开通客户端移动 App。

九州通医药电子商务交易平台在销产品主要分为西药、中药、医疗器械、计生用品和其他生活产品五大类，销售板块包括活动专区、展销会、九州特供和热卖推荐四大板块，主要提供医药批发 B2B 服务。背靠国内最大民营"药批"九州通医药集团，庞大的数据库成为强劲竞争优势。2014 年，九州通医药网销售额达到 15 亿元，同比增长 28%。

商业模式：①会员服务，以会员费的形式收取费用，为会员提供推广及信息相关服务；②展示类网络广告，包括横幅推广、产品展台等服务；③展会业务收入，包括实体展会与线上展会，以参展费的形式收取费用，为客户提供交易平台服务。

2. 药品电子商务 B2C 模式

(1) 第三方建立 B2C 网站　是指以已经运行成熟的普通商品电子商务网站为交易平台，进行面向患者的药品的交易。其为药品卖家提供了网上交易的平台，卖家在网站上发布药品销售信息，患者在网上购买药品。消费者购药过程和购买普通消费品的过程一样。其优势：对于规模较小的药品生产企业或经营企业而言，节省了自行搭建交易系统的成本，利用已经成熟的系统和该系统成熟的客户群，进行药品销售，最大限度地节省了销售成本。

这种电子商务模式对于患者而言，却存在着很大的隐患。通过这种交易模式进行的药品网上交易，交易方式过于简单，买卖双方的沟通完全依靠网络进行，药品来源是否合法、安全，很难确认，患者用药安全难以保证，同时形成了药品监管的盲点，需要政府严格监管。

(2) 卖方建立起的 B2C 网站　是指由药品生产、经营企业建立的，面对普通患者个人购药的交易网站。销售的产品以本企业的产品为主，产品类型以非处方药、保健品为主。这类网站将患者到药店购药的过程搬到了网上，使患者购药更加方便和快捷。这种模式对于卖方而言，前期对于网站的建设投入相对较高，电子商务网站正常运营后，还需要及时更新产品信息，并保持与顾客在线上的良好沟通。技术和人力资源的投入不小于实体药店。因此采用这种模式进行电子商务的多为具有一定规模的医药企业。规模较小的医药企业一般不选择这种模式开展电子商务，而主要通过网站进行产品展示。

3. 药品电子商务 O2O 模式

(1) 药店连锁自主 O2O 模式　在自有线下门店的基础之上，建立线上电商渠道。连锁药店建立线上电商渠道最大的优势就是物流配送，消费者通过线上下单，连锁药店能直接通过附近的连锁店以及仓储配送中心进行产品配送，药品也很快就能送到消费者手中。尤其是到了移动互联网时代，这种基于地理位置的定位优势就更加突显了出来。

（2）**综合型 O2O 平台模式**　指为所有的连锁药店搭建电商平台。这类平台的运作模式有下列几类：

① 自建物流平台　是一种重资产服务模式，通过与传统的线下连锁药店合作，自己组建物流团队配送。

② 依托连锁店物流平台　订单完全由线下连锁店自己配送。不管是重模式还是轻模式，都已经得到了资本的认可，但也都有长处与短处。

③ 全产业链 O2O 模式　将药企、药店和消费者打通的平台，通过产业链上游与传统医药企业达成合作，大大降低了药品的成本。

④ 大众点评平台　通过患者渴望了解病情的症状、原因及许多药品相关信息的需求建立的平台，消费者可以根据自己的症状在平台找到相应的用药指导和产品指南信息，再进行线下交易。

药品属于特殊商品，其流通需要受到政府相关部门的监管，因此，不能简单地将普通商品的电子商务模式套用在医药产品上。这样做的后果是将直接危害群众的健康。药品电子商务的发展，不能盲目追求个体利益，应当以药品产业整体健康发展为前提，兼顾各方利益，最终实现共赢。未来药品市场的竞争格局将是线上、线下结合的方式，包括药品电商、医院、药店、门诊等。所以在未来，药品电商将迎来更大的机遇和挑战。

三、药品网络营销

> **课堂讨论**
> 你认为在药品网络营销中药品企业与消费者之间如何形成"一对一"的营销关系？

1. 药品网络营销的基本概念

药品网络营销是以现代营销理论为基础，借助联机网络、计算机通信和数字交换式媒体技术，来实现企业营销目标的活动。也就是说，药品网络营销贯穿于药品企业开展网络经营的整个过程，内容包括网络上的信息收集和发布、网络市场调研、网络促销、网络广告、企业宣传、网络销售、品牌推广、客户服务，直至开展以网上交易为主的药品电子商务。

2. 药品网络营销的特点

（1）**低成本**　药品网络营销给交易者双方所带来的经济利益上的好处是显而易见的。销售方通过因特网进行信息交换，可以减少庞大的促销费用和销售成本，可以无店铺销售，免交租金，没有药品库存压力，节约人工费用，同时加快了通信的速度，节省了时间成本。随着网络通信技术的发展，药品企业的产品成本和价格会变得越来越低。

而顾客方则可在全球范围内寻找最优惠的价格，甚至绕过药品中间商很方便地直接向药品生产企业订货，因而能以更低的价格实现购买。面向消费者的药品网络营销系统允许顾客在因特网上以信用卡等付款方式购物，在网上实时结算，这对于消费者来说不仅购物更方便，而且结算成本更低。

（2）**个性化营销**　药品网络营销是一种个性化的"一对一"营销，每一个消费者就是一个目标市场。药品网络营销的最大特点在于以消费者为主导，消费者将拥有比过去更大的、更主动的选择空间,他们可以根据自己的个性特点和需求在全球范围内寻找产品和服务,不受地域限制,通过访问感兴趣的药品企业网站或虚拟药店,消费者可获取更多药品的相关信息,甚至使消费者真正参与到整个营销过程中来,使购物更显个性。

药品网络营销使药品企业与消费者之间的关系非常密切,这就形成了"一对一"的营销关系,它始终体现了以消费者为出发点及药品企业与消费者不断交流的特点,它的营销决策是一个双向的链。这种个性化消费的发展促使药品企业重新考虑其营销战略,以消费者的个性需求作为产品及服务的出发点。随着网络技术的发展,药品企业可以方便地跟踪个人爱好和购买需求,从而就可以根据每个消费者反馈的信息和要求,通过自动服务系统提供多样化的产品和特别服务,甚至为消费者提供定制的产品和服务,最终实现个性营销。

(3) **超越时空限制**　由于因特网是超越时间约束和空间限制进行信息交换的,因此使脱离时空限制达成交易成为可能。药品企业可以每天 24 小时全天候地对全球进行各种营销活动,帮助企业展示企业形象、介绍企业产品、发布信息、寻求合作伙伴、签订合同、进行交易和提供客户服务。客户也可以随时主动地在网络上查询所需药品信息及服务,并在网上进行购买。药品企业能在世界上任何时间、任何地点直接为客户提供营销服务,极大地拓展了企业的营销区域,增加了营销机会。

(4) **全程营销**　传统的营销管理强调 4P 组合,即产品(product)、价格(price)、渠道(place)和促销(promotion);现代营销管理则追求 4C 组合,即顾客(customer)、成本(cost)、方便(convenience)和沟通(communication)。然而无论哪一种观念都必须基于这样一个前提:药品企业必须实行全程营销,即必须由产品的设计阶段开始就充分考虑消费者的需求和意愿。

药品网络营销则要求把消费者整合到整个营销过程中去,从他们的需求出发开始整个营销过程。在药品营销过程中,要不断地与顾客交流,每个营销决策都要从消费者出发,而不是主要从药品企业自身的角度出发。而在网络环境下,即使是中小药品企业也可以通过电子公告栏和电子邮件等方式,以极低的成本在药品营销的全过程中对消费者进行即时的信息搜索,消费者则有机会对产品从设计到定价以及服务等一系列问题发表意见。这种双向交互式沟通方式提高了消费者参与的积极性,更重要的是它能使药品企业的决策有的放矢,从根本上提高消费者的满意度。可见,药品网络营销具有极强的互动性,是实现全程营销的理想工具。

3. 药品网络营销对传统药品营销的冲击

(1) **对产品品牌策略的冲击**　一是对标准化产品的冲击,因特网可以在全球范围内进行市场调研,通过因特网,药品企业可以迅速获得关于产品概念和广告效果测试的反馈信息,也可以测试顾客的不同认同水平,从而更加容易地对消费者行为方式和偏好进行跟踪。因而,在因特网广泛使用的情况下,对不同的消费者提供不同的药品和服务将成为现实。

二是对品牌全球化管理的冲击,与现实药品企业的单一品牌与多品牌的决策相比,对上网药品企业的一个主要挑战是如何对全球品牌和公共的名称或标志识别进行管理。药品企业由于下列两种情况的存在而拥有多个节点(节点就是网络单元,网络单元是网络系统中的各种数据处理设备、数据通信控制设备和数据终端设备):第一种情况是只有一个品牌的药品企业允许地方性机构根据需要发展自己的节点;第二种情况是各品牌分别有明显不同的市场和形象，药品企业为每一个品牌单独设置节点。这样，当多个节点分别以不同的格式、形象、信息和内容进行沟通时，虽然给消费者带来了某种程度的便利，但也会引起他们的困惑。如果为所有的品牌设置统一节点，虽然可以利用知名品牌的信用带动相关品牌的销售，但也可能由于某种品牌的不足而导致所有品牌受损。因此，是实行单一节点策略还是实行多节点策略，以及如何加强节点管理是上网药品企业面临的现实问题。

(2) 对定价策略的冲击　如果某种药品的价格标准不统一或经常改变，客户将会通过因特网认识到这种价格差异，并可能因此导致客户的不满。所以相对于目前的各种传统媒体来说，因特网先进的网络浏览器和服务器会使变化不定的且存在差异的价格水平趋于一致。这将给在海外各地采取不同价格的药品企业带来巨大冲击。如果某个药品企业对某地的顾客提供了价格折扣，世界各地的因特网用户都会从网络上很容易地了解到这个交易，从而可能会影响到那些通过分销商的销售业务或本来并不需要折扣的销售业务。另外，通过因特网搜索特定药品的代理商也将认识到这种价格差别，从而加剧了价格歧视的不利影响。

综合以上因素表明，因特网将导致国际间的价格水平标准化或缩小国别间的价格差别。这对于执行差别化定价策略的药品企业来说，是一个必须面临的严重问题。药品网络营销能向消费者提供更低廉的价格，药品企业通过因特网销售时，应把价格水平调整到更有竞争力的位置上。

(3) 对营销渠道的冲击　因特网大大提高了药品和服务供应方与需求方直接接触的能力，通过因特网，药品企业可以更好地与最终用户直接联系，由传统中间商沟通生产与消费联系的必要性将会因此而降低，流通中各种中介渠道的重要性也会因此而大打折扣。这会造成两种后果：一是由跨国药品企业所建立的传统的国际分销网络对弱小竞争者造成的进入障碍将明显降低，而药品网络营销又必将降低跨国药品公司所拥有的规模经济的竞争优势，所以中小药品企业更易于在全球范围内参与竞争，这一点是跨国的药品企业所不能忽视的；二是对于目前直接通过因特网进行产品销售的生产企业来说，其售后服务工作是由各分销商承担的，但随着他们代理销售利润的降低，分销商将很可能不再承担这些工作。所以，在不破坏现存渠道的情况下，如何提供这些服务，将是药品企业不得不面对的现实问题。

药品网络营销具有距离和时间上的优势。它采用直接营销渠道模式，实现了零库存和无分销商的高效运作。药品网络营销将营销活动倾向于买方市场，众多客户可直接通过因特网来寻找、提出和实现自己的购买需求。

(4) 对传统广告促销的冲击　相对于传统媒体来说，由于网络空间具有无限扩展性，因此在网络上做广告可以较少地受到空间、篇幅的局限，尽可能地将必要的信息逐一罗列；迅速提高的广告效率也为网上药品企业创造了便利的条件。比如，有些药品企业可以根据其注册用户的购买行为很快地改变向访问者发送的广告；有些药品企业可以根据访问者特征，如硬件平台、域名或访问时搜索主题等方面有选择性地显示其广告。各种促销方式都可以在因特网上实现，而且具有更丰富的内涵（诸如动态广告、虚拟现实等）。

(5) 对传统营销方式的冲击　随着网络技术迅速向宽带化、智能化、个性化方向发展，用户可以在更广阔的领域内实现声音、图像、文字、视频一体化的多维信息共享和人机互动功能。这种发展将逐步取代传统营销方式，导致大众市场的终结。药品网络营销将充分体现药品市场的个性化，最终以每一个用户的需求来组织生产和销售。

4. 药品网络营销发展趋势

（1）**改变传统药品营销模式**　传统药品营销依赖层层严密的渠道，并以大量的人力和广告投入药品市场，这在网络时代将成为无法负荷的奢侈品。网络的特点赋予了药品网络营销的特点，药品网络营销的特点极大冲击了传统药品模式的营销。在未来，人员推销、市场调研、广告促销、经销代理等传统药品营销手段都将与网络相结合，不仅如此，药品网络营销还能充分地运用网上的各项资源，形成以最低成本投入，获得最大市场销售量的新型药品营销模式。

（2）**转变竞争形态**　由于网络的自由开放性，网络时代的市场竞争是透明的，每个人都能掌握竞争对手的产品信息与营销活动。因此，胜负的关键在于如何适时获取、分析、运用这些从网络上获得的信息，从而实现其具有优势的竞争策略。此外，战略联盟也是网络时代的主要竞争形态，如何运用网络来组成合作联盟，并以联盟所形成的资源规模创造竞争优势，将是未来药品企业经营的重要手段。

（3）**重组药品企业组织**　因特网相继带动药品企业内联网的蓬勃发展，使得药品企业的内外沟通与经营管理均需要依赖于网络作为主要的渠道与信息源。带来的影响主要包括业务人员与销售人员减少，组织层次减少（扁平化），经销代理与分店门市数量减少（无店铺销售），渠道缩短（无分销商），虚拟分销商、虚拟门市、虚拟部门等企业内外部虚拟组织盛行。这些影响与变化，都将促使药品企业对组织再造工程的需要变得更加迫切。

药品企业内联网的兴起，改变了药品企业内部工作模式以及员工学习培训的方式，个人工作者的独立性与专业性将进一步提升。因此，个人工作室、在家上班、弹性上班、委托外包、分享业务资源等行为，在未来将会十分普遍，也使药品企业组织重组成为必要。这样，就会给那些正努力将其全球化业务转换到这种新媒体的药品企业，提出特别严峻的组织性的挑战。

（4）**再造顾客关系**　因特网有力量大大改善药品企业与顾客的关系。也就是说，因特网使顾客能够控制他们自己作为产品和服务潜在消费者的价值，改变传统营销使顾客在信息的获取与利用方面总是处于相对不利的地位。这是因为，因特网能提供内容广泛的药品或者服务信息，并把这种内容同便捷的沟通和通信环境结合起来，创造一个能大面积产生并传播信息的环境，消费者可以在重要信息资源的获取上形成不依赖卖主和广告宣传的意识；同时，当因特网这个虚拟的社会在组织信息和进行信息交易时，网络信息服务商应运而生，它使顾客在与卖主讨价还价时处于主动的地位，帮助消费者向卖主索取更多的价值，从而使消费者摆脱受供应商摆布的境地。

药品网络营销引起的药品企业之间的竞争，是一种以顾客为焦点的竞争形态，争取顾客群、留住顾客群、扩大顾客群、建立亲密顾客关系、分析顾客需求、创造顾客需求等，都是很重要的药品营销主题。因此，如何与散布在全球各地的顾客群保持紧密的关系，再经对顾客的引导、培训与药品企业形象的塑造，建立起顾客对于虚拟药品企业与药品网络营销的信任感是药品网络营销成功的关键。基于网络时代的目标市场、顾客形态、产品种类等与以前会有很大的差异，如何跨越时间、地域、文化差距再造顾客关系，将需要许多创新的药品营销行为。

（5）跨国经营、迎接 WTO 的挑战 在计划经济的年代，国内外贸易经营分工明确，药品企业只需要专注于本行业与本地区的市场，而国外市场则委托代理商或外贸商即可。网络跨时空连贯全球的功能使得全球营销的成本低于地域营销的成本，且大大提高了药品企业的市场占有率和效益，因此，为了生存和发展，药品企业应该勇敢地面对 WTO 的挑战，进入跨国经营的时代。一旦进入跨国经营，药品企业不但要熟悉国际市场顾客的特征以争取信任，满足他们各自不同的需求，而且还应安排跨国生产、运输和售后服务等工作，而这些跨国业务都是由网络来联系与执行的。

尽管因特网为现存的跨国药品企业和新兴药品企业（以及他们的消费者）提供了许多利益，但对于药品企业的冲击和挑战也是令人生畏的。任何利用因特网进行经营的药品企业，都必须为其经营选择一种恰当的商业模式，并要明确这种新型媒体所传播的信息和进行的交易将会对其现存模式产生什么样的影响。

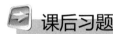

课后习题

一、单项选择

1. 促销的实质是（　　）。
   A. 出售商品　　　　　　B. 信息沟通
   C. 建立良好关系　　　　D. 寻找顾客

2. 提醒性广告主要用于产品生命周期的（　　）。
   A. 投入期　B. 成长期　C. 成熟期　D. 衰退期

3. 企业针对最后消费者，花费大量的资金从事广告及消费者促销活动，以增进产品的需求。这种策略是（　　）。
   A. 推式策略　B. 拉式策略　C. 产品策略　D. 渠道策略

4. 按每完成 100 元销售额需要多少钱广告费来计算和决定广告预算的方法是（　　）。
   A. 量力而行法　　　　　B. 目标任务法
   C. 竞争对等法　　　　　D. 销售百分比法

5. （　　）着眼于对消费者或中间商进行强烈刺激，以激励他们对特定产品或服务的较快或较大量地购买，是短期促销的有效工具。
   A. 广告　B. 人员推销　C. 公共关系　D. 营业推广

6. （　　）是一种间接的促销方式，着眼于树立形象、沟通关系。
   A. 广告　B. 人员推销　C. 公共关系　D. 营业推广

7. 购买折让、免费货品、商品推广津贴、合作广告、经销商销售竞赛等属于针对（　　）的促销工具。
   A. 中间商　B. 消费者　C. 推销人员　D. 产业用品

二、多项选择

1. 实现促销组合的优化必须考虑的因素有（　　）。
   A. 产品生命周期所处阶段　　B. 促销目标
   C. 产品类型　D. 市场类型　E. 促销预算

2. 主要用来评估广告播出后所产生的实际沟通效果的测量方法有（   ）。
   A. 直接评分法   B. 调查测试法   C. 实验测试法
   D. 回忆测试法   E. 识别测试法
3. 公共关系活动借助的常用工具有（   ）。
   A. 新闻   B. 广告   C. 演讲   D. 事件   E. 公益活动
4. 人员推销的优点有（   ）
   A. 费用小   B. 双向沟通   C. 灵活性
   D. 针对性强   E. 推销效果的长期性
5. 营业推广的形式多种多样，有（   ）等。
   A. 现场示范   B. 有奖销售   C. 商品陈列   D. 现场交易会   E. 免费赠送

三、简答题

1. 如何理解医药促销内涵和作用？
2. 分析医药企业促销方式的优缺点。
3. 医药促销人员如何做好个人拜访？
4. 医药企业应如何利用广告进行促销？
5. 医药企业进行公共关系的形式主要有哪些？
6. 医药企业医药营业推广的种类和特点有哪些？

案例分析

OTC 肝药市场的销售危机

在乙肝用药市场上，肝药企业数量不断增多，乙肝新药的品种也层出不穷，让患者无从适应。在这种形势下，某医药企业（以下简称 A 企业）的一个抗乙肝新药在湖北孝感地区的推广过程如下。

"老三样"失灵

A 企业在刚开始推广这个抗乙肝新药时，只是简单地沿用了以前成功的市场操作经验，觉得只要把"租专柜、打广告、接咨询"老三样模式复制一下就能卖货了。而事实证明，"老三样"失灵了，为什么同样使用这老三样，A 企业有时能取得成功，而有时会一败涂地，难道真应了这么一句话：成功的经验往往是阻碍下一个成功的最大障碍。

经过短暂的失败后，A 企业又重新做了市场调查和分析，发现肝药的消费者已经经过了许多肝药营销的洗礼，普遍都表现成熟，所谓"久病成良医"，肝病患者可称得上半个专家，他们翻阅的相关书籍并不比专业人员少，如果 A 企业用老一套治疗理论去与他们沟通，反馈回来的就是他们根本不信，如此这样何谈卖货呢？于是，A 企业在与消费者沟通之后，找到了解决办法：要从治疗机理上寻求创新。市场分析中 A 企业发现，很多肝药在宣传的过程中与产品本身的说明书出入很大，消费者往往看了说明书之后就觉得企业的宣传不可信，很多肝药都是宣传药物本身的成分能直接杀死人体内的乙肝病毒，而事实上是患者通过自己查阅了大量书籍后明白，世界上还没有直接在人体内杀死病毒的药物，否则艾滋病就不是不治之症了，这些都是他们上当受骗多少回后才明白的道理。

新三斧劈开凯旋门

A企业通过在孝感这个市场分析出上面的问题关键后，又重新审视了抗乙肝这个新药，发现它的说明书本身很好，而且治疗机理就没有谈到直接杀死病毒之说，抗乙肝新药是一个生物药，治疗的机理是从生物免疫学上讲的，就是激发人体的T细胞来达到杀伤病毒的作用，这和人体注射疫苗防病的"疫苗原理"很相似。

在后来的市场推广中，A企业又发现消费者一直在关注着治疗性乙肝疫苗的问世，说是这可以从根本上解决乙肝难题。于是，一个大胆的宣传攻势形成，在广泛征求了临床专家的意见后，A企业立即着手准备了广告宣传的所有物料，这就诞生了新三斧：电视教育片《科技之光》、书籍《乙肝革命》、小报《科技快讯》。这三斧经过严密的媒体整合投放后马上见到了效果，向目标人群发放《科技之光》500套后，每天陆续接到咨询电话二十个左右，这在以前是不可想象的。在县电视台的低峰时段投放这个教育片后，就只一个新药上市的好消息通知，就能吸引100多个消费者到专柜参加咨询活动。两个月后，销售人员捷报频传，销售出现赢利迹象。

分析：1. A企业采用"老三样"推广抗乙肝新药为何失败？

2. A企业后期采用了哪些促销方式推广抗乙肝新药获得了成功？

 实训演练

实训一　促销活动计划的制订

【实训目的】

使学生掌握促销活动计划制订格式及要点，并会变通运用到实践中。

【实训背景】

复方芩兰口服液

[主要成分] 金银花、黄芩、连翘、板蓝根。辅料为蔗糖。

[性状] 本品为黄色澄清液体；味甜。

[适应证/功能主治] 辛凉解表，清热解毒。用于外感风热引起的发热、咳嗽、咽痛。

[规格型号] 10mL*10支。

[用法用量] 口服，一次10～20mL，一日3次。

[不良反应] 尚不明确。

[禁忌] 尚不明确。

[注意事项]

1. 忌烟、酒及辛辣、生冷、油腻食物。

2. 不宜在服药期间同时服用滋补性中药。

3. 风寒感冒者不适用，其表现为恶寒重，发热轻，无汗，头痛，鼻塞，流清涕，喉痒咳嗽。

4. 高血压、心脏病、肝病、糖尿病、肾病等慢性病严重者应在医师指导下服用。

5. 儿童、年老体弱者、孕妇应在医师指导下服用。

6. 服药3天症状无缓解，应去医院就诊。

7. 对本品过敏者禁用，过敏体质者慎用。

8. 本品性状发生改变时禁止使用。

9. 儿童必须在成人监护下使用。

10. 请将本品放在儿童不能接触的地方。

11. 如正在使用其他药品，使用本品前请咨询医师或药师。

[药物相互作用] 如与其他药物同时使用可能会发生药物相互作用，详情请咨询医师或药师。

[贮藏] 密封，置阴凉处。

[包装] 10mL*10支/盒。

[有效期] 24个月。

[批准文号] 国药准字Z20026049。

【演练实施】

1. 将学生分成若干组，每组7~10人，展开实训。

2. 每组学生就以上所给出的内容展开一次促销活动的策划。

3. 写出完整的有说服力的理由，完成促销计划书。

4. 具体操作步骤

(1) 明确促销目标　促销目标可以是：增加销售量、扩大销售，吸引新客户、巩固老客户，树立企业形象、提升知名度，应对竞争，争取客户等。

(2) 明确促销时间　促销时间的安排一般以10天为宜，跨两个双休日。从星期五开始至下周日为止。如果是大的节庆活动，促销时间可以安排长些，但一般不要超过一个月。

(3) 促销费用预算　促销费用预算一般要考虑的有"广告费用""营业推广费用""公关活动费用""人员推广费用"等。

(4) 编制促销方案　促销活动方案设计要求如下：选择促销商品，确定促销对象；选择促销方式，采取组合促销；促销活动设计要紧扣主题；促销活动设计要求"有效"；促销活动设计要求"可操作"。

(5) 撰写促销计划书　撰写促销活动计划书，上交老师审阅并进行讨论。

【考核评价】

考核项目	要求	分值	实际得分
促销方案促销计划书	促销活动紧扣主题	20分	
	促销活动设计有创新、有效果	20分	
	促销活动设计可操作性强	20分	
报告汇报	课件精美、有条理	5分	
	内容全面、清晰	10分	
	汇报逻辑性强、现场发挥好	5分	
团队合作	全员参加，分工合作，按期完成全部项目	20分	
合计		100分	

实训二　公关危机处理

【实训目的】

通过实训，使学生具备良好的公共关系危机意识，具备处理公共关系危机的基本能力。

【实训背景】

某制药公司为了使自己新开发研制的药品进入某家医院进行销售,向该家医院院长赠送了一辆价值 11 万元人民币的小轿车,后因人举报,被有关部门查实,一时间,整个舆论界哗然。请你制订出具体的危机处理方案,以帮助该制药公司消除不利影响,摆脱目前的困境。

【演练实施】

1. 将学生分成若干组,每组 7~10 人,展开实训。
2. 每组进行讨论,共同写出处理危机的具体方案。
3. 具体方案可以参考如下步骤:

(1) 迅速掌握危机的全面情况　迅速查明危机的基本情况→迅速拿出原定计划付诸实施→考察事故现场,评估危机控制情况→预测事故危机发展的前景→同见证人保持联系,收集更多一手材料。

(2) 事件发生后的基本公众对策　包括对内部员工、社会大众、事件受害者、新闻媒体、管理部门等的对策。

【考核评价】

考核项目	要求	分值	实际得分
危机处理方案	危机处理时效性强	20 分	
	公众对策全面均衡、无疏漏	20 分	
	危机处理对策有创新,可实施	10 分	
报告汇报	课件精美、有条理	10 分	
	内容全面、清晰	10 分	
	汇报逻辑性强、现场发挥好	10 分	
团队合作	全员参加,分工合作,按期完成全部项目	20 分	
合计		100 分	

第十一章 药品市场营销管理

> **导入案例**
>
> ××药企因前任营销经理领导失当,营销团队涣散,业绩下滑。外聘职业经理人王经理担任营销经理,着手整顿营销团队,提升业绩,意在打造一支高效率、高忠诚度的营销团队。
>
> 1. 重塑企业文化
>
> 王经理延续先前的营销模式,重新选拔销售人员。随后重新打造营销文化。诸如"建设一个和谐友爱的营销团队、建设一个共同发展的营销团队、建设一个健康长寿的营销团队"等标语随处可见。销售人员除了要学习公司文化理念、产品知识,还要进行外部拓展,请医药专家讲课。半年来,销售人员的心慢慢拢起来了。
>
> 2. 宣传企业
>
> 王经理分析认为企业产品多数靠代理销售,只要对客户守信誉,宣传企业的效果要优于宣传产品。况且,该药企有多年的市场根基,产品质量过硬,单纯宣传产品意义不大。宣传重点应放在企业形象上,在几个省的火车站树起了牌子,一些重要市区打公交车体广告,在收视率较高的省市电视台宣传企业形象,比如主持人旁边的道具带有"××药企"字样,还冠名参加一些选秀和赞助活动。实行以上方案后××药企的销售业绩稳步上升。
>
> 案例思考:分析案例中职业经理人重整营销团队的方案,讨论如何打造高效、忠诚的药品营销团队。

第一节 药品营销团队建设

一、营销团队的概念

> **课堂讨论**
>
> 你认为在药品营销中组建药品营销团队的意义有哪些呢?

营销团队是指由两个以上的销售人员组成,通过各成员之间的相互影响、相互作用,在行为上有共同规范的介于组织和个人之间的一种组织形态。团队成员之间共享信息,共同制定决策,以便每个成员更好地承担自己的责任。一个营销团队对一个企业有着重要的作用,营销人员是代表企业与客户联系的主要桥梁。而具有团队协作精神的营销人员所组成的营销团队,对于企业实现自身的销售目标更是起到了不可估量的作用。

团队营销是强调营销手段的整体性和营销主体的整体性,尽量为最终消费者创造最大的让利价值,使消费者满意,使企业从中获得长远发展和长期利润。

团队营销模式主要有三大优势:

① 团队营销使团队内个体利益与整体利益一致化,企业引入团队营销模式,可以解决好企业内部互挖"墙角"、外部营销"撞车"的问题。

② 团队营销通过群策群力,调动企业团队所有资源和一切积极因素,从而能更好实现企业的整体目标。企业引入团队营销模式,容易争取到重大项目。

③ 团队营销模式,可以强化员工专业特长,提高团队整体素质,很快适应市场竞争需要。在营销团队中,每个营销个体在向同一个目标前进时,自身的能力建设、学习水平同团队的整体业绩共同提升。

二、营销团队建设

课堂讨论

你认为在营销团队建设各阶段中团队负责人的主要工作有哪些呢?

1. 营销团队建设的阶段

营销团队建设是企业在管理中有计划、有目的地组织团队,并对其团队成员进行训练、总结、提高的活动。著名管理学家布鲁斯·塔克曼有关团队发展的五个阶段分别为组建期、激荡期、规范期、执行期和调整期。布鲁斯·塔克曼认为这五个阶段是所有团队建设所必需的、不可逾越的。

(1) 组建期 组建期的团队缺乏清晰的工作目标,工作职责与标准不明确,缺乏顺畅的工作流程,成员间缺乏有效的沟通,个人的角色定位不明确,部分成员还可能表现出不稳定、忧虑等特征。

组建期的主要工作是明确方向、确定职责、制定规范与标准、进行员工培训。团队负责人一定要向团队说明工作目标、工作范围、质量标准及进度计划,并根据工作目标要求对团队成员进行技能和知识培训。同时要让成员参与探讨工作计划,主动和他们进行平等而真诚的交流,消除团队成员的困惑与忧虑,确保团队成员之间建立起一种互信的工作关系,设想出成功的美好前景并达成共识,以激励团队成员。

(2) 激荡期 团队在激荡期会出现各种观念激荡竞争、碰撞,人际冲突与分化的局面。团队成员面对其他成员的观点、见解,更想要展现个人性格特征,对于团队目标、期望、角色以及责任的不满和挫折感被表露出来。团队成员间、团队和环境间、新旧观念间会出现矛盾,甚至负责人的权威都面临挑战,团队组建初期确立的原则受到冲击与挑战。作为团队负责人应具有解决冲突和处理问题的能力,创造出一个积极向上的工作环境。激荡期首要的是如何安抚人心。首先要认识并处理各种矛盾和冲突,比方说某一派或某一个人力量绝对强大,那么作为领导者要适时地化解这些权威和权利,绝对不允许以一个人的权利打压其他人的贡献。同时要鼓励团队成员就有争议的问题发表自己的看法。要善于做引导工作,想方设法化解矛盾，而不应置之不理或进行权力压制。这一时期，如不能因势利导，防患于未然，团队就会面临颠覆的危险，至少是在团队发展的道路上埋下了隐患的种子。

同时，这个阶段要准备建立工作规范。没有工作规范、工作标准约束，就会造成一种不均衡，这种不均衡也是冲突源，领导者在规范管理的过程中，要以身作则。

（3）**规范期**　通过激荡期的磨合，进入规范期，规则、流程、价值观、行为、方法、工具均已建立，人们的工作技能开始慢慢提升，新的技术慢慢被掌握。团队成员之间开始建立起互谅互让互助的关系。成员的目光重新集聚到工作上来，关注目标与任务，团队成员有意识地解决问题，实现组织和谐。他们开始关心彼此的合作和团队工作的发展，并逐渐适应环境、技术和各种规范的要求。

在这个阶段，最重要的是形成团队的文化和氛围。团队精神、凝聚力、合作意识能不能形成，关键就在这一阶段。作为团队的负责人就要通过激励来使他们放弃各种心理上的包袱，提高责任心和相互信任度，使他们的行为标准和工作任务紧密地结合起来。实施激励应该在工作过程中，而不应只是在完成时。

（4）**执行期**　度过规范期，稳定期的团队逐步变成高绩效的团队。这一阶段团队呈开放、坦诚、及时沟通的状态，具备多种技巧，协力解决各种问题，用规范化的管理制度与标准工作流程进行沟通、化解冲突、分配资源，团队成员自由而建设性地分享观点与信息，有一种完成任务的使命感和荣誉感。

对于执行期的高绩效团队，团队负责人应集中精力关注预算、进度、计划、业绩和成员的教育培训等事关全局的大事，其他事情应进行授权管理。同时，这个阶段团队负责人要根据业务发展需要，随时更新工作方法与流程，推动经验与技术的交流，提升管理效率，营造高绩效的组织文化，集中团队的智慧作出高效决策，通过成员的集体努力追求团队绩效。

（5）**调整期**　任何一个团队都有它自己的寿命，团队运行到一定阶段，完成了自身的目标后，就进入了团队发展的第五个阶段——调整期。调整期的团队可能有三种结果：一是解散，二是组建新的团队，三是因团队表现欠佳而勒令整顿。以项目或工作小组形式成立的临时团队，一般在项目或某项工作完成后，团队会解散，或组建新的团队。常规团队在企业发展到一定阶段，可能根据业务需要撤销、调整或重组。

知识拓展

布鲁斯·塔克曼团队阶段发展模型优缺点

优点：为团队发展提供阶段指导。

缺点：①该模型是用来描述小型团队的；②该模型忽视了组织的背景；③实际上，团队发展轨迹不一定是线形的，而有可能是循环式的；④该模型描述的阶段特征并不可靠，因为它主要考量的是人的行为，而当团队从一个阶段跨向另一个阶段的时候，团队成员的行为特征变化并不明显，它们也很有可能会发生交叠；⑤模型没有考虑到团队成员的个人角色特征；⑥在阶段发展跨越上没有给出时间框架指导。

---

2. 营销团队建设的形式

（1）**目标责任制**　营销团队和企业之间维持现有的上下级关系，营销团队以公司身份开展业务运营。但目标绩效考核更加明确，双方签订目标责任书，约定营销团队应该完成的目标。在这种模式下，产品是公司的，市场投入是公司的，团队也以工资、奖金形式得到回报,营销团队的激励目标清晰,激励效果更大。

(2) 承包经营制 营销团队和企业之间已经不是简单的上下级隶属关系,企业和营销团队就某一区域市场或某一产品签订承包经营协议,营销团队仍然以公司的名义进行运作。但营销团队独立对市场开拓、市场维护负责,公司和营销团队同时对市场进行投入。营销团队具有了相对独立经营的资格,也担任自负盈亏的责任。

(3) 合作经营制 营销团队和企业变成了合作伙伴关系,公司和营销团队共同组建公司,以独立的经营主体开展市场运营。公司可以以资金或产品入股,营销团队以管理和资金入股等,营销团队负责运作市场,公司负责监管,收益按照股份比例分配。营销团队的压力和积极性明显加大,但又不同于独立的经销商,团队和企业"鱼水情深""荣辱与共"。

(4) 内部经销商制 营销团队和企业的关系发生本质变化,营销团队成了经销商,代理销售公司的产品。营销团队对公司、对产品熟悉,对企业存在较深感情,同时公司也认同营销团队的业务能力和道德品行。企业将市场经营权优先授予营销团队,营销团队享受经销商的待遇。此模式属于富含感情的新型经销商合作关系。

知识拓展

企业在开展团队营销应遵循的原则

1. 协调分配资源原则
2. 共同协作,相互受益原则

团队营销强调整体的利益和目标,强调组织的凝聚力,管理者为员工创造积极、高效的工作环境,团队中的每一个人围绕共同的目标齐心协力,同舟共济,发挥最大潜能。

---

3. 营销团队建设的方法

营销团队建设是事业发展的根本保障,团队的发展取决于团队的建设。团队建设应从以下几个方面进行:

(1) 组建核心层 营销团队建设的重点是培养团队的核心成员。领导人是团队的建设者,应通过组建智囊团或执行团,形成营销团队的核心层,充分发挥核心成员的作用,使营销团队的目标变成行动计划,营销团队的业绩得以快速增长。营销团队核心层成员应具备领导者的基本素质和能力,不仅要知道营销团队发展的规划,还要参与营销团队目标的制定与实施,使营销团队成员既了解团队发展的方向,又能在行动上与营销团队发展方向保持一致。

(2) 制定目标 营销团队目标来自公司的发展方向和团队成员的共同追求。它是全体成员奋斗的方向和动力,也是感召全体成员精诚合作的一面旗帜。核心层成员在制定营销团队目标时,需要明确本团队目前的实际情况,例如:营销团队处在哪个发展阶段?组建阶段,上升阶段,还是稳固阶段?团队成员存在哪些不足?需要什么帮助?斗志如何?等等。制定目标时,要遵循目标的 SMART 原则:S——明确性,M——可衡量性,A——实现性,R——相关性,T——时限性。

(3) 培育团队精神 团队精神是营销团队建设的一个主要方面,进行营销团队建设的首要任务就是培育团队精神。团队精神是指团队的成员为了实现团队的利益和目标而相互协作、尽心尽力的意愿和作风,它包括团队的凝聚力、合作意识及士气。营销团队精神强调的是团队成员的紧密合作。要培育这种精神应包括以下几个方面的条件：

① 指导原则　指导原则反映了团队成员普遍遵循的核心或指导意见。指导原则有助于团队成员把精力集中在企业的长远利益上，使团队把精力集中在最重要的核心问题上。

② 明确职责　领导人首先要以身作则，做一个团队精神极强的楷模。团队中的成员必须明确自己的职责，积极与其他成员沟通，进行有效的协调和合作，确保工作任务的完成。

③ 决策机制　通过有效的会议和相互交流，建立公认的相关制度。制度是团队解决问题和做决定时必须考虑和遵循的约束和限制，团队成员应该知道，什么时候他们有权当场作出决定以处理紧急情况，什么时候需要全体成员共同参与解决，并采取一致的行动。

④ 企业文化　良好的文化氛围可以增强团队的凝聚力。塑造良好的文化氛围是建立一个优秀团队的基础。这是因为企业文化有同化作用、规范作用和融合作用，这三种作用的综合效果，就是企业文化的凝聚功能。

（4）**训练精英**　训练精英的工作是营销团队建设中非常重要的一个环节。建立一支训练有素的销售队伍，能给团队带来很多益处：提升个人能力、提高整体素质、改进服务质量、稳定销售业绩。训练团队精英的重点在于：一是建立学习型组织，让每一个人认识学习的重要性，尽力为他们创造学习机会，提供学习场地，表扬学习进步快的人，并通过一对一沟通、讨论会、培训课、共同工作的方式营造学习氛围，使团队成员在学习与复制中成为精英；二是搭建成长平台，团队精英的产生和成长与他们所在的平台有直接关系，一个好的平台，能够营造良好的成长环境，提供更多的锻炼和施展才华的机会。

（5）**做好团队激励**　销售是一种与拒绝打交道的行为，团队建设是容易与别人的观念发生冲突的工作，因此，每个团队成员都需要被激励，领导人的激励工作做得好坏，直接影响到团队的士气，最终影响到团队的发展。激励是指通过一定手段使团队成员的需要和愿望得到满足，以调动他们的积极性，使其主动自发地把个人的潜力发挥出来，从而确保既定目标的实现。

拿破仑认为，在有效管理下属的问题上，荣誉比鞭子重要得多。这也正符合马斯洛需要层次理论：尊重和自我实现是更高层次的需要。激励是多种因素的综合，这时期的团队建设，可从以下角度切入：鼓励建议，让成员在多提意见的过程中，感觉到团队的发展与自己休戚相关；实行参与制，让每个成员认识到自己是团队中的一员；压担子，通过委以成员重任，激发他们的责任心；进行表扬和奖赏。除激励之外，规章制度的约束和惩罚是必不可缺的辅助手段。

三、营销团队的管理

1. 营销团队人员的管理

（1）**分层次管理**　营销团队不仅仅是一群人而是一个有结构的组织，在进行管理时，一定要将层次理清。重点带好第一层的业务主管，同时协助好第一层业务主管复制好第二层和第三层业务员，如果出现断层时，应及时往下层复制。教育和培训时，要将同一层次或同一级别的人员组织在一起，因为不同层次的业务员需要不一样，对营销事业的理解也不一样。

（2）**分部门管理**　鼓励和协助下面的各个部门举办自己的活动，对不同的部门要有针对性地做不同的工作，进行不同的培训和辅导，因为每个部门特点不一样，存在的问题也不同。

(3) 走动式管理

① **带出去** 经常带领团队成员走出去，参加公司或兄弟部门组织的活动，不可使自己的团队过于孤立和封闭。

② **请上来** 经常举办各种各样的活动，为自己的团队提供接受培训和交流的机会，将自己的骨干召集到自己周围一起研究工作。

③ **走下去** 经常走到下面不同的部门中去，帮助大家及时解决实际工作中遇到的问题，有针对性地开展工作，了解底层的情况，及时发现问题，有预见性地解决问题。

④ **要善于发现和培养骨干** 作为团队的领导者不可能直接去影响每一个人，要重点培养团队中的骨干成员，然后靠这些骨干去带动和影响更多的人。

⑤ **善于运用不同的活动形式** 可以举办以下活动：产品介绍、事业介绍、培训、沟通、联谊、公益活动。

2. 营销团队人员的组成

了解营销团队各个成员的职责，对于有效管理团队来讲十分重要。它可以帮助我们评估自己在团队的地位，以及自己和队员如何为团队作出最有价值的贡献。

(1) 主导者 处事冷静的领导，对工作列出优先次序并确定所有队员对自己的角色有非常清晰的认识，带领团队达到目标。

(2) 驱策者 精力充沛、意志坚强的领袖，善于支配团队的工作方式，希望队员依从指示，所做决定是决断的和实际的，并会非常坚持自己的意见，认为达致目标至为重要，因此对队员的表现要求要非常严谨。

(3) 创新者 团队的智囊，是充满创意的人，时常喜欢提出新意见，由于非常自信，有时候对人会欠缺交际手腕。

(4) 监察者 善于监察和评核团队的表现，喜欢仔细分析意见，看看它们是否符合团队的目标及方向，处事认真、精明，常会看到别人忽略的问题。由于这样，别人会觉得监察者很挑剔，但监察者认为至少这样可避免犯错误。面对复杂资料，监察者有能力明白个中意思，从而制订最好的决策。

(5) 执行者 团队的"办事人员"，是实际和非常有效率的人，能集中注意力，看清楚目标、工作及成效，对于一些前卫的意见不大感兴趣，执行者处事小心、果断，着重细节多于速度。

(6) 协调者 关心队员的需要，首要关心的是别人及他们的情绪，协调者很易看到别人的长处及短处，当别人不开心时，会尝试去开解他们，认为彼此不应存有竞争，一个团队应像一个快乐的家庭。协调者亦喜欢发掘别人的潜能，能够与沉默寡言的人展开沟通。

(7) 资源查探者 善于向外界求助，有求知欲，喜欢探索团队以外的事物及其他人的工作，建立了很多资源，亦懂得善用其他人的长处。

3. 营销团队人员的选拔

药品营销人员素质高低，直接影响这个人的推销业绩和所在企业的发展。因此，要建立一支高素质的推销队伍，首先，要选好人才；其次，要抓好业务培训。

(1) 营销人员的选拔原则 药品推销是一个专业性很强的推销工作，对营销人员的素质要求很高，一般要遵循以下几个原则：

① **德才兼备的原则** 这是选拔药品营销人员的主要原则。德主要指思想品德、职业道德；才主要指知识水平和各种推销能力，即业务素质。德才兼备原则要求在选拔推销人员

时，应从德与才两个方面衡量，两者不可偏废。

②不拘一格的原则 在营销人员选拔上的不拘一格有两层含义。一是资历不等于能力。在人员选拔的时候，既要考虑有一定的资历，但是更多的要看是否有实际的推销能力。二是文凭不等于水平。在人员选拔时，既要注意有一定的文凭，但是更关键的要看实际的知识水平和工作能力。每一个岗位都应该在其相应的文凭要求上选择最合适的人才。

③知人善任的原则 只有让合适的人在合适的岗位上工作，才能最大程度地发挥其能力，而且在工作中才能充满激情。知人善任原则要求被任用的医药产品推销人员的能力与职责相符，能让推销人员在推销岗位上有所建树。

(2) 人员选拔的规划 营销人员的多少对药品企业的销售有直接关系。一般来说，营销人员越多，销售额也就越大，但同时也会增加成本。大多数药品企业用工作量的方法来确定销售队伍的规模，即总工作量除以每个销售人员的工作量。

4. 营销团队人员的培训

培训的目标：提高药品营销人员的政治素质和业务素质，使每个营销人员树立起以顾客为中心的思想，具有顺利完成推销工作任务的基本知识和基本技能，能够以最优良的服务工作，主动、热情、耐心、周到地为顾客服务，建立企业与客户联系紧密的新型关系。药品企业对营销人员培训的内容主要有：

(1) 思想品质培训 主要是指对营销人员进行推销道德教育和职业荣誉感教育，以增强其事业心和自信心，树立起一切为顾客服务的思想。

(2) 企业情况培训 主要是针对新招营销人员而言，让其了解本企业的历史和发展目标、组织结构、财务情况、主要产品的营销情况和营销策略、市场竞争对企业的影响等，尽快消除他们的陌生感，树立起他们的自信心。

(3) 产品知识培训 主要包括产品的设计制造过程、产品质量、产品的特点、产品的用途以及注意事项。此外，还要了解竞争者产品的特色和优缺点。

(4) 市场知识培训 主要内容是向营销人员介绍本企业顾客的基本情况，介绍本企业产品的市场占有率，以及市场开发战略等。

(5) 推销技能培训 要求营销人员要掌握推销技巧和推销原则，明确推销工作程序和责任，养成良好的个性。

(6) 政策、法律培训 营销人员要顺利完成推销任务，必须了解有关的政策、法律，这样才有利于推销人员减少推销工作中的失误。

5. 营销团队人员的绩效考核管理

绩效考核是指按照一定的标准，采用科学的方法，检查和评定企业员工对职务所规定的职责的履行程度，以确定其工作成绩的一种有效管理的方法。绩效考核作为一种衡量、评价、影响员工工作表现的正式系统，可起到检查和控制的作用，并以此来揭示员工工作的有效性及其未来工作的潜能，绩效考核常用的指标有：

(1) 销售量 销售量主要包括按照公司下达的指标，在规定的时间内完成公司下发的指标任务。销售量可分为实际销售量和入库量，同时从产品角度来讲，可分为总销售量和各单位产品销售量。

(2) 总金额 指所有产品核算为公司结算价的金额考核，各产品单价不相同，但可以以此确认各单位产品完成情况及总的销售额大小问题。

(3) 增长率 要求与去年同期、前季度的比较所表现出的增长速度。

(4) 费用额 除考虑进行的市场费用推广以完成公司下达的指标外,对完成指标的成本费用也进行一定的核算。

(5) 新市场开发速度 只有不断地开发新的市场,才可能有新的客户,销售才能有新的增长点,所以药品营销人员需要不断地开发新的市场。

(6) 工作态度 员工在日常工作中,有许多表格需要填报,同时客户管理系统对每天的拜访客户人数及效果都有严格要求,以此作为考核员工的工作态度。

6. 营销团队人员的报酬与激励

(1) 药品营销人员的报酬形式 营销人员的工作具有较大的独立性、流动性和自主性,工作环境不稳定,风险较大。药品企业必须给予他们合理的薪酬制度,才能够调动其积极性。

① 薪金制 无论营销人员的业务成绩如何,给予营销人员固定收入的报酬。这种报酬形式主要以工作时间为基础,与营销工作效率没有直接联系。适用于企业希望营销人员服从指挥、服从工作分配的情形。

② 佣金制 企业根据营销人员的营销工作效率来支付报酬。营销人员的营销工作效率通常以营销人员在一定时期内完成的营销额为基础来表示,有时也以利润额来表示。适用于积压产品,回笼资金,或新产品上市打开销路等情形。

③ 薪金加奖励制 即支付薪金的同时,利用奖金来刺激营销人员更好地工作。这种报酬形式通常是以固定工资为主,再加上占推销额或利润额很小比例的佣金。使用这种报酬方式的企业需要注意处理好固定工资和佣金之间的比例关系。一般来说,7∶3的比例最为合理。

(2) 药品营销人员的激励 对营销人员的激励或奖励,有助于提高其推销水平,有助于促销目标的顺利完成,有助于培养优秀的促销团队。一般来讲,药品企业对营销人员的奖励方式有以下几种:

① 目标奖励法 是通过考核营销工作的系列指标而体现出来的。为使目标成为有效的激励工具,目标必须与报酬紧密联系,推销人员达到某一目标后,企业就应该给予相应的报酬。常作为推销指标的有:产品的推销额、利润额、一年内访问顾客次数、每月访问新顾客次数、订货单平均批量增加额等。

② 强化激励法 就是指对营销人员的进步或错误行为分别给予肯定和奖励、否定和惩罚。两者配合或交替使用,有利于销售团队保持高昂的士气。

③ 反馈激励法 是指把一定阶段的各项营销指标完成情况、考核成绩及时反馈给营销员,以此增强他们的工作信心和成就感,激励他们的进取心。

④ 销售竞赛法 这是一种常用的激励营销人员的方法。医药企业根据工作实际采取多种多样的竞赛方式,有利于充分挖掘营销人员的潜力,激励他们的进取心,促使他们完成推销任务。

此外,在医药企业里面还会采取晋升或培训的方式,给予营销人员精神上的激励。

知识拓展

团队成员应避免的 8 种行为

1. 人身攻击。
2. 总是将自己的真实想法隐瞒起来,不表达真正的意见。

> 3. 只想从团队中获得好处，却不愿意付出，钻企业制度空子，谋私利。
> 4. 不停地抱怨组织与其他成员。
> 5. 自私自利，各自为政。
> 6. 总是不断批评各种意见，却没有建设性的看法。
> 7. 为求自身利益，侵害别人的权利。
> 8. 自我意识强烈，总认为别人不如自己，看不起别人。
>
> "345法则"建造高素质的团队、专业的团队、紧密团结的团队
>
> 三大法宝
> ①赞美推崇；②业务咨询；③互不交叉。
>
> 四个原则
> ①忠诚；②向上；③榜样；④带动。
>
> 五点注意
> ①经济上不纠纷；②感情上不纠纷；③消极言行到己为止；④好的建议或意见向上转达；⑤不要困扰领导和他人。

第二节 药品营销财务管理

一、财务管理的概念与作用

现代管理理论认为财务以财务管理为中心，为决策者提供各种财务资料用于分析决策，提供业务的事前分析（如投资决策、纳税筹划、融资方案等）、过程记录（一般性的财务记账工作）和分析总结（收益计算、盈利汇总及预测）。以前财务主要注重于记录企业的经济运营活动，属于事后记录，不参与企业经营活动。

财务管理是指在一定的整体目标下，关于资产的购置（投资）、资本的融通（筹资）、经营中现金流量（营运资金），以及利润分配的管理。财务管理是企业管理的一个组成部分，它是根据财经法规制度，按照财务管理的原则，组织企业财务活动，处理财务关系的一项经济管理工作。简单地说，财务管理是组织企业财务活动、处理财务关系的一项经济管理工作。

财务管理需遵循价值最大化原则、风险与收益均衡原则、"成本效益"原则、资源合理配置原则、利益关系协调原则等，这是使财务管理活动卓有成效地进行的必要条件。

在企业中，财务管理的作用主要体现为：

1. 计划作用

财务预测是在认真研究分析有关历史资料、经济技术条件的情况下，对未来的财务指标做出估计和判断，制定财务计划的过程。通过预测和分析，找到增收的渠道和节支的途径。财务预测的内容主要包括销售预测、资金预测、成本预测和利润预测4个方面。企业的财务计划要以货币形式综合反映计划期内进行生产经营活动所需要的各项资金、预计的收入和经济效益，也就是说，财务计划是预测资金的来源和使用，提出资金使用的要求。

2. 控制作用

财务控制是保证企业财务活动符合既定目标、取得最佳经济效益的一种方法。财务控制

的内容主要有以下几点：

（1）加强财务管理的各项基础工作 是做好财务控制工作的前提，主要内容有健全原始记录、加强定额管理、严格计量验收、定期盘存财产物资以及制定企业内部结算价格制度等。

（2）组织财务计划的实施 是财务管理的起点，最终要组织计划的执行和落实，以达到不断改进工作、提高效率、降低成本、节约支出的目的。

（3）平衡财务收支 是财务控制的主要内容。其任务是及时根据实际情况，积极调度、合理组织资金，以保证经营的合理需要。平衡财务收支的方法是增加销量、增加收入以平衡支出，降低消耗、节约开支以平衡收入。

3. 监督作用

财务监督主要是利用货币形式对企业的生产经营活动所实行的监督，具体来说就是对资金的筹集、使用、耗费、回收和分配等活动进行监督。例如：通过资金周转指标的分析，能够反映企业物资的占用和使用情况，对这些生产经营资金的形成和使用实行严格的监督，从而促进企业加强管理，改进物资供应工作；通过利润指标的分析，能够反映企业的财务成果和经营管理水平，对利润的形成和分配实行严格的监督，从而促进企业挖掘潜力、改善管理、节约开支、增加收入。

4. 资本运营

财务管理是企业管理的中心，资本运营是企业管理的最高境界。资本运营不仅仅是运营产品，而且是运营资本。资本运营是现代财务管理的一项重要工作。采用管理会计中投资决策的理论和方法，财务管理中投资组合选择原理、资本结构理论等重要方法，将投资、融资和盘活存量资产作为主要内容。

知识拓展

财务管理最重要的三个方面

1. 关注效益：管理业务效益。
2. 关注增长：支持业务成长。
3. 关注风险：不断改进管理流程，强化控制与满足需求（非要求）的协调，提供洞察业务的结果以供决策支持。

二、药品企业营销财务管理的工作范围

1. 药品营销财务管理范围

（1）市场活动 涉及市场业务的主要内容包括市场研究、医学支持、学术活动、广告宣传、市场宣传、专家培训等。

（2）商务业务 商业销售（收入、回款、应收账款）、物流管理（仓储、配送），涉及销售业务的主要内容有商业促销、商业维护、商业折扣/返利、商业服务、商业会议及培训等。

（3）推广业务 围绕医院、OTC、药店、第三终端推介产品工作的财务管理。涉及销售业务的主要内容包括医院促销、医院维护、药店促销、药店维护、患者教育、医生培训、店员培训、社区宣教等。

2. 营销财务管理的核心

（1）营运资本的管理　广义营运资本是指企业的流动资产总额，是由企业一定时期内持有的现金和有价证券、应收和预付账款及各类存货资产等所构成的，主要在研究企业资产的流动性和周转状况时使用。狭义的营运资本，也称净营运资本，是指企业的流动资产总额减去各类流动负债后的余额，被视为可作为企业非流动资产投资和用于清偿非流动负债的资金来源，主要在研究企业的偿债能力和财务风险时使用。因此，企业营运资本的持有状况和管理水平直接关系到企业的盈利能力和财务风险两个方面。

（2）资金的经营效率　经营效率是经营产出与投入之比，主要包括投入产出、经营比率等方面。经营比率又被称为活力比率，是与资源利用有关的几种比例关系，它们反映了企业经营效率的高低和各种资源是否得到充分的利用。

（3）资金流转过程的监控与安全　主要包括采购与支付、销售与回款、费用的使用与达成等方面。

知识拓展

药品营销财务管理五要素

1. 业务人员：商务人员、医院推广人员、OTC业务人员。
2. 业务区域：商务销售行政地区、产品推广行政地区。
3. 业务品种：企业生产的制药产品。
4. 业务客户：产品销售对象——医院、药店、社区、患者。
5. 业务部门：行政划分的业务组织。

知识拓展

药品营销财务管理核心指标

1. 销售人员的投入产出。
2. 产品的投入产出。
3. 对客户的投入产出。
4. 销售区域的投入产出。
5. 销售部门的投入产出。

三、药品营销财务分析

知识拓展

营销财务分析的分析步骤

1. 使用者是谁？
2. 分析对象是谁？
3. 分析期间是什么？
4. 分析影响因素是什么？

> 5. 分析采集的数据是什么？
> 6. 分析方法与技术是什么？
> 7. 分析结果是什么？
> 8. 分析结论是什么？
> 9. 分析产生什么样的影响？
> 10. 分析用在哪里？

1. 财务分析的内容

财务评价与分析的责任部门是财务部，财务部每月编制财务分析报告，经财务副总签字后上报总经理，并抄送副总经理。成功的财务分析可以让公司总经理清楚了解当前的主要问题及管理重点，及时做出决策，提高管理效率；同时，通过分析可以对各个部门的工作效率和工作业绩有较全面的了解，从而进行有效的控制和考核，做到各部门责、权、利的统一，提高公司经营效益。财务分析报告包括以下内容：

① 报告标题一般为《公司财务分析报告》。
② 基本情况说明。
③ 主要报表。
④ 主要指标变动情况。
⑤ 指标变动及原因分析。
⑥ 从财务信息上反映出的管理问题。
⑦ 管理建议。
⑧ 报告编制单位、责任人。
⑨ 编制时间。

2. 财务分析工作程序

（1）确定总体目标，并分解到各个部门 由财务部于年初完成，主要是根据公司历史数据，结合计划年度公司情况和理财环境的变化，提出经营目标，并提出各个部门的分解计划草案，结合各部门实际与各部门协商后定出各部门销售、成本、费用、资产占用目标。

（2）讨论目标，编写年度财务计划 将总体目标和各部门的目标计划提交总经理办公会讨论通过，形成正式的年度财务计划，付诸实施。

（3）财务目标实施的事中监控 财务部根据各部门目标及上月实际完成情况进行对比分析，对于与计划数差距较大的，责成财务部以书面形式说明原因，财务部派人深入调查所陈述原因的真实性；计算本期经营目标的增减变动情况，并与计划数比较，与历史平均水平的最高水平进行比较；分析影响经营指标变化的因素及责任单位，分析其增减的原因，考察其分解指标的变动情况，判定变动的利弊，落实造成这种变动的责任单位，并纳入月度考核；对不利变动提出改善措施。在判断各种变动是否是可控制因素后，提出合理化建议；建立财务分析制度，各级部门定期、不定期地分析经营及财务状况，及时发现问题、解决问题，以保证财务总目标的实现。各级定期召开分析会。

（4）考核奖惩 各部门年度目标完成情况与部门奖金挂钩。

3. 营销绩效管理

（1）投入评估 建立费用投入产出评估体系，即按线（医院推广线、商务线）、按品种、按区域、按人（医药代表、商务代表）、按客户（商业客户、医院客户）等因素来评估。

（2）报告及预警 建立和完善报告和预警体系，包括月分析（财务分析、信用分析、商务财务分析、办事处财务分析），增加和丰富问题提示和管理建议内容；专项管理报告；预警通知（应收、费用预算管理、营销绩效）。

4. 营销财务分析方法

营销财务五力分析法来源于财务分析中的五力分析法，是主要分析、评估营销绩效的方法。财务分析中的五力分析法常用于反映企业财务状况和经营业绩的比率，可以归纳成五大类，即收益力分析、安定力分析、活动力分析、成长力分析和生产力分析。

（1）营销收益力分析 营销收益力又叫营销获利能力，是销售持续存在和发展的必要条件，也是决定和影响公司持续存在和发展的主要因素。因此，营销收益力是公司最主要的分析对象，它可从产品及活动两方面进行分析，即产品获利能力和营销活动的获利能力。

知识拓展

用于分析营销获利能力的指标主要有毛利率和营销活动贡献率

毛利率的计算公式：毛利率＝毛利÷销售收入

产品利润率计算公式：产品利润率＝该产品利润÷该产品销售收入

营销活动贡献率（渠道、推广、综合）的计算公式：营销活动贡献率＝产品贡献÷该产品活动费用

对客户营利性分析的主要内容

1. 客户收入分析。
2. 客户成本分析：包括客户的单位成本、客户批次成本、客户维持成本、分销渠道成本、销售维持成本。
3. 客户营利性分析。
4. 客户价值评价。

（2）营销安定力分析 营销安定力分析就是测试营销的经营基础是否稳固、销售结构是否合理、收现能力是否具备和高低的指标。主要指标有品种销售率、收现比和品种组合利润率。

（3）营销活动力分析 营销活动能力又称营销资源运用效率、营销经营能力，指企业是否充分利用其现有营销资源的能力。营销活动力分析的目的就在于测试营销的效率和效能：效率是指把事情做得又快又好，效能是指企业营销总体活动的效果最大化。如果营销效率、效能高，资源达到充分利用，那么销售利润率就有可能大幅提高。营销活动力分析主要是衡量营销资源的运用效率，分析指标有：

营销效率＝营销费用÷销售收入（五要素分析）

（4）营销成长力分析 营销成长力主要考察营销各项指标的增长状况，考察营销的发展趋势与前景。成长力指标是由本期资料与同一项目以前几期（如上期）的资料进行比较，看其趋势。所以，可以根据分析目标选取不同的项目或指标进行成长力分析。测试指标有销售

利润增长率、销售收入增长率、销售贡献增长率等。

(5) 营销生产力分析 营销生产力分析就是对企业为维持其持续发展，对从事营销活动所创造的价值的大小进行分析，可以显示营销经营效率的优劣，并进一步反映在获利能力的大小上。用以测试营销生产力的指标有以下几个：

$$边际价值率＝边际贡献÷营业收入$$
$$人均推广值＝推广值÷推广人员数$$
$$人均销售值＝销售值÷销售人员数$$
$$营销投资效率＝销售值÷营销投入$$
$$营销人力生产力＝销售值÷用人成本$$

营销财务分析中还有两个重要的综合指标是营销支出系数分析和营销贡献系数分析。营销支出系数分析，是指各级营销支出所占其收入的比重，如营销人员、品种、客户、区域、部门支出系数。该系数反映上述五要素费用效能水平的高低，系数越低，效能越大。营销贡献系数分析，是指各级营销贡献所占其毛利的比重，如营销人员、品种、客户、区域、部门贡献系数。该系数反映上述五要素贡献毛利水平的高低，系数越高，创利能力越强。通过对医药企业营销财务预算及其财务评价与分析，就可进行科学的效益规划及营销费用管理。

课后习题

一、单项选择

1. 营销团队建设的首要任务是（　　）。
 A. 制定目标　　　　　　B. 培养团队精神
 C. 组建核心层　　　　　D. 培训精英

2. 著名管理学家布鲁斯·塔克曼将团队发展分为（　　）个阶段。
 A. 3　　　B. 4　　　C. 5　　　D. 6

3. 构建高效团队的有效团队激励机制是（　　）。
 A. 提成激励　　　　　　B. 精神激励
 C. 股权激励　　　　　　D. 物质激励和精神激励有机结合

4. 现代财务管理的最优目标是（　　）。
 A. 产量最大化　　　　　B. 利润最大化
 C. 盈余最大化　　　　　D. 财富最大化

5. 营销活动力分析的目的就在于测试（　　）。
 A. 销售利润增长率　　　B. 销售收入增长率
 C. 营销的效率和效能　　D. 销售贡献增长率

二、多项选择

1. 营销团队发展的五个阶段分别是（　　）。
 A. 组建期　　B. 激荡期　　C. 规范期　　D. 执行期　　E. 调整期

2. 财务分析中的五力分析法有（　　）。
 A. 收益力分析　　B. 生产力分析　　C. 成长力分析
 D. 活动力分析　　E. 安定力分析

3. 医药营销财务管理五要素是（　　）。

A. 业务人员　　B. 业务区域　　C. 业务品种　　D. 业务客户　　E. 业务部门

4. 在企业中，财务管理的作用主要体现为（　　）。

A. 计划作用　　B. 资本运营　　C. 控制作用　　D. 监督作用　　E. 激励作用

三、简答题

1. 营销团队发展有哪些阶段？
2. 营销团队激励方法有哪些？
3. 药品企业财务管理的意义有哪些？
4. 营销财务分析的工作程序有哪些？
5. 提高药品企业经济效益的途径有哪些？

案例分析

　　药品的研究与生产不仅仅让人类保持健康，还直接延长了人类的寿命。药品作为商品，市场的供求在一定程度上决定了药品的价格。但是，药品又是一类特殊的商品，消费者对于健康的渴望，致使对药品的需求又是刚性的。这就决定了药品的特殊性。

　　世界上很多政府都出台一些关于药品的政策措施，对药品的价格进行限定以保证普通消费者能够获得有益于自身健康的药品。然而，随着经济的发展，药品制造新企业不断涌现，随之而来的是药品市场的"百花齐放"，各种药品鱼目混珠，对于消费者的病情效果不甚理想。药品制造企业的涌现必然会出现药品营销人员的涌现。这些营销人员往往都是"经济人"，都以自身的利益最大化为核心来展开营销活动，甚至高额回报引发道德风险，这也是出现了很多贿医丑闻的根本原因。某些案例的出现不仅仅是个人问题，还会影响到一个企业的形象，引起消费者对制药企业的不信任，甚至引起社会群体对制药企业的不信任，对将要消费的药品产生疑虑情绪。可能致使一些好的药品因为个别人的行为而退出市场，退出为患者解除病痛的平台。

　　分析：如何打造一支具有较高职业素养的药品营销团队？

课后习题参考答案

第一章

一、单项选择

1. D 2. B 3. A

二、多项选择

1. ABCDE 2. ABCDE 3. ABCDE 4. ABCDE 5. ABC 6. ABCD

三、简答题

答案略。

第二章

一、单项选择

1. B 2. C 3. B 4. A 5. D 6. A

二、多项选择

1. ACD 2. ABCD 3. ABC 4. ACD 5. ACD

三、简答题

答案略。

第三章

一、单项选择

1. D 2. A 3. D

二、多项选择

1. ABCD 2. ABCD 3. ABCD 4. ABC 5. ABCD 6. ABCD

三、简答题

答案略。

第四章

一、单项选择

1. B 2. A 3. C 4. A 5. B 6. A 7. A 8. C

二、多项选择

1. ABCDE 2. ACD 3. ABCD 4. ABCD 5. ABCDE 6. ABCDE 7. ABCDE

三、简答题

答案略。

第五章

一、单项选择

1．D 2．A 3．C

二、多项选择

1．ABCDE 2．ABCDE

三、简答题

答案略。

第六章

一、单项选择

1．B 2．C 3．D

二、多项选择

1．ABCDE 2．ABCD 3．ABCDE 4．ABCD 5．ABCDE

三、简答题

答案略。

第七章

一、单项选择

1．A 2．B 3．C 4．D

二、多项选择

1．ABCD 2．ABCD 3．AB 4．ABC

三、简答题

答案略。

第八章

一、单项选择

1．C 2．B

二、多项选择

1．ABCD 2．ABCD 3．ABCD 4．ABCDE 5．ABC 6．ABCDE 7．ABC

三、简答题

答案略。

第九章

一、单项选择

1．B 2．A 3．D 4．A

二、多项选择

1．ABCDE 2．ABCD 3．ABC 4．ABC 5．ABCD

三、简答题

答案略。

第十章

一、单项选择

1. B 2. C 3. B 4. D 5. D 6. C 7. A

二、多项选择

1. ABCDE 2. ABCDE 3. ACDE 4. BCDE 5. ABCDE

三、简答题

答案略。

第十一章

一、单项选择

1. B 2. C 3. D 4. D 5. C

二、多项选择

1. ABCDE 2. ABCDE 3. ABCDE 4. ABCD

三、简答题

答案略。

参 考 文 献

[1] 李梅,韩飞,孙兴力. 医药市场营销 [M]. 北京:化学工业出版社,2019.
[2] 张丽. 药品市场营销学 [M]. 北京:人民卫生出版社,2018.
[3] 王会鑫,周先云,黄颖. 医药市场营销技术 [M]. 武汉:华中科技大学出版社,2013.
[4] 高环成. 药品市场营销原理与实务 [M]. 2版. 西安:第四军医大学出版社,2015.
[5] 戴宇,李梅. 医药市场营销 [M]. 北京:化学工业出版社,2013.
[6] 董国俊. 药品市场营销学 [M]. 2版. 北京:人民卫生出版社,2013.
[7] 王会鑫,周先云,黄颖. 医药营销技术 [M]. 武汉:华中科技大学出版社,2012.
[8] 陈玉文. 医药市场营销学 [M]. 北京:人民卫生出版社,2016.
[9] 高琳. 医药销售技巧 [M]. 北京:北京理工大学出版社,2011.
[10] 冯国忠. 药品推销原理与技巧 [M]. 北京:中国医药科技出版社,2006.
[11] 王峰. 药品市场营销技术 [M]. 2版. 北京:高等教育出版社,2014.
[12] 严振. 药品市场营销技术 [M]. 3版. 北京:化学工业出版社,2016.
[13] 罗臻,刘永忠. 医药市场营销学 [M]. 2版. 北京:清华大学出版社,2018.
[14] 王成业,邹旭芳. 药品营销 [M]. 北京:化学工业出版社,2008.
[15] 刘子安. 中国市场营销 [M] 北京:对外经济贸易大学出版社,2006.
[16] 季骅. 医药市场营销 [M]. 上海:上海交通大学出版社,2007.
[17] 甘湘宁,周凤莲. 医药市场营销实务 [M]. 北京:中国医药科技出版社,2017.
[18] 秦勇,张黎. 医药市场营销:理论、方法与实践 [M]. 北京:人民邮电出版社,2018.
[19] 小约翰·F·坦纳. 销售管理 [M]. 陶向南,译. 北京:中国人民大学出版社,2010.
[20] 菲利普·科特勒. 营销管理 [M]. 卢泰宏,高辉,译. 13版. 北京:中国人民大学出版社,2009.
[21] 迈克尔·R·所罗门. 消费者行为学 [M]. 卢泰宏,译. 6版. 北京:电子工业出版社,2006.
[22] 加里·阿姆斯特朗,菲利普·科特勒,王永贵. 市场营销学 [M]. 北京:中国人民大学出版社,2017.
[23] 米基·C·史密斯. 医药营销新规则:环境、实践与新趋势 [M]. 思齐俱乐部,译. 北京:电子工业出版社,2019.